Rethinking
Reconstructing
Reproducing

*

———

"精神译丛"
在汉语的国土
展望世界
致力于
当代精神生活的
反思、重建与再生产

———

*

Die Grundbegriffe der Antiken Philosophie

Martin Heidegger

————————————

精神译丛·徐晔 陈越 主编

海德格尔集

［德］马丁·海德格尔 著　朱清华 译

————————

古代哲学的基本概念

西北大学出版社

马丁·海德格尔

目 录

序 言 / 1
    第 1 节　课程的目的和特征 / 3
    第 2 节　在当前对哲学的观点范围内对哲学概念的初步定义 / 3
    第 3 节　相对于实证科学，对哲学的对象的初步规定：哲学作为批判科学 / 7
    第 4 节　哲学的"批判"功能：分离和区分存在者与存在 / 8
    第 5 节　课程的目的和方法 / 13
    第 6 节　关于文本，最重要的资料。关于传承史的来源。总体描述和最重要的辅助学习资料 / 16

第一部分　对古代哲学的一般介绍 / 21
  第一章　以亚里士多德的《形而上学》第一卷为主线明确古代哲学的核心概念和问题 / 23
    第 7 节　古代哲学时期 / 23
    第 8 节　方法上的中间道路：亚里士多德作为指路人。《形而上学》第一卷的结构。对《形而上学》的编辑和注释 / 24
    第 9 节　揭示和理解的不同方式（Met. A1） / 26
    第 10 节　σοφία（智慧）的更确切的标志（Met. A2） / 30

第 11 节　关于亚里士多德的 ἀρχή（本原）和 αἴτιον（原因）概念 / 34

第 12 节　早期哲学中的原因问题 / 38

第二章　关于作为哲学问题的原因和根据问题 / 50

第 13 节　没有澄清的原因问题和存在问题的关系：提出问题 / 50

第 14 节　近代哲学中的根据问题 / 51

第二部分　最重要的希腊思想家：他们的问题和回答 / 55

第一卷　直到柏拉图的哲学 / 57

第一章　米利都自然哲学 / 59

第 15 节　泰勒斯 / 59

第 16 节　阿那克西曼德 / 60

第 17 节　阿那克西美尼 / 62

第 18 节　存在问题。关于存在和生成的关系问题与对立自身问题。转到赫拉克利特和巴门尼德 / 63

第二章　赫拉克利特 / 65

第 19 节　赫拉克利特思想的原则 / 65

第 20 节　赫拉克利特思想的主题 / 66

第三章　巴门尼德和埃利亚学派 / 70

第 21 节　巴门尼德教谕诗的两个部分的关系问题 / 70

第 22 节　巴门尼德教谕诗解释 / 73

第 23 节　埃利亚的芝诺 / 79

第 24 节　萨摩斯的麦里梭 / 85

第四章　晚期自然哲学：恩培多克勒、阿那克萨戈拉和原子论 / 86

　第 25 节　晚期自然哲学中，变化的存在者的存在和多样性 / 86

　第 26 节　晚期自然哲学中的认识问题 / 90

第五章　智者和苏格拉底 / 92

　第 27 节　智者的一般特征 / 92

　第 28 节　普罗泰戈拉 / 94

　第 29 节　高尔吉亚 / 96

　第 30 节　其他智者派的代表 / 98

　第 31 节　苏格拉底 / 99

第二卷　柏拉图哲学 / 103

第一章　生平、文献和柏拉图问题的一般特征 / 105

　第 32 节　生平、来源和文献 / 105

　第 33 节　柏拉图提问的一般特征 / 107

第二章　柏拉图存在问题的具体规定 / 110

　第 34 节　存在问题的基础和范围 / 110

　第 35 节　指示出理念问题的核心 / 119

　第 36 节　关于存在论的基本问题和辩证法 / 119

第三章　解释对话《泰阿泰德》：科学的理念问题和存在问题的关系 / 121

　第 37 节　序言和引语。确定论题：什么是知识？ / 122

　第 38 节　在柏拉图存在问题的上下文中一般地探讨《泰阿泰德》中的问题的意义 / 124

Ⅰ. 定义：ἡ αἴσθησις ἐπιστήμη（知识是感觉）（章 8–30）
/ 127

第 39 节　知识是感觉：通过普罗泰戈拉和赫拉克利特的命题来说明这个论题（章 8–15, 151d–161b）/ 127

第 40 节　通过论述其赫拉克利特前提，根本地和最终地反驳普罗泰戈拉的认识学说（章 27–29, 180c–184a）
/ 131

第 41 节　反驳泰阿泰德的论题：αἴσθησις=ἐπιστήμη（感觉＝知识）（章 29–30, 184a–187b）/ 133

Ⅱ. 定义：ἐπιστήμη ἀληθὴς δόξα（知识是真意见）（章 31–38, 187b–201d）/ 136

第 42 节　通过证明 δοξάζειν ψευδῆ（错误的看法）是不可能的，来证明知识是真 δόξα / 136

第 43 节　插入对作为一结构和相异的探讨 / 139

第 44 节　ἀλλοδοξία（替代的看法）作为 δοξάζειν ψευδῆ（错误的看法）的可能性的基础（189b–190c）/ 141

第 45 节　δόξα 和感知与思想（διάνοια）的结合（190c–200d）/ 143

第 46 节　对第二个定义的考察（201a–d）/ 147

Ⅲ. ἐπιστήμη（知识）的定义：ἀληθὴς δόξα μετὰ λόγου（伴随逻各斯的真意见）（章 39–43, 201e–210b）/ 147

第 47 节　论题的一般特征：知识是真 δόξα μετὰ λόγου。解释和命名 / 147

第 48 节　对 λόγος 现象的说明　/　151

第四章　在存在理解和存在问题背景下的柏拉图哲学的核心概念　/　154

第 49 节　ἀγαθόν 理念　/　154

第 50 节　总结回顾　/　156

第三卷　亚里士多德哲学　/　159

第一章　亚里士多德哲学的发展和充分接受问题　/　161

第 51 节　亚里士多德的生平和哲学发展　/　161

第 52 节　论亚里士多德哲学的接受　/　163

第二章　存在论问题和哲学研究的理念　/　166

第 53 节　亚里士多德基础科学的论题领域：作为存在者的存在者，即存在的研究　/　166

第 54 节　通过种属不能确定存在　/　168

第 55 节　类比的统一性（πρὸς ἕν）作为多样性的存在者在 οὐσία 中的统一性的意义　/　169

第三章　存在问题的基本追问　/　173

第 56 节　"范畴"的本质　/　173

第 57 节　类比（πρὸς ἕν）作为存在方式的多重性（范畴）的统一性的存在论意义　/　177

第 58 节　偶性（συμβεβηκός）意义上的存在　/　181

第 59 节　被揭示状态意义上的存在：ὂν ὡς ἀληθές（作为真的存在）(《形而上学》E4, K8, Θ10)　/　183

第 60 节　存在作为可能性和现实性：ὂν δυνάμει–ἐνεργείᾳ（潜能—现实存在）(《形而上学》Θ) / 188

第四章　运动问题及其存在论意义。δύναμις（潜能）和 ἐνέργεια（现实）的来源、意义和功能 / 190

第 61 节　对运动的分析 / 191

第 62 节　κίνησις 的存在论意义分析。δύναμις 和 ἐνέργεια 的存在论含义 / 193

第 63 节　解释存在者整体（B2） / 196

第 64 节　δύναμις（潜能）和 ἐνέργεια（现实）同 οὐσία（实体）的关系，作为基础科学的存在论的双重概念问题 / 202

第五章　生命和此在的存在论 / 205

第 65 节　Περὶ ψυχῆς（《论灵魂》）作为探讨亚里士多德生命存在论的首要文本 / 205

第 66 节　对 ζωή 的分析 / 208

第 67 节　此在的存在论 / 212

附　录 / 213

补充材料 / 215

节选自莫尔辛（Mörchen）笔记 / 230

布洛克（Bröcker）笔记 / 334

编者后记 / 351

人名索引 / 361

译后记 / 363

序　言

Vorbemerkungen

第1节 课程的目的和特征①

我们首先要明白这个大课的目的和特征。

目的：深入理解这样一些**基本的科学概念**，它们不仅规定了而且是决定性地规定了后来所有的哲学，而且使得西方科学得以可能，并且今天仍然承载着这一任务。

特征：导论性的，即逐步挺进到概念中所涉及的东西，以及这些概念的构造和奠基的方式。在此过程中将会清楚，课程所探讨的是什么，即它的对象；它如何追问和研究诸对象：处理方式。由此，非哲学的实证科学也同时愈加清晰。虽然是导论性的，但不是以促进所谓通识教育（Allgemeinbildung）为目的的普及性演讲。虽然在流俗的意识中哲学有这一功能，而且人们甚至公然将哲学贬低为这一行当，但是哲学的真正状况需要予以澄清。

第2节 在当前对哲学的观点范围内对哲学概念的初步定义

出发点：关于哲学及其在大学课程中的作用的流俗观点

1. 哲学所处理的是"一般性问题"，能够和每个人都相关并

---

① 手稿的题目是："古代哲学的基本概念课程计划"。

引起每个人的兴趣。

2. 哲学所追问的东西，人们也可以在各门科学中遇到，甚至会超出这些科学。

3. 哲学是这样的东西：每个人出于不同的动机，在不同范围内，以不同的迫切程度恒常或偶尔从事之。

哲学是某种一般性的东西，不是专门科学。因此哲学也必定是普遍地可被通达的，普遍地可被理解的。它不需要任何专门的科学方法，而只需要健康的人类理解的一般性流行的思考。任何清醒的头脑都必定理解它，每个人都能对它有所说道。

一个古典语文学家处在一个函数论的课堂上，如果他什么都听不懂，他认为那很正常。如果一个化学家听一门关于印度语文学的课，什么都听不懂，他发现这很正常。如果他们两人和任何其他学科的人都听一门哲学课而他们都不懂，那么人们就认为那不正常，因为哲学是某种一般性的东西，所以必定对大众而言是可理解的。以某种方式跟每个人相关的东西，必定每个人都理解它。这不仅是听众的看法，而且在很大程度上也是讲课者的看法。哲学课程对每个人的精神的维持、教育的更新和完善，也许还有陶冶情操或世界观养成都是一个机会。人们重视将哲学课程按照学生的需求进行量身制作。

关于哲学的这种广为流传的观点实在可怕。最彻底的科学，因此也是最困难的科学被降格为所谓的一般教育。它的课程和问题需要通过占主导地位的需求被调整。现在不是去问出于何种根据以及通过何种途径这种状况得以扩散并且在现今愈演愈烈。跟流行的看法相反，我们要积极地对哲学的可能观念（Idee）至少做初步的理解，并且清楚地看到在其中展示出来的积极研究的必要性。

如果所谓哲学的流俗看法是一种颠倒和败坏，那么结果是，哲学是一门专门科学，就像任何其他的专门科学一样，仅仅局限于少数人。大多数人被排除了，因为在他们各自的科学领域的材料要求之外，再承担起一门特别的专业研究的重任，这实际上是不可能的。

然而，这个说法只是所谓流俗看法的背面。它们都对哲学的本质和任务有根本的模糊。

1. 哲学确实处理一种普遍的东西，但不是无条件的普遍可通达的。

2. 哲学是一个最本己领域的科学，但不是一个专业。

关于1：需要规定它在什么意义上是普遍的。需要弄清楚，什么是这一在一定意义上可以是普遍的对象的东西。

关于2：探询和研究问题以及证明的方式同样需要讨论。哲学不是专业，而是处理那一般地能够被划分的东西，这样使得诸如专业，那彼此界划的材料领域得以可能。

哲学是这样一个研究：它为所有科学奠基，是在所有科学中"活着的"东西。当然这个说法还可以更精确些。但这已经可以让人思考，如果哲学是诸科学的基础，那么它更少地是科学的，还是它必须在一种更高的和更彻底的意义上符合科学的观念？显然是后者。

但是如果哲学是最源始的和最确切意义上的科学，那么对这门科学的学习必定完全从属于**自由意志**。这一点至少可以通过诸如职业和专业培训的眼光得到确定。选择和抓住哲学学习意味着：在科学的完全的生存和工匠式的、盲目的职业准备之间进行选择。选择哲学学习，深入它的问题，并不意味着再加上另外一门专业作为补充和完善，也不是选修一个所谓的通识课程，**而是决定洞悉在大学中本己的科学的作为和舍弃（*Tun und Lassen*）以及生存**，而反对盲目的准备考试和毫无选择的精神嗜好。后者无异于一个工匠的学徒的学习，最多更任意些，而人们习惯于称之为学术自由。但是自由不是"漠然无别的任意"，而是人的此—在（Da-sein）的真正可能性就其自身被探讨（In-sich-handeln-lassen），这里就其自身被探讨的是真正的科学追问的可能（Fragen-Können），而这是不能通过偶然的认识和了解所平息的。

如果有人借口说，哲学太难了、太多了，那他就已经不自由了，已经成了偏见和舒适的奴隶。看起来好像这个借口表现了谦虚和明智，而根本上是对一种真正科学学习的努力的逃离。因为哲学不是对其他学习的"更多"或"附加"，而恰恰就是那些专门科学所是的东西，只是更加彻底并且是在更加深入的理解中的。"太难"：只要科学是被现实的问题所驱动，那么就不会容易。只有那些没有理解的纯粹习学才是容易的。

自由是让科学研究的追问就其自身—被—处理。为此需要一种开放和对一般而言的科学及其所关涉的事情的理解。这个沉思既非为了恐吓也不是引诱，而是为了打开自由思考的可能性。

第3节 相对于实证科学，对哲学的对象的初步规定：哲学作为批判科学

即关于哲学的本质和任务的初步定向。有不同的道路。其中一条是我们在课程中要走的：追寻它的突破口，它第一次决定性的形成。我们暂时走另外一条最切近的路：首先是非哲学的科学的范围。在跟它的区分中我们要定义哲学。

引人注目的是，其他科学：数学、物理学、历史学、语文学、语言学，不是以什么是数学、物理学、语文学开始的，而是跳进其事情中，或者只有一个简略的一般性的导言。这不是偶然的，而是由此暴露出这些科学的一个本质特征。数学是什么，语文学是什么，数学家和语文学家通过这样来回答：他演示这门科学，提出一些数学问题并钻研它们。这是唯一的和最好的路径。

但是在某种意义上没有回答这个问题。数学家如果不想通过数学问题和证明来展示数学是什么，而是处理数学，它的对象和方法，那么他就不再能用数学证明和概念，就像物理学家不能用实验证明和展示物理学的本质。同样，人们也不能用语文学方法展示语文学是什么。当它们都这样追问的时候，它们就开始哲学化了。不存在数学的数学概念，因为数学自身不是某种数学的东西。也不存在语文学的语文学概念，因为语文学自身不是某种语文学的东西。

这种引人注目状态根源何在？在所有这些科学的本质之中，在于它们是实证科学，有别于哲学，我们称之为批判科学。

实证（positiv），ponere①——"放置"，"放"；positum——"被

---

① 拉丁文词根 ponere（放置）。Positivus 是其过去分词。——译注

放置的东西",已经在那里的东西。对实证科学而言,它所处理的对象,能够成为它的对象和论题的东西,都已经**现成存在了**(*vorliegt*)。数字已经存在了,空间关系已经存在了,自然是现成的,语言在那里了,文献也在那里了。所有这些都是 positum,现成存在。所有这些都是存在者,是科学所揭示的东西。**实证科学是关于存在者的科学。**

但这不是本质地属于每个科学从而也属于作为批判科学的哲学的规定吗?或者对于哲学而言,它作为论题的东西不是被预先给定的?难道它的对象以及可以成为它对象的东西首先被想出来,首先在纯粹的思想被设定或者甚至被发明出来?再者,实证科学难道不也是批判科学吗?难道它们是无批判的,无方法的?难道批判不是属于每个科学方法吗?如果哲学也有一个主题而非任性的虚构,那么它也是实证科学了,反过来,所有非哲学的实证科学作为科学就不是非批判的,而是批判的科学了。那么,实证科学和批判科学之间的区别又是什么?

如果这个区别是正当的,那么"批判"所说的必定不同于方法论的小心翼翼和无偏见。如果哲学是遭遇到其主题而非发明其主题,那么,必定有什么东西能够被作为主题,这个东西不是现成的,即不是一个存在者(kein Seiendes)。

第 4 节 哲学的"批判"功能:分离和区分存在者与存在

批判:κρίνειν——"分离","区分",把什么和什么区分开,使得二者——被区分者和区分者都显而易见。区分:三角形和正方形、哺乳动物和鸟类、史诗和悲剧、名词和动词、一个存在者和另一个存在者,每门科学都进行区分并由此确定被区分的东西。

因此,如果哲学是批判的科学,"批判"就构成了那非同寻常的特征,那么,它就是一个非同寻常的区分。但是什么能够从存在者中被区分出来,而异于存在者?我们还能对存在者说些什么呢?它**是**(*ist*)并仅仅是存在者。它是,它**具有存在**(*es hat Sein*)。跟存在者有别且在存在者中可区分出来的是**存在**。这个区分所涉及的不是存在者和存在者,而是**存在者**和**存在**。"存在",这个词什么都不表象。存在者就罢了,而存在呢?事实上,一般的理解以及一般的经验所理解和寻找的只是存在者。而在存在者上**看到存在,把握存在,并把它和存在者区分开来的,是区分的科学的任务,是哲学**。它的主题**是存在,而非存在者**。

实证科学:关于存在者的科学。存在者对自然的经验和认知是现成的。批判的科学:关于存在的科学。存在对自然经验而言不是现成的,而是**遮蔽着的**(*verborgen*),从不是现成地在那儿,已经并且总是已经被理解了,甚至在对存在者的任何经验之前就已经被理解了,它同时是最实证的和最少[实证]① 的。**存在"是"无**(*Sein 'ist' nicht*)。哲学是批判的科学,不是批判的哲学,后者被理解成知识论,对知识的界限的批判。

至此你能够就存在有所表象并把握区分以及实施这个区分,这就是科学的哲学的开端。这门课的任务就是引导大家进入这个开端,在这个开端中带领大家。

批判的科学实施这个区分并由此赢获其主题,不是存在者,

---

① 编者补充。

而是存在者的存在。现在实证科学的概念可以更清晰一些了。非哲学的科学所处理的是存在者，那些已经现成存在的东西，即可以切近地经验和认识的东西。没有对存在的明确追问，存在者可以被考察。所有的方法和概念都是根据对存在者的把握和规定而量身制作的。而这个［存在］①却起初毋宁是不为人所知的、锁闭的、不可通达的。它需要自己的道路和研究而被揭示，即进行区分。

实证科学只就存在者进行断言，而从未关于存在。由此，数学不能被数学地规定，语文学不能被语文学地规定。数学家所处理的是数字以及空间关系，而非数字自身以及空间自身，即数的存在和空间的存在，它是什么以及如何是。语文学家处理文献、文字，而非文献是什么和如何是，以及能够是什么和能够如何是。

哲学是批判的，是存在者的存在，不是批评的，它完全不批评实证科学的结果。它在一个更高意义上"批评"的，即批判地规定的，是存在者的存在，这是实证科学所设定的东西。由此，"实证"这个表达获得了一个尖锐的意义：实证意味着完全献身于预先给定的存在者，而不追问它的存在。只要它处理存在者，**存在就总是一起被理解了，虽然是不明确的**。反过来，存在总是**一个存在者的存在**。

存在不是在经验中被给予的，然而是一起被理解的。当我们说，天气"是"阴沉的，树木"是"开着花的，每个人都能理解。我们理解"ist"和"sind"，却难以回答，何谓"ist"、"sind"、"Sein"

---

① 编者补充。

所说的是什么。存在理解，虽然不是概念。

由此实证的和批判的科学就必然分开了。每个批判的研究都看存在者，但是不同于实证科学意义上的看，它不把存在者作为主题。每个实证科学都在存在者中同时理解了存在，但是跟批判科学理解存在的意义不同。实证科学不把存在作为主题，存在的定义和结构对它不是问题，它的主题是研究存在者，自然，历史。

现在可以说明，为什么哲学所处理的是某种"一般性的"东西了。[①] 存在相对于每个存在者都是普遍一般的，每个存在者是，都作为存在者而有存在，存在相对于每个存在者的这种一般性是一个与众不同的一般性，因为一般的东西也存在于存在者内部。力学法则对一个个别的压力和推力是普遍一般的，运动法则对物理—化学法则而言是普遍一般的。一篇个别的希腊史诗相对于众多其他的希腊史诗，（一般而言的）希腊史诗，日耳曼史诗，一般史诗。主格所有格，宾格所有格，在德语中，拉丁语中，一般所有格。民主制，贵族制，一般政制。到底还是存在者，虽然有不同的一般性。而使得诸如一般性运动，一般性法则，一般性自然能够存在的东西所共属的东西，那属于一般的诗的东西，那构成语言的存在的东西，是对"一般性"的追问，这种一般性先于一切一般的存在者，而它的存在还没有被规定。一个物体倒下，这个倒下自身是在自然中的运动。自然自身，属于它的东西是某种能够存在的东西，是构成它的存在的东西。存在是一切个别的实际过程的基础，并且在所有一般的自然法则中一起被指涉。历史事件，历史的发生；历史

---

① 参以上 §2, S.2f.

自身，属于它的存在的东西。

> 自然的存在 ⎫
> 历史的存在 ⎬ 存在的不同方式
> 数字的存在 ⎭

存在完全是**处在外面的**（liegt hinaus）。存在处在外面，一个存在者的存在规定性超出存在者自身，这就是 transcendere——"超出"，超越（Transzendenz）。不是超感性的东西，某种坏的意义上的形而上学的东西，这样的东西所指的又是一个存在者。

关于这种存在的科学，transcendens，有陈述存在的命题，不是关于存在者的真理，而是关于存在的真理，而存在是超越的（transcendenter），transcendens。这种真理（veritas）是超越论的（transzendental）。哲学的真理是 veritas transcendentalis，不是康德意义上的超越论，虽然已经朝向了这个概念，但他扭曲了它（ihn aber verbiegt）。

存在是锁闭的，"人们对此无所表象"，首先并大多不可通达的。寻找、揭示［存在］①，正是批判科学所做的。

柏拉图：αὐτὴ ἡ οὐσία ἧς λόγον δίδομεν τοῦ εἶναι καὶ ἐρωτῶντες καὶ ἀποκρινόμενοι②——"主题是那种存在者自身，我们就它指示出、搞清楚存在，就此进行提问和回答"。τῇ τοῦ ὄντος ἀεὶ διὰ λογισμῶν προσκείμενος ἰδέᾳ③——哲学家的任务："他总是致力于看存在者"，即它的存在，"以概念解释的形式"。亚里士多德：Ἔστιν ἐπιστήμη τις ἣ θεωρεῖ τὸ ὂν ᾗ ὂν καὶ τὰ τούτῳ ὑπάρχοντα καθ᾽

---

① 编者补充。
② Plato, Phaidon, 78d1f., In:Platonis Opera, Vol.1, I. Burnet, Oxford, 1899.
③ Plato, Sophistes, 254a8f.

αὐτό（有一门科学思考作为存在者的存在者以及就其自身属于它的东西）。①

它（批判科学）② 不是实证的，因为对它而言对象不是先行被给予的，而必须首先要揭示出来。揭示，展示，规定和追问存在是 σοφία（智慧）。σοφός（有智慧的人）——是那种对这样的东西有爱好和直觉的人：这些东西对普遍的理解是保持遮蔽的。σοφός 同时知道，对此需要特别的任务和辛苦的探究。它不是被固定地占有的，而是要寻找，必须一直寻找。他致力于此，这是他所"爱"的—— φιλεῖν。σοφία，存在者的存在的展开，就是 φιλοσοφία（哲学），寻求着追问那将自身置于最彻底的批判下的东西。

第 5 节　课程的目的和方法

我们通过**共同造成同时也重演**（*wiederholen*）**科学哲学的第一个决定性的开端**，看到这个区分，并将哲学的开端（概念构造、提问和寻求的区分，不是关于材料和质料的进一步认识，而是关于概念性的强度；区分的确定性；没有什么听凭任性和偶然）引上路途。我们从存在者出发重演揭示存在的路径。这是对人类认识提出的最彻底的和最困难的任务，并且长久以来还没有被带入纯粹状态，而今天也许比任何过往都更加不理解它。就此我们可以估量一下科学哲学自开始向前迈出的无关紧要的几步。

---

① Aristoteles, Metaphysica, W. Christ. Leipzig, 1886（此后简写为 Christ），Γ1, 1003a21f.

② 编者补充。

第一次起跑是在希腊人那里；自此以后就是惯性运动了，它长久以来遮盖和扭曲了源始的意图。学习具体地理解哲学，怎样追问存在，怎样把握它，即，赢获怎样的存在概念及其规定性。

现代的博学多识，知道一切并讨论一切，早就是迟钝麻木的了，变得无能力彻底地区分我们在科学追问的源始领域中是在真正意义上理解还是不理解。这种博学变得如此聪明和自命不凡，也就是在哲学上毫无创造，以至于不能理解那在柏拉图和亚里士多德的发现中还活生生的推动力。

导论的方法：重点放在赢获实质的理解，而不在课堂上详尽地讲解古代思想家的生平和命运，希腊文化，也不列举他们的著作的名称和内容提要，这些对于理解问题没有帮助。这样的东西可以很便宜地获得成打的简明教材。所有这些可能对充分的历史学地把握希腊文化是重要的。但我们关心的是哲学理解；不是历史学，而是哲学。这并不是说非历史学地穿凿附会。一种历史学的把握只有在赢获了一种实质的理解之后才是可能的。人们可以如此深入地描述哲学家和哲学流派与同时代的诗、艺术、政治、社会状况的关系，直至解析出最小的细节，但这样并没有达到对哲学自身的理解，作为所意指的哲学，它的哲学内容，其中所包括的问题的范围，方法论完成的阶段。而哲学也不是学习观点、命题和看法。对此我们有必要共同做哲学（mitphilosophieren）。当我们这样尝试的时候，它将耗尽我们课程的全部力量和时间。

外围作品［？］^①——今天很容易获得各种形式的相关著作。我们在后面会说到最重要的辅助资源。

我们把注意力转向四个方面：

1. 将古代哲学的问题整体揭露出来。少数几个中心问题今天尚未解决。

2. 突出发展的主要特征，不是哲学家和学派的顺序，而是问题的源流关系：在什么方向上问，以怎样的概念手段来回答？理解提问的倾向，停滞的动因，失败的原因。

3. 通过一定的具体的基本概念更加深入地塑造理解。存在—真理，本原—原因，可能性—必然性，关系，统一性，多样性，自然，生命，知识，陈述—证明。^②

4. 在这个思考的基础上，展望今天的问题，标明古代哲学对中世纪和现代的影响。相对于古希腊，一种更加彻底的提问的必然性。只有当我们先行从其自身出发理解了希腊哲学，而非将现代的问题穿凿附会进去，这才是可能的。当然，为了从其自身出发来理解希腊哲学，它必须已经是被理解了的。突出其问题域，自始至终追随其意图，否则哲学的话语会保持沉默。

整体而言，主要的目的是：①理解事情，而非逸闻趣事。②同源泉自身联系，而非关于源泉的文献和观点。

以上所做的就是最必需的前言。关于哲学的本质和任务的困惑，要求做这样的一个前言。这对于正式的科学哲学研究而

---

① 参下面 §6，S.14-17.

② 就像下面一样，在这里编者指出了在 H. Mörchen 和 W. Bröcker 笔记中的补充，在附录中重又给出了这些补充。例如，见附录，Mörchen 笔记。这里 Mörchen 的笔记为：所有这些都有其内在关联。我们必须赢获其基础。

言完全是多余的，这里的目的只是预备性的。现在只需要谈论**事情**（*die Sachen*）了。

第6节 关于文本，最重要的资料。关于传承史的来源。总体描述和最重要的辅助学习资料

（a）最重要的文本

F. W. A. Mullach, *Fragmenta Philosophorum Graecorum*（希腊哲学残篇），Coll. rec. vert. 卷 1–3. Paris, 1860ff.

Historia Philosophiae Graecae et Romanae（希腊罗马哲学史），Locos coll., disposuerunt et notis auxerunt H. Ritter et L. Preller. Gotha, 1838；多个版本。

H. Diels, *Die Fragmente der Vorsokratiker*（前苏格拉底残篇），Greek and German, 3 卷，第 4 版, Berlin, 1922.（第 6 版，W. Kranz 编辑. Berlin, 1951.1。

W. Nestle, *Die Vorsokratiker*（前苏格拉底哲学），Selections and German trans. Jena, 1908.

Die Ethika des Demokritos. Text und Untersuchungen（德谟克利特的伦理学：文本和研究），P. Natorp. Marburg, 1893.

苏格拉底：H. Maier, *Sokrates. Sein Werk und seine geschichtliche Stellung*（苏格拉底：他的作品和他的历史地位）（Tübingen, 1913）中的资料。

柏拉图：最新的全集。I. Burnet 编辑：*Platonis Opera*（柏拉图全集），Scriptorum Classicorum Bibliotheca Oxoniensis. 卷 1–5. Oxford, 1899ff.; *Platons Werke*（柏拉图著作），F. Schleiermacher

翻译，6卷，第3版，第3部分（Berlin, 1855—1862）。

亚里士多德：目前还没有一部可以信赖的全集，Teubner（莱比锡）在准备做。英文版《形而上学》：Ἀριστοτέλους τὰ μετὰ τὰ φυσικά（亚里士多德的形而上学），W. D. Ross 修订文本，带介绍和评论，卷 I-II. Oxford 1924; Ἀριστοτέλους περὶ γενέσεως καὶ φθορᾶς（亚里士多德论生成和毁灭），H. H. Joachim 修订文本，带介绍和评论，Oxford 1922; Academia Regia Borussica: I. Bekker, Aristotelis opera（柏拉图全集），卷 I-V，Berlin，1831ff.

Stoicorum veterum fragmenta（斯多亚派残篇），H. von Arnim 编辑，4卷，Leipzig, 1903ff.

Epicurea（伊壁鸠鲁），H. Usener 编辑，Leipzig, 1887.

斐洛：*Philonis Alexandrini opera quae supersunt*（斐洛著作补遗），L. Cohn 和 P. Wendland 编辑，6卷. Berlin, 1896ff.

普罗提诺：*Plotini Enneades*（普罗提诺九章集），H. F. Müller 编辑，4卷，Berlin, 1878ff.; *Plotini Enneades*（普罗提诺九章集），R. Volkmann 编辑，2卷，Leipzig, 1883—1884; 一个新的法语版本还没有完成。①

（b）希腊人自己的哲学传统（传承史资料）

Doxographi Graeci（希腊学述），Coll. rec. prolegomenis indicibusque instr. H. Diels, Berlin, 1879.

Diogenis Laertii de vitis philosophorum libri X（第欧根尼·拉尔修：名哲言行录），Cum indice rerum. 2卷，Leipzig, 1884: Biographien.

---

① 这里提到的大纲是这个版本：Plotin, Ennéades, 6卷，E. Bréhier 编辑，Paris, 1924.

(*Sexti Empirici opera,* Rec. H.Mutschmann, 卷 1, Leipzig, 1912; 卷 2, Leipzig, 1914; 卷 3, J. Mau 编辑, Leipzig, 1954.)

新柏拉图学派对亚里士多德和柏拉图的评论：*Commentaria in Aristotelem Graeca*（亚里士多德希腊注疏），Ed. consilio et auctoritate Academiae Litterarum Regiae Borussicae. 23 卷，3 卷补充 *Inter alia*: Simplicius zur Aristotelischen Physik: *Simplicii in Aristotelis Physicorum libros commentaria*（辛普里丘论亚里士多德的物理学），H. Diels 编辑，Berlin，卷 9，1882；卷 10，1895.

（c）概论

E. Zeller, *Die Philosophie der Griechen in ihrer geschichtlichen Entwicklung*（在其历史发展中的希腊哲学），3 个部分，分 6 部[①]，Leipzig. Neueste 自 1892（第 5 版）［第 6 版自 1919ff.］。

F. Überwegs, *Grundriß der Geschichte der Philosophie des Altertums*（古代哲学史概论），第 11 修订版，最完全的传记参考书。阅览室没有。

W. Dilthey, *Einleitung in die Geisteswissenschaften. Versuch einer Grundlegung für das Studium der Gesellschaft und der Geschichte*（精神科学引论：社会和历史研究基础探求），Leipzig，1883，出自 W. Dilthey, *Gesammelte Schriften*（全集）. Leipzig, 1914ff. Appears as vol.1, 1922.

W. Windelband, *Geschichte der abendländischen Philosophie im Altertum*（古代西方哲学史），第 4 版，A. Goedeckemeyer 编辑，München, 1923（出自 I. von Müllers: *Handbuch der Altertumswissenschaft*

---

① 在 Ms. 中为：3 卷 6 部分。

[古代科学手册],卷5, Abt. 1, T. 1)。

H. von Arnim, "Die europäische Philosophie des Altertums"(古代欧洲哲学),出自 *Allgemeine Geschichte der Philosophie. Die Kultur der Gegenwart*(哲学的一般历史:当代的文化),P. Hinneberg 编辑, Teil 1, Abt. 5. Berlin and Leipzig, 1909, S. 115-287.

K. Joel, *Geschichte der antiken Philosophie.*(古代哲学史),第一卷,(*Grundriß der philosophischen Wissenschaften*)(哲学科学概论), Tübingen, 1921.

R. Hönigswald, *Die Philosophie des Altertums. Problemgeschichtliche und systematische Untersuchungen*(古代哲学:问题史和系统研究),第二版, Leipzig, Berlin, 1924.

(d)百科全书文章

Paulys Real-Enzyklopädie der classischen Altertumswissenschaft(大保利古典学百科全书)新版,众多专家共同合作,G. Wissowa 编辑。Stuttgart, 1894ff. 从第 13 卷半开始由 G.Wissowa 和 W. Kroll 共同编辑, Stuttgart, 1910ff. 阅览室有。非常有价值的文章(P. Natorp①)。

Archiv für Geschichte der Philosophie(哲学史档案),H. Diels, W. Dilthey, B. Erdmann 和 E. Zeller 共同编辑. L. Stein. Berlin, 1888ff.

(e)精神史一般

J. Burckhardt, *Griechische Kulturgeschichte*(希腊文化史), J. Oeri 编辑, 4 卷, Berlin, Stuttgart, 1898ff.

E. Meyer, *Geschichte des Alterthums*(古代历史), 5 卷, Stuttgart,

---

① 参文章"Antisthenes",卷 I, 2, 2538-2545 栏。

1884ff.

E. Rohde, *Psyche: Seelencult und Unsterblichkeitsglaube der Griechen*（Psyche: 希腊灵魂崇拜和不朽信念）, Freiburg, 1894.

F. Boll, *Sternglaube und Sterndeutung. Die Geschichte und das Wesen der Astrologie*（星体信仰和星体解释：占星学的历史和本质）, C. Bezold 编辑, Leipzig and Berlin, 1918.

H. Diels, *Antike Technik: Sieben Vorträge*（古代技术：七篇论文）, 第二版, Leipzig, Berlin, 1920.

J. L. Heiberg, "Exakte Wissenschaften und Medizin"（精确科学和医学）, 出自 *Einleitung in die Altertumswissenschaft*（古代科学导论）, A. Gercke 和 E. Norden 编辑, 卷 2, no. 5, Leipzig, Berlin, 1922, S. 317-357.

个别哲学家的主要思想内容和传记包含在相应的思考中。

第一部分

对古代哲学的一般介绍

Allgemeine Einführung in die Antike Philosophie

第一章 以亚里士多德的《形而上学》第一卷为主线明确古代哲学的核心概念和问题

第7节 古代哲学时期

就其主要特征是存在一致看法的,但这不是本质性的。为了指出方向我们就稍微驻足看一下。

根据提问的方向和方式分了4个时期:

1. 世界和自然的存在问题(米利都自然哲学直到智者,公元前600—前450年处于边缘地区,小亚细亚和意大利西西里殖民地)。

2. 人的此在的存在问题,以及对世界的存在的问题的更彻底的着手处理。对科学的哲学的疑难的初步拟定。苏格拉底—柏拉图—亚里士多德,公元前450—前300年之间。雅典是希腊一般科学和文化的中心。

1和2制定和确立了纯粹生产性的科学的标准[?]。所有重要的问题域都已经确定了。下面的两个时期就是科学的哲学通过世界观和宗教而衰落、削弱、毁坏。

3. 希腊化时代的实践的、世界观哲学。斯多亚学派,伊壁鸠鲁学派和怀疑论。在哲学流派中,某种科学的生活被保存着。

4. 新柏拉图主义的宗教沉思。同时，科学时代被重新接受。注疏而未上升到更彻底的质疑。基督教神学沉思的闯入。

公元 529 年古代哲学结束。通过查士丁尼赦令，雅典的学园被关闭，财产被没收。希腊哲学研究被禁止。

通常的时代划分在细节上彼此不同，总体上划分为 4 个或 3 个或仅仅 2 个时期。典型地，黑格尔采用了 3 个时期的划分方式，以便贯彻其辩证法的框架。1 和 2 综合为 1. 科学整体的形成和发展。2（3）. 分化为对立的和不同的方向：斯多亚学派（教条的）——怀疑论。3（4）. 对立的学说重新被吸纳进宗教的绝对性中。策勒①，出自黑格尔学派，在历史研究中具体地实施了这个方法，没有暴力穿凿，但也很少洞见。

第 8 节 方法上的中间道路：亚里士多德作为指路人。《形而上学》第一卷的结构。对《形而上学》的编辑和注释

古代哲学的科学高地：亚里士多德。他没有解决所有问题，但是他推进了希腊哲学所能触到的边界。他积极地统一了以前的哲学的基本题材；在他之后就衰落了。

Met. A 3–6: 对早期哲学家的描述。

Met. A 7: 批判的总结。

Met. A 8–9: 困境：自然哲学家，毕达哥拉斯学派，理念学说。

Met. A10: 和 7 重合，总结 A3–6，导向 B 卷以及强调

---

① E. Zeller, Die Philosophie der Griechen in ihrer geschichtlichen Entwicklung. 6 部，共 3 个部分。第 6 版，W. Nestle，F. Lortzing 编辑，Leipzig, 1919ff.（以下简称策勒），见第 1 部分：一般介绍：前苏格拉底哲学。第一个半卷，第 210–227 页，尤其是第 225 页以下。

ἀμυδρῶς（含混地）。① 参耶格尔。②

注疏：

Alexander of Aphrodisias, c. AD 200, *In Aristotelis Metaphysica commentaria,* M. Hayduck 编辑，*Commentaria in Aristotelem Graeca,* 卷 1, Berlin, 1891.

Thomas Aquinas, *In XII libros Metaphysicorum (Aristotelis commentarium), Opera omnia. Parma,* 1852ff. 卷 20, S. 245-654.③

F. Suarez, *Disputationes metaphysicae, Opera omnia,* Paris, 1856ff. 卷 25，C. Berton 编辑.④

H. Bonitz, *Aristotelis Metaphysica,* Recogn. et enarr. H. Bonitz, 2 卷 (卷 2: *Commentarius*), Bonn, 1848—1849.⑤

A. Schwegler, *Die Metaphysik des Aristoteles,* 希腊文和德文，A. Schwegler 翻译和注释，4 卷，Tübingen, 1847—1848.⑥

W. D. Ross, Ἀριστοτέλους τὰ μετὰ τὰ φυσικά, *Aristotle's Metaphysics,* Rev. text with introd. and comm. by W. D. Ross, 卷 1-2. Oxford, 1924.⑦

翻译：

A. Lasson, Aristoteles, *Metaphysik,* A. Lasson 译，Jena, 1907.

E. Rolfes, *Aristoteles' Metaphysik,* 翻译和说明：E. Rolfes. 2 卷，

---

① Met. A10, 993a13f.
② 见附录，Mörchen 笔记，第 2，S.205f.
③ 见 Mörchen 笔记：非常有价值。
④ 见 Mörchen 笔记：很重要，因为在这里古代的存在论从中世纪进入了近代。
⑤ 见 Mörchen 笔记：没有特别的哲学要求，有价值。
⑥ 见 Mörchen 笔记：严重地受到黑格尔影响。
⑦ 见 Mörchen 笔记：仅仅转述。但是是唯一的一般可理解的注释。

Leipzig, 1904；第二版，Leipzig, 1920—1921。①

H. Bonitz, *Aristoteles, Metaphysik*, H. Bonitz 翻译，E. Wellmann 对 Bonitz 的遗稿作了编辑，Berlin, 1890。②

第 9 节　揭示和理解的不同方式（Met. A1）

一般科学学说的基本特征。指向基本科学的观念。现在对认识，认知，理解的所有本质表达，都跟更早的时期相对，被塑造为术语，也就是说，这些术语将事物分别开来。③

σοφία(智慧)的概念：περί τινας ἀρχὰς καὶ αἰτίας ἐπιστήμη(关于那本原和原因的科学)。④σοφία: ἐπιστήμη 自身，ἐπιστάτης：那在那里并在其上站立者，能够站立在一个事情前面，理解事情者。

研究路径：认知，认识是人的行为，是人的财产。人是存在者中的一个。无生命者—有生命者。有生命者有特定的行为；动物—人。对这种存在者的行为发问，这种存在者跟认识、理解、了解、知觉有关。揭示的可能性和方式的多样性有一定层级：σοφώτερος（更有智慧）（参 982a13f.），μᾶλλον σοφός（更加有智慧的人）⑤（ἔνδοξον［受尊敬的］）。

---

① 见 Mörchen 笔记：严格按照文本，本质上是由中世纪对亚里士多德的见解所决定的。

② 见 Mörchen 笔记：最好的译本，由一位学生根据他的遗稿编辑。

③ 见附录，Mörchen 笔记，第 3，S.207.

④ Met. A1, 982a2. Lesart Christ: περί τινας αἰτίας καὶ ἀρχάς.

⑤ Met. A1, 982a15f.：μᾶλλον［...］σοφίαν.

ἀληθεύειν①"从遮蔽状态取出","使不遮蔽","揭—示"(ent-decken)那遮盖着的东西。有生命者：人的此在是特别的存在者，他揭示其他的存在者和自身，不是事后追加的，而是 φύσει（就其自然而言）。**就其存在而言，世界和他自身都已经对他揭示了**，虽然是不确定的、模糊的、不确切的。**世界**：最密切的、最恰如其分的存在（das eigene Sein）。

ἀληθεύειν："揭示"，认知，理解：真理；作为**被占有的知识**的认识（Wissen als *zugeeignete Erkenntnis*）：**确定性**（*Gewißheit*）。揭示和理解的方式，前理论的。

次序②，自由运动的寻视的构造：

αἴσθησις（感觉）

μνήμη（记忆）

ἐμπειρία（经验）

τέχνη（技艺）

ἐπιστήμη（科学）

σοφία(φρόνησις)（智慧，明智）

αἴσθησις（参 980a22）③，"感性知觉"，ἴδια-κοινά-κατὰ συμβεβηκός（理想的—普遍的—巧合的），因为当下在场的东西都是处于关系中的［？］。

μνήμη（980a29）④，"保留""记忆"，关于不在场的东西的认识，即再次在场，已经认识了。更加自由的指向，寻视性的

---

① 见附录，Mörchen 笔记，第 3，S.207f.
② 见附录，Mörchen 笔记，第 3，S.208.
③ 见附录，Mörchen 笔记，第 3，S.208f.
④ 见附录，Mörchen 笔记，第 3，S.209.

（umsichtig），总览（übersehen）。更加容易教会的，接受的可能性更丰富，不仅仅是（感知性地）盯着看，不是固定在一个唯一的仅仅现成的［可能性］① 上。一种确定的理解。

φρόνιμος（智慧的）（参 980b21）②

μαθητικός（可教会的）（参 980b21）

φαντασίαι-μνήμη（印象—记忆）（参 980b26）

Τέχνη-λογισμός（技艺—理性的）（参 980b28）③ "熟悉"—"思考"。［Τέχνη］④ "理解"，一种科学的名称：医学；不是"技巧"，不是处理实践的，而是处理理论性的东西的，ἐπιστήμη（981a3）。

ἐμπειρία（980b28）-ἀπειρία（无经验）（981a5），"经验"，不是理论意义上的跟思想（Denken）区别，而是无经验—有经验的、练习的区别。

ἐμπειρία 和 τέχνη（参 981a4），"对……有经验"，"理解的熟悉"（verstehendes Sichauskennen）。ἐμπειρία 有 ἐννοήματα（观念）（参 981a6），获取认识、思考，在"多重思虑"中思虑：每次总是：如果这样，那么就那样；由于经常这样，那么经常那样。

ἐμπειρία ἔχει ὑπόληψιν（经验具有判断）（参 981a7）⑤ "也已经具有其先行把握"：被经验，每次总是 καθ' ἕκαστον（就个别事物）（981a9），要打交道的东西。从许多经验中才有了一个先行把握（Vorgriff）。καθόλου（981a6），"一般的""总体的"；不

---

① 编者补充。

② 见附录，Mörchen 笔记，第 3，S.209.

③ 见附录，Mörchen 笔记，第 3，S.209f.

④ 编者补充。

⑤ 见附录，Mörchen 笔记，第 3，S.210f.

是这种形式：如果每次都怎样，那么怎样；而是：由于如此，所以。个别的事情变化：如果总是这样，那么这样，ὅμοιον（参981a7）。某物总是如此，一再出现，一直保持着，那么就保持持续的关联。τέχνη 不是总是如果——那么，经常如此，在一个个的具体情况中找到正确的东西，而是凡是有这种具有"同一个外观"的经验，对它就有**先行的**认识（im vorhinein wissen），κατ᾽ εἶδος ἕν（有同一个外观）（981a10），尤其**因为**。"如果——那么"：这里的"那么"有两重含义：①如果——那么；②因为——所以：提取出 εἶδος，理解为什么。有经验的，认识：总是如果这样——那么这样。ἔχει ὑπόληψιν（参981a7）：事先知道什么？如果这样，那么这样的关联。由此而有**方向**（Direktion）。一个医士，一个操作机器的机械师。操作次序的关联。**因为**这个东西是如此如此，因为身体状况如此如此，所以这种化学干扰是可能的和必要的。不是每次不同，而是作为**一种普遍的**事物（als Fall eines Allgemeinen），一种普适的事实关联。因为——所以的关联以这种方式被揭示：那持续的东西在每个情况下都明确地被看到，并且从"经验地"被给予的东西中被看出来和被确定。由此就产生了一种理解，它在一种更高的意义上是不依赖于当下被给予的东西的。对于这种理解而言，存在者越来越多地揭示出自身，就像它**一向**和**本真所是的**那样（immer und eigentlich ist）。不仅仅是作为能够——理解的理解，而是把握（Begreifen）。他具有一个概念（Begriff）。① 他能够每次就存在者的存在样式（Sosein）展示出存在者为何如此。τὸ ὅτι-τὸ διότι（981a29），"通过什么"，"由

---

① 见附录，Mörchen 笔记，第3，S.211.

于什么"。认知，知识，认识。

σοφώτερος（更有智慧的）（参 981a25 以下）[①]：κατὰ τὸ εἰδέναι μᾶλλον（通过更多地看）(981a27)，κατὰ τὸ λόγον ἔχειν（通过拥有逻各斯）(981b6)。ἔξειν λόγον, μετὰ λόγου（有逻各斯）:"指示"出就其自身而是的事物。因此，τέχνη 是 μᾶλλον ἐπιστήμη（更是科学）（参 981b8 以下）。δύνασθαι διδάσκειν（981b7），"能够教学"，表明为什么在所有可能的情况下这是这样的，那是那样的。αἴσθησις（感觉）虽然是最切近的和真实的，就像它每次所是的那样，但是它不是 σοφία：οὐ λέγουσι τὸ διὰ τί（不说出为什么）（981b11 以下）。

第 10 节　σοφία（智慧）的更确切的标志（Met. A2）

在第一章中：标划出一般的 σοφία 观念。

在第二章中：智慧自身更切近地看起来如何。

a. 对它的日常的先行看法。

b. 对这个称呼所及的东西的解释。

c. 没有实践目的。

d. 占有它、在其中生活的可能性：最本真的、神性的科学。在其中人最大程度地超出自身，存在的最高可能性。

e. 在占有 σοφία 中存在的转向。

[①] 见附录，Mörchen 笔记，第 3，S.211.

关于 a：对 σοφία（智慧）的日常的先行看法 [①]

日常理解和科学的认识：

1. πάντα（一切事物）(982a8)

2. χαλεπά（困难的事物）(982a10)

3. ἀκριβεστάτη（最严格的）(参 982a13 和 25）διδασκαλικὴ μάλιστα（最能教授的）(参 982a13 和 28 以下）

4. ἑαυτῆς ἕνεκεν（为了自身之故）(982a15)

5. ἀρχικωτάτη（最高的）(参 982a16 以下和 b4)

关于 b：解释在日常观念中所称的东西

在任何时候所意指的是同一个东西。满足所列举的特征的 σοφία 观念是同一个科学，它所处理的是首要的根据和原因。

对科学的本真意义的这种平均化的看法的解释，同时也是具体的［？］的规定，是通过对其核心主旨的展示而产生的。

关于 c：没有实践目的

οὐ ποιητική，［...］ἐκ τῶν πρώτων φιλοσοφησάντων（不是关于制作的……而是出自最早做哲学的人）(982b10 以下)；τὸ θαυμάζειν（982b11 以下）——"惊异"于什么，即不是作为清楚明白的径直接受。不径直接受，其基础是一个更高的理解要求，想要超出简单的知识接受，不安于平均的自明状态。τὰ ἄτοπα（令人困惑的东西）——"不在自己位置上的东西"，不能安置在更

[①] 见附录，Mörchen 笔记，第 3，S.212f.；参 M. Heidegger, Platon: Sophistes. 马堡冬季学期课程 1924/25.GA19. I. Schüßler 编辑, Frankfurt a.M, 1992, S.94f.

高的理解中的东西,虽然这种具有特别性质的东西可能对平均的认知而言是清楚的。它带来开放性的问题。只有这种人才会惊异:①还没有理解的人,②想要理解的人。他寻求从 ἄγνοια(无知)(参 982b20)逃离并由此表明,他在寻求 νοεῖν(领会)。由此而有 διαπορεῖν(处于困境中)(参 982b15)。一般的理解相信自己理解了一切,因为他不知道任何更高提问的可能性。那惊异的人,进一步提问的人走不出来(kommt nicht durch),找不到"任何出路",ἀπορία(参 982b17)。由此他必须寻求解决问题的可能性,赢获这个问题。

科学的问题不是随意的、随便冒出的[①]问题,而是明确的提问,对被提问的对象自身为其定义之故而提出的路径和手段、实际的动机的勾画和讨论。对全部可能性的最全面的认识还不是科学。本质性的(问题)是从事情自身汲取的并且在对它的估量中形成的提问能力。由此,σοφία μόνη 是 ἐλευθέρα(982b27),"只有智慧是自由的",αὐτὴ ἑαυτῆς ἕνεκεν(为了自身之故)(982b27 以下)。它在对事情自由的敞开中实现。事实性(Sachlichkeit)是其唯一的评判者。

这种行为,即这种作为无偏见的对事情的自由敞开的那种自由,就如其自身展示的那样,对人还是保持拒绝的。"这就是为什么人们有这样的看法,而且是正当的看法": σοφία οὐκ ἀνθρωπίνη [...] κτῆσις(982b28 以下),σοφία "不是人的可能的财产",这种存在方式、对世界的自我安放,是人所不能据

---

① 编者:手稿中用的词需要用 "hingespatzte" 来解读。根据 J. 和 W. Grimm,《德语辞典》,卷 10,第 1 部分,M. Heyne 编,Leipzig, 1905;新版卷 16, München, 1984, S. 2007,"spatzen" 这个词来自法语,意思是 "喷、吐口水"。阿雷曼和施瓦本方言中类似发音的词有相同的意义。

为己有的。因为 πολλαχῇ γὰρ ἡ φύσις δούλη τῶν ἀνθρώπων ἐστίν（982b29）"人的本质在许多方面都是被奴役的"。受奴役于偏见、统治性的看法，自己的情绪、冲动和要求。亚里士多德引用诗人西蒙尼德①，说人类不适合把握它，只有诸神才有权力。如果诗人是对的，并且诸神对狂妄的人是嫉妒的，那么就必须接受，那敢于走出那么远的人必定被毁灭。但是诗人不是对的，诸神也不是嫉妒的。②

关于 d：最本真和最神圣的科学

σοφία 是最高的理解和本质的科学。就是这样。它是最神圣的。一个科学是神圣的，①只要神最本真地拥有它。②它和某种神圣的东西相关。这两点都对关于首要的根据和原因的科学适用：①神对一切而言都是某个源泉和原因。②它是绝对自由的思考，所以应该最适合神，神自身就是纯粹的和永恒的对存在者的观看，并且"观看这个观看自身"，νόησις νοήσεως（Met. 1074b34）。σοφία 是 θεολογική（神学）（参 Met.1026a19）。

最高的科学没有实用的目的。因此所有其他的科学都对生活而言在实践上是更迫切的和更必需的。但就理解的意义和可能性而言它们都不是更高层级的。

关于 e：在占有 σοφία 中存在的转向

对这种认识的占有带入跟非科学和前科学的行为相反的

---

① Simonides, Ἐπίνικοι. In: Poetae Lyrici Graeci. Rec. Th. Bergk. 第4版，卷3： Poetae Melici. Leipzig 1882, Frgm. 5, V.10, S.388: θεὸς ἂν μόνος τοῦτ' ἔχοι γέρας ἄνδρα δ' οὐκ...（只有神才有这个特权，而非人……）

② 见附录，Mörchen 笔记，第 5，S.213.

境况。一般的理解对什么感到惊奇,这是很容易弄清楚的。一般的理解对之不感到惊奇的东西,对真正意义上的研究者是真正的问题。

第 11 节 关于亚里士多德的 ἀρχή(本原)和 αἴτιον(原因)概念

(a)亚里士多德对以前的哲学的描述的特征:指向亚里士多德原因学说的主线

对非历史学方法的谴责的立场

本真的科学的对象和主题是首要的基础和原因,它们的 πρῆθος(数目)和 εἶδος(外观)(983b19)。① 这些原因是哪些?如果这是最严格的科学,那么这个数目就是一个限定的、甚至是狭窄地限定的数目:4。② 为什么是这么多,又为什么是这些?没有什么严格的证明;也许对这样的证明还没有方法论的可能性。无论如何,亚里士多德看得很清楚,这里某个东西还保持为开放的。他试图用一种间接的方式来证明,他展示出:这四个是一个跟一个地被揭示出来的,没有其他的了。通过对这个事实的洞察,他希望我们赢获了一个更高的 πίστις(信念),对它们的必然性和样式的信念。

探询关于 πρότερον[...]φιλοσοφήσαντας περὶ τῆς ἀληθείας(983b1以下),"对真理首先进行哲学探讨的人"被误解为针对**作为存**

---

① 关于 ἀρχή 和 αἰτία: Met. Δ1 和 2;Aristotelis Physica, Rec.C. Prantl, Leipzig, 1879, B1, 192b8f., 和 B3,194b16; Analytica posteriora. B11, 94a20f.

② 见附录,Mörchen 笔记,第 6,S.213f.

在者的存在者自身（das Seiende selbst als Seiendes）。φύσις（自然），περὶ φύσεως（关于自然）（983a34以下）——那已经作为一切的基础的东西，那从其自身而来已经现成的东西。

下面一章的思考是以四因的提出这个特别的问题为主线。①人们已经说了：他这是非历史学的。既对也不对。对，因为亚里士多德采用了他自己的概念。高潮是，以前不清楚的东西，在其概念界限中不确定的东西，现在被区分开来，分离开了。后来的人对以前的人不必然有更好的理解。后来的人也可能完全不理解，可是如果他们理解了，那么事实上就更好地理解了。更好：对前人表现出来的意图追踪到底。以这种方式，亚里士多德事实上是非历史学的。他并不是跟那时的理解一样水平上简单地原文通告前人的观点，而是这样，他试图理解这些观点。更准确地观察，人们会说，这不是非历史学的，而是**在真实的意义上的历史学的**。如果人们想按其原状最终确定前人以及古人的本己的探索，而非从其新的可能性来**更彻底地把握它**，那么这是和这探索相矛盾的。

亚里士多德非历史学的方法也表现在，他在解释古人的时候用了一个他们完全不知道的概念：ἀρχή。这个词甚至很少出现，那时的意思仅仅是"开端"。

下面的一章不是进行详尽的解释，而是仅仅是一个概览，对这个问题的初步的理解。首先是关于ἀρχή和αἴτιον概念的定向。

(b) ἀρχή 概念在《形而上学》Δ1中的定义

词语—声音，事情（Sache），意义，概念。存在者被理解，

---

① 见附录，Mörchen笔记，第7，S.214.

理解进入词语，意义被明确地塑造，概念建立起来。根据被理解的存在者的定义方式来建立概念：λόγος。**概念范畴**：περὶ τοῦ πολλαχῶς（在多重意义上被述说的事物），亚里士多德经常使用这个说法。① 他的哲学问题的基本概念和首要概念。

根据其高度的一般性，基本概念（Grundbegriffe）是多义的。②

ὁμώνυμον-aequivocum，"同名异义词"，ὄνομα μόνον κοινόν，[...] λόγος [...] ἕτερος（只有名称相同，意义不同）。③

συνώνυμον-univocum，"同名同义词"，ὄνομα κοινόν [...] λόγος [...] ὁ αὐτός（名称相同，意义也相同）（Cat.1,1a7）。

παρώνυμον-denominativum，"意义衍生词"，ὅσα ἀπό τινος διαφέροντα τῇ πτώσει τὴν κατὰ τοὔνομα προσηγορίαν ἔχει（通过改变相关词的发音而衍生出来的词）（Cat.1,1a12ff.）γραμματικὸς ἀπὸ γραμματικῆς（"语法家"来自"语法"）（参 Cat.1,1a14）。

基本概念的多义性自身并没有被理论地思考，它说的是什么，为什么是必然的。而只是实际性地被展示出来，而且不是以随意地列举的形式，而是从最切近的日常意义出发达到首要的意义，偶尔也确定主要意义据此得以划分的那些方面。

---

① 他也用 περὶ τοῦ ποσαχῶς：见 W. Jaeger, Studien zur Entstehungsgeschichte der Metaphysik des Aristoteles. Berlin,1912（以下简称 Jaeger, Studien）, s.118f. Jaeger 引用了以下段落：Met. E4, 1028a4ff.; Z1, 1028a10f.; Δ 1,1046a4f.; Δ 8,1049b4; I1, 1052a15f.; I4, 1055b6f.; I6,1056b34f.; 同参 *Diogenis Laertii de vitis philosophorum libri X. Cum indice rerum.* Leipzig, 1884, V, 23: Περὶ τῶν ποσαχῶς λεγομένων.

② 参 M. S. Boethius, *In Categorias Aristotelis libri IV.* In Boethius, *Opera omnia. Tomus posterior. Patrologia Latina.* Acc. J.-P. Migne. 卷 64, Paris, 1891, S. 159–294; P. Abaelard, *Glossae super Praedicamenta Aristotelis. Die Glossen zu den Kategorien.* Ed. B. Geyer. In *Beiträge zur Geschichte der Philosophie des Mittelalters.* 文本加研究，C. Baeumker 编辑，卷 21, H. 2. Münster, 1921, S. 111–305, 尤其是 117 页以下。

③ Categoriae 1,1a1–2.

ἀρχή，在 Met.A 澄清的背景下，在这里这个表达有更宽广、更多重的意义。

1. 起点，某事物由此出发之处，一条路、一个"林荫道"的起点。（1012b34–1013a1）

2. 对学习而言的正确的开始、开头，不是从最高的（原则）而是从最切近的东西开始。例子（1013a1–4）。

3. 某物产生由之开始的东西，房屋的"地基"，船只的龙骨，基础，ἐνυπάρχον（首要构成）（参 1013a4），而且这个"开端"是保留在它里面的。（1013a4–7）

4. 运动由之开始，不是运动和生成的东西自身，保持为外在的东西，不是存在者自身共同造成的，μὴ ἐνυπάρχον（不是一个成分）（参 1013a7），那引起运动的东西：推动。对孩子而言是父亲、母亲。对战争而言是争端。（1013a7–10）

5. 根据自己的决定和计划将他人带入运动者，通过带领、引导，指引方向、统治。君王和僭主，还有在层级上超出其他的诸科学，πολιτική（政治学），ἀρχιτεκτονική（建筑学）（1013a10–14）。

6. 一个事物由之首先被认识。在证明中是**公理**、**原则**（1013a14 以下）。共同的东西①：第一个，从它出发，在某种意义上早于，在存在、生成、产生、认识的不同次序中的 τὸ πρῶτον εἶναι ὅθεν（第一个，由之出发者）（1013a18）。ἀρχή 的正式概念：第一个由之出发者（das erste Von-wo-aus）……回到的最后一个（das letzte Woraufzurück）。它的结构：方向，导向，出发点，定义的正式意义。② 参 Met. Δ 17, 1022a12: ἀρχή 是 πέρας τι，"界限"。

---

① 见附录，Mörchen 笔记，第 9，S.215f.
② 见附录，补充，第 1，S.191.

第 12 节　早期哲学中的原因问题

(a) 突出在以前的哲学中 ὕλη (质料) 的 ἀρχή (本原) 特征

早期哲学中有关于 ἀρχή 的问题，但不是以明确的问题形式，而是不明确地进行探究的。περὶ φύσεως (983a34 以下)：就其自身的存在者，来自何处以及如何存在 (ist)，在其存在中的存在者。περὶ φύσεως①, περὶ φύσεως ἱστορία② (关于自然的研究)。οἱ ἀρχαῖοι φυσιολόγοι (关于自然的研究者)（参 986b14）。λόγος -φύσις，就存在者自身展示存在者，但不是关于自然的知识的可能性和必要性，而是关于自然自身。不仅仅是世界的根据和原因。神秘的系谱学和宇宙论。③ 赫西俄德的神谱，锡罗斯 (Syros) 的菲勒塞德斯 (Pherekydes) 的宇宙起源论：关于存在者的说明、次序。

φύσις: φύειν——"产生"，φύεσθαι——"生长"。①那总是持存的 ④, ②生成者 ⑤。两者。⑥ 本质性的是，由自身而来总是已经

---

① 见附录，Mörchen 笔记，第 10，S.216f.

② 参 Plato, Phaidon, 96a.

③ 参 E. Cassirer, Philosophie der symbolischen Formen, I–III 卷, Berlin, 1923ff. 第 I 卷：Die Sprache, S. 13; 第 II 卷：Das mythische Denken, S. 57.

④ J. Burnet, Early Greek Philosophy, 3rd ed. London, 1920（以下 Burnet, Early Greek），S. 10: "everlasting"; S. 206 和第 4, S. 205: "which does not pass away"; S. 228.

⑤ K. Joel, Geschichte der antiken Philosophie. 第 1 卷（Grundriß der philosophischen Wissenschaften），Tübingen, 1921, S. 256. 以及 Joel, Der Ursprung der Naturphilosophie aus dem Geiste der Mystik. 以下 Basel, 1903（以下, Joel, Ursprung），S. 44.

⑥ A. Lasson, Über den Zufall. Berlin, 1918, S. 52, 58ff.

现成存在的东西,跟人和诸神无关。首先被称名的东西最切近于哲学存在论的意义。

原因①:在一切之前已经存在的东西,一直存在的东西。①在一般的东西中被寻找;②被当成这样的东西。ὕδωρ(水)——泰勒斯,ἄπειρον(无定者)——阿那克西曼德,ἀήρ(气)——阿那克西美尼。在这种意义上问原因(Ur-sache):那一直已经存在的和保留着的东西,没有原因的定义,不能决定什么满足这个被寻找的原因,不理解是否由此存在者的存在问题就已经被回答了还是仅仅被提出来。ὡς τῆς τοιαύτης φύσεως αἰεὶ σωζομένης(983b12f.)φύσις σώζεται(一个从自身而来的一向在此的存在者挽救着自身),**一向已经现成存在的恒久性**。寻找的目光落在它上面——虽然还没有真正看到——,意向着它,但不能把握它,而是一个存在者变成了存在的ἀρχή。虽然开始还是存在者,但已经是在存在观念引导下的存在者,尽管这个观念还是晦暗的。

恒常现成存在的东西中首先进入眼帘的是**事物由之而得以存在的东西**。形式上是"从何而来",外观,质料之物。ὕλη(质料):ὑποκείμενον(基底)(983b16)。ὕδωρ——泰勒斯(983b20f.)②,ἀήρ——阿那克西美尼(984a5),πῦρ——赫拉克利特(984a7f.),γῆν(土)和其他元素——恩培多克勒(984a8f.)。阿那克萨戈拉——ἀπειρία τῶν ἀρχῶν(本原的无限)(参984a13),τὰ ὁμοιομερῆ(同素体),σύγκρισις–διάκρισις(结合—分离),δια-μένειν ἀίδια(持久,永恒)(参984a14ff.)。

---

① 见附录,Mörchen 笔记,第10,S.217.
② 见附录,Mörchen 笔记,第10,S.217.

[发展阶段：]①

1. 一切都产生自一个东西，它是永恒如是的。潮湿，气息，火都只是其变化。只有同一个东西，其他只是变化的不同方面。

2. 一切来自多。这里已经有结合、联合和分开、组合。这里有秩序和变化。

3. 一切来自无限的多。因为原因是永恒持存的，所以也是无穷无尽的。持续的变化和变形，但是没有产生和消灭，而是都保留着。这是激荡一切的原因，这样变化和无限的多样性也被解释了。ὑποκειμένη ὕλη : μόνη αἰτία（质料作为基底：唯一的原因）（参 984a17）。

(b) 作为运动从何处而来意义上的原因问题

作为推动力的原因

一切存在者不动的观念

现在是什么被凸显出来了？持续存在的东西，ὑποκείμενον（基底）和变化，出现和消逝；变化，运动；事情自身。在寻找原因的过程中，同一个东西被给出和被找到。

ὑποκείμενον 的变化是怎样发生的，什么对此负责呢？虽然 ὕλη（质料）是必要的，但是这还不够。ξύλον-κλίνη（木头—床）（参 984a24），ἕτερόν τι...αἴτιον（另外的某个原因）（984a25），τὴν ἑτέραν ἀρχὴν ζητεῖν（寻找另外的原因）（984a26），推动力。

那一开始就选择了这样一条寻求原因的道路的人，对一个原因就满足了。由此他们似乎赢得了一个理解。但是理解自身

---

① 参编者。

还没有在其诸种可能性中被发展出来。科学不仅仅是知识的扩充、材料的积累，问题的新的诸种可能性才是科学自身真正的形成。

另外的那些局限于 ἕν-ὑποκείμενον（一——基底）(984a28ff.) 的问题的人，也似乎被这个问题所控制。他们被这个观念所左右，不但排除了产生和消灭，而且也不考虑任何形式的生成和变化。如果存在就一直存在，那么，那些通过变化而被确定的东西就不存在。因为这些还不存在也不再存在。ὅληφύσις ἀκίνητον（整个自然是不运动的）(参 984a31)——存在着的东西整体是存在的，因为它存在，且不运动。

这些人中只有巴门尼德看到了第二个原因，但不是在他的核心学说的基础上，而是因为他［采用了］① 两个原因。

那些设定了多个原因的人更适合亚里士多德的解释。火是施动者、推动者、驱动者，其他的是被推动者。

（c）在维持秩序和统治意义上的运动的原因

在这个过程之后，μετά（984b8），重新在真理的逼迫之下，去追问另外那些被称为原因的东西。因为这对于 γεννῆσαι τὴν τῶν ὄντων φύσιν（成为诸存在者的自然）还是不够，对于理解存在者从何而来，它是它所是的样子，都不够。ἀναγκαζόμενοι ὑπ' αὐτῆς τῆς ἀληθείας（参 984b9f.）"被真理所强迫"，即被眼前不被遮蔽地横陈的存在者所强迫。它不只是展示为现成之物②，变化，改变，推动，而且是如此如此地改变了，如此如此地改变自身。

---

① 参编者。
② 见附录，Mörchen 笔记，第 10，S.216f.

τὸ εὖ ἔχειν（参 984b11f）"以正确的方式"，完全以一种确定的方式，**不是任意的和混乱的**。τὸ καλῶς γίγνεσθαι（参 984b11）"美的"，有秩序的。世界是一个 κόσμος（秩序），τάξις（安排）。存在者自身的定义不能用迄今已经揭示的两个原因来解释。那如此展示自身的东西在提问中要被考虑到。火或者其他的类似的东西不是它的原因，οὔτε（不是）(984b12)，它不可能是，而且所有哲学家都不相信它是。

正确的方式，方向，指向，指示，**标划**。秩序，维持秩序，安排，**领导**。**反思**，意义，出于一些根据，根据一个规则，"理性"。① νοῦν [...] ἐνεῖναι（984b15）——"里面有理性"，② νοῦν [...] αἴτιον τοῦ κόσμου（理性……秩序的原因）(984b15f.)。秩序的原因是存在者一般的原因，也是作为动力因的推动。原因—特征对他们而言还是遮蔽着的。

不只是 κόσμος, τάξις（984b34），而且还有 ἀταξία（无序），αἰσχρόν（丑陋），尤其 πλείω，"大量的""主要的"。νεῖκος-φιλία，"爱和恨"。

描画他们如何使用这些原因：不确定地，任意，摇摆不定（985a11ff.）ἀμυδρῶς μέντοι καὶ οὐδὲν σαφῶς（985a13）——"晦暗的，没有概念的确定性"，没有真正科学的方法上的研究使用。在他们那里只有两个原因：ὕλη 和 ἀρχὴ κινήσεως（运动的本原）（985a11ff.），在科学进步的对存在者的解释中也是这样。

(d) μὴ ὄν（非存在）和 διαφοραί（区别）作为 ὕλη（质料）原因

留基波和德谟克利特①：στοιχεῖα（元素）：τὸ πλῆρες-κενόν

---

① 见附录，Mörchen 笔记，第 12，S.219f.

（充实—虚空）（985b5）. τὸ πλῆρες, στερεόν: τὸ ὄν（充实，坚实：存在）（985b6f.），τὸ κενόν, μανόν: τὸ μὴ ὄν（虚空，稀松：非存在）（985b7f.）。非存在就像存在一样存在。

基底性的东西的区别是其他展示出自身的东西的原因。διαφοραί（区别）：αἰτίαι（参 985b13），σκῆμα-τάξις-θέσις（形状—顺序—位置）（参 985b14），ῥυσμός-διαθιγή-τροπή（参 985b15）"和谐一致的运动，对称，关系"—"接触"—"转向"：可能辩护的方向。

寻求更高的一般性，即使眼光还限制在物质的存在上，空间上的彼此分离。唯物主义者？

κίνησις（运动）自身不是问题，虽然这个现象经常被用到。ὕλη-ὅθεν ἡ κίνησις（质料—运动从何而来）（985a13）。

亚里士多德不仅研究这一问题：在各种情况下什么在内容上被设定为原因，而且研究对一个原因特征自身的理解在多大程度上达到了当下可能的和必要的一个原因的原因功能。

（e）在毕达哥拉斯的数的学说中 τὸ τί（这个）原因开始出现

困难：τέλος, οὗ ἕνεκα（目的，为何之故）。但还不是 τὸ τί（这个）①。但在希腊科学中，在巴门尼德、毕达哥拉斯（ἀριθμός[数]）和柏拉图（ἰδέα[理念]）那里已经有了。

οἱ καλούμενοι Πυθαγόρειοι（所谓的毕达哥拉斯学派）（985b23）投身于数学科学，尤其推动了数学科学。在数学科学中浸淫已久，他们不仅发现了数学的原则，而且也发现了**一般存在者的原则和原因**。

---

① 见附录，Mörchen 笔记，第 13，S.220.

希腊人和数学：没有材料证明从埃及以及通过腓尼基从比布鲁斯（Byblos）流传过来的时间和样式。希腊人在地中海加强了［？］商业联系和殖民活动，商业旅行和文化、研究为目的的旅行，已经充分说明，这里发生了交换。μάθημα（参985b24）"可以教学的东西"，可以证明的东西，科学自身。这不是偶然的：第一位科学的哲学家在传统中是第一位希腊数学家，泰勒斯。实践的、理论的问题：地球航海，确定船只的位置，通过一定的角度计量计算船离陆地的距离。

在所谓毕达哥拉斯学派那里数学尤其得到了关注。数学的原则首先是 ἀριθμοί（数）（985b26）。在数中，他们相信可以发现 ὁμοιώματα πολλὰ τοῖς οὖσι καὶ γιγνομένοις（985b27f.）。"存在者和生成的东西的许多相似之处"，比如说，他们在数中发现了和谐的特征和关系。所以，ὑπέλαβον（他们认为）（986a2）。[①] 如果注意的话，相似就更切近地在那里：在数字自身中被表现。数字自身又和其体现不是清晰地分开的。

∴ ∴ 1+2　∴∴ 1+2+3　∴∴∴ 1+2+3+4

ὄγκοι（大小），自然数字序列，Δ 的形状。数表达和规定了形状、空间。

这样他们将在数字中，并和天空的状况、世界整体和谐一致的一切都聚集在了一起。如果哪里有一个缺口，他们也不怯于使用人造的假想。比如，ἡ δεκὰς τέλειον（参986a8），"十"，"完满的""完美的"数。它包括了数字自身的本质和存在。因

[①] 即，"他们认为，数的元素是一切存在者的元素"。参附录，Mörchen 笔记，第14，S.220f.

此，在天上运行的天体数目也是十个。根据经验，只有九个天体是有证据证明的，διὰ τοῦτο δεκάτην τὴν ἀντίχθονα ποιοῦσιν（986a11f.）（因此他们构造了第十个：对地）。

对毕达哥拉斯学派的观点进行考虑的目的，是强调他们提出了何种 ἀρχαί, καὶ πῶς εἰς τὰς εἰρημένας ἐμπίπτουσιν αἰτίας（986a15）（以及它们如何涉及已经提到的四种原因）。哪种原因表征着数？毕达哥拉斯学派的人对此说过确定的话吗？还是他们没有搞清楚？

数的 στοιχεῖα（元素）是 ἄρτιον（偶数）和 περιττόν（奇数），前者是 πεπερασμένον（有限的），而后者是 ἄπειρον（无限的）（986a18f.）。① ἕν（一）由二者产生（986a19f.），它既不是奇数也不是偶数。ἐκ τοῦ ἑνός（从一中）产生了数（986a20f.）。世界的构架是数。因此亚里士多德提出，毕达哥拉斯学派将数看作世界从中产生意义上的原因，ὡς ὕλη（就像质料）（986a17）。

这个学派的其他成员提出十个原则，他们将这些原则按次序排列出来（参 986a22f.）。克罗顿（Kroton）的阿尔克迈翁（Alkmaion），毕达哥拉斯的更年轻的同代人（参 986a27 和 29f.）：ἐναντιότητες（对立者）（986a32），但是 ἀδιορίστως（随机的）（参 986a34），可以看出，ἀρχαί 是对立者。然而没有概念性地确定地展示出，这些原则和对立者如何被引回到所称的四因。但是 ἐκ τούτων γὰρ ὡς ἐνυπαρχόντων συνεστάναι [...] τὴν οὐσίαν（从它们这些作为固有成分的原则构成了……实存）（986b7）但是这种对立学说跟恩培多克勒的发展学说 [？] 不同（参 986b13ff.）。

---

① 如此。但毕达哥拉斯认为奇数是有限的，而偶数是无限的。——译注

ἴδιον αὐτῶν προσεπέθεσαν: τὸ πεπερασμένον, ἄπειρον（这个学派特别的看法：限定的，无限定的）（参 987a15f.）自身不是跟其他存在者毗邻的存在者，也不是从存在者变化而来，而是限定性和非限定性自身，以及存在者的存在作为统一性（Einheit），οὐσία（实体）。因此，数是 οὐσία。这意味着，περὶ τοῦ τί ἐστιν ἤρξαντο [...] λέγειν καὶ ὁρίζεσθαι（他们要讨论和定义"是什么"的问题）（987a20f.），他们不再问持存者是什么和运动的推动力，而是问什么是作为存在者自身的存在者，它的存在和如此存在（Sosein）的意义。但是，λίαν δ'ἁπλῶς ἐπραγματεύθησαν（987a21f.），"他们对这个问题的处理仍然是原始的。"他们 ἐπιπολαίως（肤浅地）获得了概念的定义。（987a22, 参 986b22f.）例子。①

明确提到巴门尼德。也是一个原则，只不过是在另外一个意义上，跟毕达哥拉斯学派走到了一起：τὸ κατὰ τὸν λόγον ἕν（就逻各斯而言是一）（参 986 b19）。

随着这个思考我们已经接近了柏拉图在前人的本质性的驱动下所打开的那个问题域。

（f）*柏拉图处理原因问题的方式（《形而上学》A6）：在如此存在意义上的存在者的存在的观念*

柏拉图对基本问题的处理方式（Met.A6）：在其原则中规定事物的原因、定义存在者。他在许多方面都追随毕达哥拉斯学派，但也是 ἴδια（有特质的）（987a31）。柏拉图 πολλά（很多事情）都是由毕达哥拉斯学派规定的（987a30）。他在年轻的时候相信克拉底鲁以及赫拉克利特的学说：πάντα ῥεῖ，"一切

---

① 见附录，Mörchen 笔记，第 15，S.221.

皆流变。但确信：感性经验中的变化的东西不是可能的认识对象，它们不是 ἀεὶ ὄν（永恒存在）。我所知道的立即同存在者不相符合了；当我刚刚说出一个句子：它是如此的，这个句子已经变成错误的了。

认识是关于 ἀεί（永恒）和 κοινόν（普遍）的东西的：这是从苏格拉底那里学到的。苏格拉底第一个将心灵指向了 καθόλου（普遍），并努力 ὁρισμός（定义）（参 987b3），对什么进行限定，定义。περὶ μὲν τὰ ἠθικά（987b1）"在人的打交道、行动、行为领域"。柏拉图基本的观点是：认识的对象是 ἕτερον, οὐ τῶν αἰσθητῶν（另外的，不是可感之物）（参 987b5）。τὰ τοιαῦτα τῶν ὄντων ἰδέας（这个东西就是理念）（987b7f.）。① τὰ αἰσθητὰ πάντα παρὰ ταῦτα-κατὰ ταῦτα λέγεσθαι πάντα（参 987b8f.）"那总是被看到的，可感事物在它们旁边，根据它们而被称呼它是什么"；ἄνθρωπος（人）。可感事物不是以 ἰδέα 的方式存在（它们的存在是另外的）它们是什么是通过理念来确定的（根据理念的）。τὰ πολλὰ τῶν συνωνύμων（987b9f.），"多个同名的事物"，具有 λόγος，作为人被称呼。通过这个存在的"什么"定义它是什么，κατὰ μέθεξιν（987b9），"通过分有"。毕达哥拉斯：μίμησις（参 987b11），"模仿"，ὁμοίως（类似）。柏拉图改变了名称。μέθεξις 和 μίμησις 所说的是什么没有被澄清，甚至今天也没有。开端是不充分的（Ansatz ist unzureichend）！

εἴδη ②-αἰσθητά（理念—可感事物），μεταξὺ τὰ μαθηματικά: ἀΐδια, ἀκίνητα（数学的事物在中间：永恒，不动），但同时 πολλά

---

① 见附录，Mörchen 笔记，第 16，S.221f.
② 见附录，Mörchen 笔记，第 16，S.222f.

（很多）(参 987b14ff)，εἶδος αὐτὸ ἓν ἕκαστον μόνον（理念自身在每种情况下是单一的）(987b18)。

εἴδη: αἴτια [...] τοῖς ἄλλοις（理念：其他东西的原因）(987b18f.)：στοιχεῖα τῶν εἰδῶν–στοιχεῖα πάντων（理念的元素——一切事物的元素）(参 987b19f.)。οὐσία: ἕν（实体：一）(参 987b21)。ὕλη: πολλά: τὸ μέγα–μικρόν（质料：多：大和小）(参 987b20)。这些事物 μέθεξις ἕν（分有一），ἀριθμοί（数）就存在了（参 987b21f.）。就像毕达哥拉斯学派：ἓν οὐσία（一是实体）(参 987b22)，而不是存在者之中的一个；ἀριθμοί 对存在者而言是构成性的（参 987b24f.）。ἴδιον（个体）(987b27)：① ἄπειρον 自身被清晰地表达、双重化：μέγα–μικρόν（大—小）(参 987b26)；② ἀριθμοί 是 παρά（在旁边），而非 αὐτὰ τὰ πράγματα（事情自身）(987b27f.)。

为什么 ἕν（οὐσία）和 ἀριθμοί παρά 并且是 ἡ τῶν εἰδῶν εἰσαγωγή（理念的带入）？——διὰ τὴν ἐν τοῖς λόγοις [...] σκέψιν(987b31f.)"根据在 λόγοι 内部的看"，因为他所看的东西基本上总是已经在关于什么的话语中被提到了。比如勇敢的人：勇敢；有学问的人：科学。这种向着什么先行被意味着的东西的看就是 διαλέγεσθαι（辩证法）(参 987b32)。参《智者》《斐勒布》。

为什么 ὕλη（质料）是双重的？因为容易从它产生数，除了首要的数。

* * *

在这里没有涉及巴门尼德，因为这是在柏拉图转向巴门尼德之前。补充：巴门尼德只有在柏拉图后期才有了特别的意义。

在巴门尼德那里所决定的，后来在柏拉图和亚里士多德那里被明确提出的东西，被亚里士多德所看到，这在亚里士多德的巴门尼德特征中清楚地标志出来。跟所有前柏拉图哲学家不同，也跟巴门尼德的学生以及追随者不同：Met.A5, 986b10–987a2. περὶ τοῦ παντὸς ὡς［…］μιᾶς οὔσης φύσεως（关于万有作为……在本质上是同一实体）（986b11），但它们自身也不相同。ἀκίνητον（不动）（986b17）不在现在的解释之内。它所意图的是什么，涉及的是另外一个问题。① ἔοικε τοῦ κατὰ τὸν λόγον ἑνὸς ἅπτεσθαι（他追随在逻各斯上是一的东西）（986b19）。

对柏拉图的批判（Met. A9）：οἱ δὲ τὰς ἰδέας αἰτίας τιθέμενοι（那些设定理念作为原因的人）（990a34f.）。不能详细对 Met. A8 和 9 进行阐释，因为它预设了对柏拉图哲学的更具体的认识，而这正是我们要赢获的。

---

① 见《物理学》A3。

第二章　关于作为哲学问题的原因和根据问题

第 13 节　没有澄清的原因问题和存在问题的关系：提出问题

基本问题：存在者的四个原因问题。
1. 它们是什么；
2. 存在者自身中什么能满足这些原因；
3. 根据所有基本方面来确定存在者自身；
4. 完全确定存在者的存在；
5. 以哪四种方式被言说。①

ὄν② τὸ ἁπλῶς λεγόμενον③（一般而言的存在）：ὄν τῶν κατηγοριῶν（范畴的存在）；ὄν κατὰ συμβεβηκός（偶然的存在）（参 1026a34）；ὄν ὡς ἀληθές（作为真的存在）（参 1026a34f.）；ὄν δυνάμει καὶ ἐνεργείᾳ（存在是潜能和现实）（参 1026b1f.）。存在的这四种基本意义就像四因一样，亚里士多德很少确定它们的内在联系和它们从存在自身的观念起源的方式。存在的这四

---

① 参 Met.A9, 992b18ff., 这一段尤其重要。
② 见附录，Mörchen 笔记，第 17, S.223.
③ Met. E2, 1026a33.

种意义在任何情况下都不和四因相应，就像必须从根本上来说，不存在一个统一的结构意义上的系统。系统观念从唯心论开始。在它后面有预先铺排好了事情的一个特定的观念。相反，在亚里士多德以及同样在柏拉图那里，一切都是敞开的、在路上的，是开始，一切都还在重重困难中，绝没有系统的、平滑的和完成的特征。联系迄今已经处理了的问题，就有了一个基本问题：为什么是四因？① 为什么——从何种存在者获得？这个存在者如何在其存在中被把握？原因的存在和根据的存在自身，其关系是什么？为什么我们追问根据？为什么的起源和必要性。为什么科学特别地将根据和原因作为论题？

第 14 节　近代哲学中的根据问题

近代哲学②：莱布尼茨：principium rationis sufficientis（充足理由律）。如果没有充分的根据，没有什么事质和事件能够有意义，即使那个根据多半是向我们遮蔽着的。

莱布尼茨：充足理由律法则③：第 31："我们的理性认识奠基在两个大的原则上：第一个是矛盾律，根据这个原则，我们将包含了一个矛盾的东西都视为错误的，而将跟错误对立的或者④

---

① 见附录，Mörchen 笔记，第 18，S.223f.
② 见附录，Mörchen 笔记，第 19，S.225f.
③ 参 Monadologie (1714), in: Die philosophischen Schriften von G. W. Leibniz, 7 卷，C. J. Gerhardt 编辑 (Berlin, 1875—1890). (以下，Gerhardt.) 第 6 卷，S. 607ff.; Hauptschriften zur Grundlegung der Philosophie, A. Buchenau 译，E.Cassirer 编辑 (Leipzig, 1904—1906). (以下，Cassirer.) 第 2 卷，S. 435ff.
④ 在卡西尔版中没有"或者"。

相反的东西看作真的。(Theodizee[《神正论》]① §44, §169)"②

第32。"第二个是奠基在充足理由律上，根据这个原则我们认为，没有事实是真的或者是存在的，没有陈述能够是正确的，如果没有一个充足理由表明，为什么是这样而不是另外的样子，即使这个根据大部分情况下大概是不为我们所知的。"(§44, §196)③

Wolff: Nihil est sine ratione [...], cur potius sit, quam non sit.④ "为什么某物存在而非不存在，这不是没有理由的。"

principium rationis sufficientis fiendi⑤（生成的充足理由律），

principium rationis sufficientis cognoscendi（被认识的充足理由律）(参 §876, S.649),

principium rationis sufficientis essendi（存在的充足理由律）(参 §874, S.648),

principium rationis sufficientis agendi（行为的充足理由律）(参 §721, S.542)。

τὸ πρῶτον [...]ὅθεν ἢ ἔστιν ἢ γίγνεται ἢ γιγνώσκεται（首要的东西……存在、生成、认识都从它而来）(Met. Δ1,1013a18f.)。

复习

在前面我们概括出了古代哲学所面临的问题的轮廓：在存

---

① 海德格尔添加的"Theodizee"。

② Gerhardt, S.612; Cassirer, S.443.

③ Gehardt, 同上；Cassirer, 同上。

④ Ch. Wolff, *Philosophia prima sive ontologia,* 第 2 版，Frankfurt and Leipzig, 1736，（Henceforth, Wolff.）§70, S. 47.

⑤ 参 Wolff, §874, S.648.

在者中揭示存在。

在亚里士多德那里思考的主线是：四因。我们回顾了前亚里士多德哲学的主要特征。最后是前瞻：根据的问题。充足理由律，principium rationis sufficientis。Nihil est sine ratione sufficiente, cur potius potius sit, quam non sit.[①] "为什么某物存在而非不存在，都需要一个充足的理由。"一切研究的自明的原则。怎样去理解？为什么它是必要的？它产生自它所述说的东西的存在吗？即，出自存在和非存在的观念？只有在我们理解了存在自身的时候才有答案。

我们把亚里士多德的提问放在背景中，现在只倾听古代思想家自身的问题和回答。

---

① 参上页注④。

第二部分

最重要的希腊思想家：
他们的问题和回答

Die Wichtigsten Griechischen Denker.
Ihre Fragen und Antworten

第一卷

直到柏拉图的哲学

Die Philosophie bis Plato

对存在者的经验①,对存在自身的理解。存在的概念,由此对存在者在概念上哲学地加以理解。

从存在者到存在。理解,诸概念;概念——λόγος。真理。将什么说成什么,作为什么,这个什么不是它里面的存在者,而是存在,每个存在者作为存在者总"是"存在。λόγος 不是 αἴσθησις(感觉)。σοφία(智慧),赫拉克利特的 σοφόν(哲人)。

第一章 米利都自然哲学

第 15 节 泰勒斯

第一个哲学家和"第一个数学家",对他的最后的报告来自普罗克鲁斯(Proclus),欧几里得《几何原本》第一卷的注释者。② 根据历史上第一位天文学和数学史家欧德谟(Eudemos),以及历史上第一位哲学史家泰奥弗拉斯特(Theophrast)(亚里士多德学派)的说法,泰勒斯已经懂得一些几何学理论。③ 关于三角

---

① 见附录,Mörchen 笔记,第 20,S.227.
② 参 Burnet, Early Greek, S.40ff.
③ 参 Burnet, Early Greek, S. 45, n. 4; *Eudemi Rhodii Peripatetici fragmenta*. Coll. L. Spengel. Berlin, 1864, frgm. 94, S.140; *Theophrasti Eresii opera omnia graeca rec. lat. interpr.* F. Wimmer. Paris, 1866, frgm. 40, S. 423-424.

形的结构[？]。① 他在测量船的距离的时候使用了几何学的方法。他已经知道了测量术这回事。这并不是说，泰勒斯必然已经清楚地认识了这种测量的理论前提。测量的规则的知识不需要对其可能性和必要性的理论前提的洞识。

亚里士多德的历史知识显然要归功于柏拉图学园的伟大时代。他是哲学史的唯一来源。（泰奥弗拉斯特，辛普利丘[Simplicius]，以及古希腊哲学著作的编辑者都依赖于他。）

1. 大地漂浮在水上。②
2. 水是一切存在者的（质料）原因。③
3. "一切存在者都充满了神灵。"④ "磁铁是活的；因为它有能力移动铁。"⑤ 万物有灵论：ὕλη-ψυχή（质料—灵魂），不是先有质料然后附加上精神和生命，而是两者尚未分开。⑥

关于2：世界从何而来：水，来自水并回到它，水保持着。它不同的凝聚状态是冰，水，水汽—气象学的。一切有生之物的种子都是潮湿的：潮湿是生命的原则。常驻者，持存，不变的。

第16节 阿那克西曼德

阿那克西曼德大概出生在公元前611年。泰奥弗拉斯特是

---

① 参 *Procli in primum Euclidis*, prop. 5, theor. 2, B.143; prop. 15, theor. 8, B. 171; Prop. 26, theor. 17, B. 212.

② 参 Aristoteles, Met. A3, 983b21f.; De Caelo B13, 294a28ff.

③ 参 Aristoteles, Met. A3, 983b21.

④ 参 *Aristotelis de anima libri III*. Recogn. G. Biehl. Ed. altera curavit O. Apelt. Leipzig, 1911, A5, 411a8.

⑤ 参 De anima A2, 405a20f.

⑥ 见附录，Mörchen 笔记，第21, S.227f.

主要来源。

那源始的东西,作为一切存在者基础的东西,怎么可能①自身是这些存在者中的一个?

①既不是一个确定的东西,"这一个";在这个方面是不确定的,②自身不在冲突和对立中,③也不是被限定的;毋宁是不可穷尽的。φύσις(自然)。

无定者②,其本质是不确定性,没有比用不确定性更恰当的规定了。确定 ἄπειρον(无定者)的基础:τῷ οὕτως ἂν μόνον μὴ ὑπολείπειν γένεσιν καὶ φθοράν, εἰ ἄπειρον εἴη ὅθεν ἀφαιρεῖται τὸ γιγνόμενον.③(生成和毁灭永无休止,因为事物从中生成的东西是无终结的。)

对立之物:热—冷,干—湿,夏天热—冬天冷。不公正—均衡;在二者之前的东西。

环绕我们的世界:κόσμοι④ κατὰ πᾶσαν περίστασιν(πρόσω, ἀπίσω, ἄνω, κάτω, δεξιά, ἀριστερά⑤)(各个维度上的宇宙——前面、后面、上面、下面、右边、左边),有无数"世界",同时的。在这个世界外围的无定者"包围"所有世界。诸世界是"诸神"⑥。哲学家们偏离了语言的用法:神不是崇拜的对象,而是真正的存在者。在 Νεφέλαι(《云》)中,阿里斯托芬说,哲学家是

---

① 见附录,Mörchen 笔记,第 22,S.228f.
② 参 Aristoteles, Phys. Γ 5, 204b22ff.
③ 参 Phys. Γ 4, 203b18ff.
④ 参 Phys. Γ 4, 203b26.
⑤ 参 Phys. Γ 5, 205b32ff.
⑥ 参 Phys. Γ 4, 203b13.

ἄθεοι（无神论者）。① 关于天体、大地、月亮和动物的本原的学说。

［关于 ἄπειρον：］② 不是可感的特定的存在者，而是不可感的不确定的东西，但也是一个存在者。

无定者，空间性的［？］有形体的。首先表达了在一个存在者的无限性中努力赢获存在自身。

亚里士多德总是对这个哲学家给予特别关注，经常提到他。他在阿那克西曼德中寻找无定的 πρώτη ὕλη（最初的质料）的理念的先驱：ἀλλὰ καὶ ἐξ ὄντος γίγνεται πάντα, δυνάμει μέντοι ὄντος, ἐκ μὴ ὄντος δὲ ἐνεργείᾳ（一切都产生自某个存在者，某个潜在地存在而非现实地存在的存在者）③。

第 17 节　阿那克西美尼 ④

大约公元前 586—前 526 年。关于他，泰奥弗拉斯特写了一个专题。

μίαν μὲν καί αὐτὸς τὴν ὑποκειμένην φύσιν（对他来说，自然的基底之物也是一个）。⑤ 前人每个人都是正确的：泰勒斯：一个确定的质料，阿那克西曼德，一个无限的质料。［来自二者］⑥ 一个确定的但是无限的质料，这个质料总是现成存在的并

---

① 参 *Aristophanis Comoediae*. Rec. F. W. Hall, W. M. Geldart. Vol. 1, 2, Oxford, 1906—1907,（以下, *Aristophanis Comoediae*), vv. 367,423, 1241, 1477,1509.

② 参编者。

③ Met.Λ2, 1069b19f.

④ 文本参 H. Diels, *Die Fragmente der Vorsokratiker*, 希腊语和德语（以下, Diels I), 第 4 版, Berlin, 1922, 卷 1, 章 3; 第 6 版, W. Kranz 编辑, 卷 1, 章 13。

⑤ Diels I, 第 4 版, 章 3, A. 生平 5; 第 6 版, 13A5。

⑥ 参编者。

且规定了变式的本质：稠密——稀疏，不仅仅是分离开。一切不同的东西现在都是一个同种的质料的变形，量上的变式：ἀήρ,πνεῦμα——"气""气息"、风、汽、雾。①源始质料同世界的关系就像气息（灵魂）同人的生命的关系。活力（Beseelung），有机论，而非神话式的。

他对后来的哲学家比阿那克西曼德有更强的影响，首先是对毕达哥拉斯学派和阿那克萨戈拉的影响。"阿那克西美尼的哲学"变成了米利都自然哲学的标志。

第 18 节 存在问题。关于存在和生成的关系问题与对立自身问题。转到赫拉克利特和巴门尼德

在存在者上揭示存在作为问题。迄今一个存在者通过 φύσις（自然）特征被标划出来：ὕλη-ἄπειρον-ἀριθμός（质料——无定者——数）。关于存在的一个不明确的理解，但不是概念。总是一再地启程，而重新被抛回，追求存在而仅仅把握为存在者。如果存在者的存在不是外在于而是属于存在者，那么它不仍然是一个存在者吗？但是存在更加清晰地将自身作为问题，并且越来越迫切。

存在：总是现成存在的东西，不先生成而后消灭。另一方面，在现成存在的东西中也有生成和运动，ἔρως（爱）。怎样理解生成自身？如果它是存在的一种方式，那么存在呢？对存在领域的第一次锲入也已经带来了新的问题，在一种新的解决方法能够被想出之前，必须首先极端地处理一下这个存在和生成问题。

---

① 参 Diels I, 第 4 版, 3B2; 第 6 版, 13B2.

不是一下跳跃到新的本原进行解释，而是更加急迫地确定，存在者如何在整体中展示自身，根据其基础构造，它将自身的什么当成了问题。

但不只是持存者和变化者的对立，而且在生成自身内部也有"各种对立"。对立不是在其他的东西下面而是根本地在哲学上被强调，这意味着一个新的阶段。起先只是知道①，现在是这个，然后是那个，是不同的。对立的东西是另外的，也是同一个，是在一个整体中最外在的排列。①对立被看到。②在此在（Dasein）的自然的、日常的经验中作为这样的被根本地把握［？］：白天和黑夜，死亡——活着，清醒和睡眠，生病和健康，夏天——冬天。不是随意的，如石头和三角形、太阳和树木。对立不只是区别，而是在一个统一体内部的对立的欲求。不是变化者简单的先后次序，而是对立造成了存在者的存在。在这里有着思考的更高阶段。

1. 彼此排除，一个不是另一个，相反的东西是非存在，也就是说对立者完全不存在。只有存在者自身存在。巴门尼德。

2. 相互作为条件，一个也是另一个，相反的欲求彼此和谐，也就是说，对立是一切事物的本质。只有对立的东西是真实的世界。赫拉克利特。

---

① 见附录，Mörchen 笔记，第 23，S.229.

第二章 赫拉克利特

赫拉克利特 ὁ σκοτεινός（晦涩哲学家）[1]，生于公元前 544—前 540 年之间。

第 19 节 赫拉克利特思想的原则

根据第欧根尼·拉尔修的记述，苏格拉底已经说："一个人必须是游泳健将才能到达这里。"[2]

自然哲学：斯多亚，斐洛，教父：查士丁，希波利图（Hyppolitus）。[3] 诺斯替教派的解释。[4]

通常这样开始：①跟米利都自然哲学有密切关系（参亚里士多德：ὕδωρ, ἀήρ, πῦρ ［水，气，火］[5]），②巴门尼德之前。莱

---

[1] 见附录，Mörchen 笔记，第 24，S.230。

[2] 参 Diogenes Laertius, *Leben und Meinungen berühmter Philosophen*, O.Apelt 翻译及注解，Leipzig, 1921, 参 II, 22 和 IX, 11–12。

[3] 参 Hippolytus, *Werke*. 卷 3. *Refutatio omnium haeresium*. P. Wendland 编辑，Leipzig, 1916, 第 9 册，章 9–10, S. 241–245; Clemens Alexandrinus, Stromata. Ibid., 卷 2, 章 1–6, O. Stahlin 编辑，Leipzig, 1906, 章 2–6, S. 117–435。

[4] 部分还在 Windelband 的哲学史中。W. Windelband, *Geschichte der abendlandischen Philosophie im Altertum*. 第 4 版, A. Goedeckemeyer. München 编辑, 1923。

[5] Met. A3, 984a7f。

恩哈特（Reinhardt）：①不是自然哲学①，②在巴门尼德之后，因为他已经明确回答了对立问题。②他不在米利都自然哲学学说系列内，而是在巴门尼德学说传统中。③

通过物理学来解决的对立性，是一个存在论问题。关于对立性的学说不是一个细枝末节问题，而是**真正的问题**。不是宇宙论问题：从最初的状态，经过一个机械的过程，导向现在的架构。

变化是由于那 ταὐτόν（同一者）的法则。④ 赫拉克利特的本原不是火，而是 ἓν τὸ σοφόν（智慧是一），λόγος。火只是世界理性的显现。πῦρ-πάντα ῥεῖ，（火——一切皆流），毋宁［？］：［？］⑤ 是变化和持续。这个在对抗中的一者是 θεός（神）。⑥ 不是 πάντα ῥεῖ；没有一条残篇中说：一切只是过渡和变化，没有持久和持续。而是在变化中持续，ταὐτόν（同一者）在 μεταπίπτειν（转变），μέτρον（尺度）在 μεταβάλλειν（改变）中。世界中的一切都是 ταὐτόν；热的冷，冷的热。

第 20 节　赫拉克利特思想的主题⑦

对立和统一，ἓν τὸ σοφόν（智慧是一）（残篇 32）

---

① K. Reinhardt, *Parmenides und die Geschichte der griechischen Philosophie*. Bonn, 1916, S. 201.

② 参 Reinhardt, S.220f.

③ 参 Reinhardt, S.202.

④ 参残篇 88。

⑤ 原文本此处不能释读。

⑥ 参 §20a 的说明。

⑦ 见附录，Mörchen 笔记，第 25，S.230.

παλίντροπος ἁρμονίη,"相反欲求的统一"（残篇51）。火作为标志。理性：λόγος。灵魂：ψυχή。

文本：126个残篇。① 下面选择出了就我们的问题而言在哲学上重要的残篇。

（a）对立性和统一性问题

本原②是一，全知的，θεός（神）。残篇108，残篇67，残篇78，残篇102。残篇56：不可作为存在者、现成存在的东西被看见和被把握，而是只能被理解，跟所有存在者都不同。一切都是对立的和敌对的，对立是不可避免的，不能固着在其中一个上，而是对立性自身整体。残篇60，残篇61，残篇62，残篇126：一切都变成其对立面。残篇111。

一切是和谐，ταὐτόν（还有尺度和限度）。残篇88，残篇54，残篇51，残篇103，κύκλος（圆环）。残篇8。

火作为标志：残篇90。在变化中永恒存在的状态：塞克斯都·恩披里柯（Sextus Empiricus）：οὐσία χρόνου σωματική（时间体的实存）。③ 真正的本质是时间自身。黑格尔：对过程的抽象直观；直观的生成。和谐来自绝对的对立。

（b）λόγος④ 作为存在者的本原

ἓν πάντα（一切是一）：残篇50，残篇41。

---

① Diels I，第4版，卷12B；第6版，卷22B.
② 见附录，Mörchen 笔记，第25，S.231f.
③ 参 Adversus mathematicos X, 217/1. In Opera. H. Mutschmann 编辑，卷2，Leipzig, 1914（以下，Adversus mathematicos）, S. 348.
④ 见附录，Mörchen 笔记，第26，S.232f.

残篇 1：λόγος：

1. 话语，词语：①被揭示出来的东西，λεγόμενον（被说出来的），真正存在的，可理解的东西、意义。表露出来的存在者作为被表露的，每个事物强行作为被表露的而成为可理解的事情自身。②揭示者，λέγειν。不只是根据，而是自身使得根据一类的东西可以通达。

2. 理性。

3. 根据：ὑποκείμενον。

4. 被说成什么，同什么的关系、关联、比例关系。欧几里得。

残篇 2，残篇 114：λόγος 是一般，脱离了任意的东西和偶然的看法。残篇 29。

(c) 对灵魂的揭示和定义

ψυχή（灵魂）：残篇 115，残篇 116，残篇 45。理解，洞识。唯有它使得存在者在其存在中可以通达。灵魂扩展自身，从自身出发并追随那些被遮盖的东西，从自身发展出意义的丰富性。

(d) 认识赫拉克利特哲学的价值并导向巴门尼德

所有这些都是新的立场：存在者的存在和意义，法则，"规则"，向存在推进：普遍者，超出所有存在者的东西，但同时在 λόγος 自身中。理解。

巴门尼德：亚里士多德：ἀδύνατον [...] ταὐτὸν ὑπολαμβάνειν εἶναι καὶ μὴ εἶναι（不能将同一个东西同时把握为既存在又不存在）。①[赫拉克利特]② 对立是存在的，斗争；在黑格尔意义上

---

① Met. Γ3, 1005b23f.

② 参编者。

的辩证法。由此黑格尔已经将赫拉克利特放在巴门尼德后面,并且在他那里看到了发展的更高阶段。① 存在和非存在是抽象。生成是第一个"真实",真实的本质,时间自身。②

随着对存在者的更高阶段的分析,而有了对 λόγος 和精神、理解的更源始的眼光。在巴门尼德那里也是这样,概念工作跟对问题的一种新的解决联系在一起被推进。不是 λόγος-ψυχή,而是一切知识和把握自身作为目标的东西。真理自身进入思考的领域,并且跟存在自身问题紧密联系在一起。这一点一直保持着,直到这个主题:存在只在意识中,否则是不可思维的。

回到[赫拉克利特]③:对立问题是他的成就。在对立中有否定,非存在,即自身不是存在者的东西。他在存在者层次上把握了非存在,并把这个存在者层次的规定性理解为存在论的。

---

① G. W. F. Hegel, *Vorlesungen über die Geschichte der Philosophie*,K.L.Michelet. 卷 1, G. W F. Hegel's Werke (以下, Hegel W W). 卷 13. Berlin, 1833, S. 327f.

② Hegel WW 13, S.334; 338f.

③ 参编者。

第三章　巴门尼德和埃利亚学派

通过莱恩哈特的研究①，以前对这些学说的解释方式被动摇了，不仅仅是巴门尼德和赫拉克利特的关系，还有埃利亚学派哲学内部的关系：（巴门尼德也来自埃利亚，出生在公元前540年）。塞诺芬尼（Xenophanes）是老师，巴门尼德是学生。塞诺芬尼的神学思辨被巴门尼德去神化了。②人们忘记了，科学的和哲学的问题不是像产品持续的产出那样产生的，而是需要独立的问题，并且在这个领域信念和迷信完结于独立的追问和一般概念的存在中［？］。

第21节　巴门尼德教谕诗的两个部分的关系问题

巴门尼德：巴门尼德教谕诗 περὶ φύσεως（论自然）。③问题：存在。同一，无对立的唯一。存在在 νοεῖν（思想）中被把握，理解的道路，唯一的真实的东西，真理。

这个教谕诗还有第二个部分④：关于生成的世界，φύσις，那

---

① 参上 §19，第5。

② *Joel, Ursprung*, S.83.

③ 参 Diels I, 第4版, 18B；第6版, 28B. 单行本：H. Diels, *Parmenides, Lehrgedicht*. 希腊文和德文对照. Berlin, 1897.（以下，Diels, *Lehrgedicht.*）

④ 参残篇 8, V.50ff.；残篇 1, V.28ff.

不存在者,仅仅是 δόξα(意见)的对象。巴门尼德如何处理它并给出一个解释,即给出关于它的"真理"?这两个部分的关系是哲学史上讨论很多的问题。

策勒①,维拉莫维茨(Wilamowitz)②:巴门尼德在第二部分不想给出完全的真理,而只是要给出最可能的假设,这种假设使得生成变得可以理解。但这种想法来自19世纪的自然科学境域,它忽视了,恰恰巴门尼德强调了,真理没有等级,没有不但……而且……相反,就像存在和非存在,真理是绝对的。或者真理或者假象。

狄尔斯(Diels)③,伯内特(Burnet)④:巴门尼德在这里给出的不是自己的看法和解释,而只是通告其他人的看法,毕达哥拉斯学派。人们对此提出反对也是正当的:巴门尼德必然将这些意见当作意见来理解,即,对他而言是不存在的。他怎么会通告人的无价值的幻象,并且将它放在他自己给出真理学说的一个文本的上下文中呢!

约尔(Joel)⑤:第二部分仅仅是论战练习,论争术。为什么呢?这是一个讨论的机会,寻求机会获取胜利而驳倒其他人。人们会认为,巴门尼德这一流的思想家会降低自己,去推动这

---

① Zeller, 第一部分: *Allgemeine Einleitung. Vorsokratische Philosophie.* 前半部, S. 725f.

② U. v. Wilamowitz-Moellendorf, "Lesefrüchte". In *Hermes: Zeitschrift für Classische Philologie.* G. Icaibel, C. Robert 编辑, 34, 1899, S. 203ff.

③ Diels, *Lehrgedicht*, S.63; 101.

④ Burnet, *Early Greek*, S.184ff.

⑤ K. Joel, *Geschichte der antiken Philosophie.* 卷1 (*Grundriß der philosophischen Wissenschaften.*), Tübingen, 1921, S. 435f.

样的闹剧吗？

莱恩哈特已经用坚实的证据证明这种看法是不可能的，从而将它驱逐了出去。同时，积极地指出了一种新的可能性，虽然他并没有触及真正的问题的实质核心。他认为，第二部分是巴门尼德知识理论的本质部分。希腊哲学中的"知识论"（Erkenntnistheorie），注意！真理问题和存在问题有本真的关联。**非真理本质地属于真理的存在**。证明错误有其基础，它从哪条路进入了世界。对巴门尼德而言，真理本己的可能性设定了非真理。不是变化的东西和生成而是意见（Doxa）自身是属于真理的。① 后面会详细解释。

真理—存在：紧密联系。存在和认识，存在和意识。ὄν-λόγος-ἰδέα-εἶδος-λόγος。**通过并在一个真理中，有一个存在，并且只有在存在中才有真理。**

真理女神指出并引导着通往揭示存在自身的道路。她让他远离另外的路。他应该也同时理解另外的路。这里就清楚了：错误的源泉不是通过反驳和证明其不可能的后果来克服的，而是首先要理解其来源。

两条路。② 明确地并经常地强调 ὁδός-μέθοδος（路—方法）。

假象之路：假象是看起来如此，但不是这样的。假象是**展示自身者**（was sich zeigt）的对手。被迫走上这条路的人，总是已经 πολύπειρον ἔθος（参残篇 7，V.3），"丰富经验的习惯"，其他的事物，人们一般知道的并对此进行谈论的东西。ἀκουή-

---

① 参 Plato, Theätet , 183Ef.

② Diels I，第 4 版，18B1，V. 28ff.；第 6 版，28B1；参残篇 4，6 和 7。下面如果第 6 版的序号跟海德格尔所用的第 4 版不同，就放在括弧中。

γλῶσσα-ὄμμα（传闻—舌头—眼睛）(参残篇 7，V4f.)，最切近的印象。我们总是已经走在这条必然的路上。只要此在存在，他总是已经在非真理中了。这并不是一条偏僻路径，人们偶然才会误入歧途，而是此在已经在这条路上，只要他上路了。

κρίνειν λόγωι（参残篇 7，V.5），"在思考中并根据思考来区分并决定"这两种可能性是什么。然后你所保留的是走上一条路的决断。对事情自由，而非对言谈自由。科学不是任意的，一念之间被筹划的，而是来自由思考进行的选择；这只在把握中，λόγος。①

第22节 巴门尼德教谕诗解释

(a) 教谕诗的第一个部分：真理之路

真理的道路的立场和姿态是怎样的？探索的方式是什么？什么展示自身？λεῦσσε [...] νόωι（残篇 2〈4〉，V.1），"用理性来看"，要问存在者就其自身是怎样的，不要固执于对它们的言说！

ὅμως ἀπεόντα λεῦσσε παρεόντα βεβαίως，"对那些无论如何都是缺席的东西，用确定的目光看它，就像它在其在场状态中在场显现一样，因为这个目光不会将这个存在者从它的关系中脱离出来。"（参上 V.1.f）② 他看到的不是个别的存在者，个别的存在者作为这一个就不是那一个，他所看的只是一个存在自身。这个目光不会遮蔽真理。他看到每个存在者所是的东西，将存

---

① 参第一课，前 S.4.
② 见附录，Mörchen 笔记，第 28，S.234f.

在当前化，无论存在者是否缺席和远离。

ὄν 是 ξυνόν（残篇 3〈5〉, V.1），存在者是"共同存在着的"，ἔχεσθαι（在一起）（残篇 2〈4〉, V.2），συνεχές（黏合着的）（残篇 8, V.6）。一切存在者作为存在者是一，整体，是存在。存在的同一性和整体性，"无—对立性"。存在者的在场状态，即使它可能是缺席的。在 νοεῖν 中通达（残篇 2〈4〉, V.1: νόωι），在"知觉"（Vernehmen）中，在对**存在**者及其意义，也就是存在的思考中。不是特别的能力，神秘的知识，不是通过特别的技术产生的直觉，也不是传授奥妙的教义或通神学。而是最切近的概念工作之途。

现在两条道路都更清晰地被规定了。一条路是 νοῦς 之路，概念的规定性；整体，存在。存在者就其自身不会被扭曲，真理，存在。另外一条是 δόξα，"假象"，废话；在他者中的多样者，可疑的［？］，对立的东西，非存在。假象伪装，因为多个个别事物不是那个一。

对真理、思考和存在的分类，它们是共属一体的，是同一个东西。只有在思考中存在才出现，它只会是在思考中被把握的东西。**思维和存在的同一！**观念论。存在者不是那做解释者。

存在者是。	存在是。
非存在者不是。	非存在不是。

非存在者不是，非存在是：作为存在的可能性和样式。明确的确认：非存在者不能作为存在着的被证明（残篇 7，V.1）。柏拉图问题，是否非存在者其实不是？①

只剩下一条道路的存在者，这条道路显示：存在者是（残

---

① Plato, Sophistes, 241d.

篇 8）。在这条道路上有许多 σήματα（残篇 8，V.2），"标志"，存在在这些标志中变得可见，自我展示。保持在不会犯错的纯粹思考中，它不会在方法上滑进对存在者的报告和解说，而是问存在自身。存在以以下特征展示自身：

ἀγένητον（残篇 8，V.3）——"不产生"，它不是先产生出来，并非先前不是。

ἀνώλεθρον（同上）——"不消灭"，它不会消灭，也不会以后不是。

οὖλον（V.4，第四版中）①——"一个整体"，不是来自各个部分的拼接，部分可以拼合和拿走。

μουνογενές（V.4，第四版中）——"唯一的"，不再有同样的东西，因为那过去和现在一直是的，是唯一的存在。

ἀτρεμές（V.4）——"不可动摇"，存在不能被带走。存在外在于和有别于它现在所是的任何东西。

ἀτέλεστον（同上）——"没有终点"，不是某种在某处和以某种方式达到终点和边界的东西。存在没有任何能够像存在者那样被限制的东西。

οὐδέ ποτ' ἦν（V.5）——"它不是曾经是"，它里面没有曾是（Gewesen），以前曾经现成的东西。

οὐδέ ποτ' ἔσται（V.5：οὐδ' ἔσται）——"也不在将来是"；它里面没有将来是（Seinwerden），后来才现成的东西。

ἐπεὶ νῦν ἔστιν ὁμοῦ（同上）——"因为它就是现在"，只是现在，恒常在场存在。

---

① 在 W. Kranz 编的第 6 版中，οὖλον 和下面的 μουνογενές 是根据 Plutarch 和 Proklos 的解读：ἔστι γὰρ οὐλομελές（因为它是整体）。

πᾶν（同上）——"整个的"，彻彻底底的现在。

ἕν（V.6）——只是这个纯粹的现在，不是任何其他的。一，不变的，无区分，无对立。

συνεχές（同上）——它在自身中，在每个现在作为现在，作为自我同一的"合一的"。

残篇 8，V.5 和 V.6 提供了存在的最直接的解释，其特征是，这种解释是在时间及其特征的帮助下作出的，即唯有现在以及在现在是的东西是。而现在在每个现在都是持续的。存在是持续的在场状态（ständige Anwesenheit）。现在在每个现在都是同一的。存在在是的东西中总是没有对立和区别的。

在存在的定义中也有时间的定义，人们对这一关系迄今尚未考虑或仅仅完全外在地确定。存在的区分是时间性的：时间性的存在：真实的东西；非时间的存在：理想的；超时间的存在：形而上学。为何有这个关联，它是从何而来的？有什么正当性？时间怎么作为标准用以区分不同的存在样式？我们已经看到这些的第一次启程，参照时间来获得存在的概念，虽然没有明确地称呼和分析时间。存在和时间的事质上的联系有一种强迫力量，而这对希腊人是晦暗的，直到今天仍然是晦暗的。在解释中，人们必须强调对时间现象的指向，并弄清楚，只有从这里出发，对存在的特有的述谓才变得可以理解。

这一点既没有被说出也没有被把握：存在也不是。存在不是，所说的恰恰也是：存在是。是什么东西驱动着它从非存在中走出来？它或者是或者不是。γένεσις ἀπέσβεσται（残篇 8, V.21）——"一切生成（变化）和区分都消失了"。ἄπυστος ὄλεθρος（同上）——"一切消亡都不见了"。变化和区分不是。

统一性和自我同一性重新清晰地被规定。οὐδὲ διαιρετόν（V.22）——"没有分离"。现在总是现在。如果我们把现在等分，一些小的时刻在现在中出现：它总一直是现在，总是现在自身：秒，千分之一秒，百万分之一秒，只要存在，就是现在。现在恒常在每个现在中。非现在不是现在且不会是现在；但只有现在才是。

ἐπεὶ πᾶν [...] ὁμοῖον（V.22）"因为在整体中彻底地是同类的"；它不会变成其他的东西，或其他不同于现在的种的东西。

不是 μᾶλλον（V.23）——不"多于"现在，不 χειρότερον（V.24）"少于"现在。现在没有等级，不会更弱或者更强，而总是一致地是现在。

πᾶν δ' ἔμπλεόν ἐστιν ἐόντος（同上）——存在"完全被存在所充满"。现在不由它物而只由现在构成。

ἐὸν γὰρ ἐόντι πελάζει（V.25）——"一个存在者紧挨着另一个"，"贴近"，非常近。一个现在紧挨另一个现在，没有空隙。ξυνεχές（同上）——一切在现在并且自身是现在。

ἀκίνητον（V.26）——"没有运动"，它总是现在，持续者，保持者。康德将时间把握为先后次序，就像他之前所有人那样，他也说：时间停驻。① 时间是，并且只在现在是。时间是持续的，停驻的，时间停驻。"没有开端和结束，因为产生和消灭都从它排除掉了。"（V.27f.）ἀπῶσε δὲ πίστις ἀληθής（V.28）——"固着在那自身揭示自身，并作为存在者展示自身的东西上"，只能看到存在。ταὐτόν τ' ἐν ταὐτῶι τε μένον καθ' ἑαυτό τε κεῖται（V.29）——"在同一中保持着的同一者，恒常现成地在自身中存在。"在每

---

① *Kritik der reinen Vernunft,* B224–225.

个现在中的现在总是它自身。①

更确切地规定存在并且重新拾起上面的话题：存在和思维的同一。"对存在者知觉、思考的把握跟被把握的东西之所以被把握为它之所是，是同一的。"（V.34）被把握的是存在者，把握作为对……的把握必定跟它相关。"你不能发现一个把握而没有被把握的存在者"，它把握这个存在者并且"在这个存在者中说出自身"（V.35f.），它表露这个存在者。被把握者，被找到的是关于存在者的表达。对……的把握本质地跟存在者相关。把握只能通过并跟存在者一起是。它就是存在者所是的东西：存在。在存在和把握：把握是对存在者的把握，自身是一个存在！意向性。

"就像一个浑圆的球。"（V.43）在自身中被规定并且因而没有终结。"从中心到各个边都同样稳固"（V.44）类似的，现在并且仅仅是现在，持续。σφαῖρα（球）（参 V.43）：太阳、天空的运转：χρόνος（时间）！

（b）教谕诗的第二个部分：假象之路②

第二部分："知识论"。文本：残篇 19：κατὰ δόξαν（关于意见）（V.1），它看起来就像存在者一样，因为现在它是而又已经不是了。它也是在名称中被确定下来，名称保留下来，而被称名的东西消失了。所以名称是空洞的声音、空壳，它们不会从存在中给出任何东西。所以说出的东西不可信赖。

只有存在自身是唯一的。所有的 δόξα（意见）都固执于可

---

① 见附录，Mörchen 笔记，第 28a, S.235f.
② 见附录，Mörchen 笔记，第 29, S.236.

变的东西和变化的东西，那些现在不是、尚未和不再是的东西。

对存在思考的力量，语言形式的无与伦比的确定性。

巴门尼德：存在的同一性、唯一性、不变性。从时间现象来说是肯定的。

芝诺：如果接受对立：多和生成，然后产生了矛盾和荒谬。从结果来说是否定的。

第 23 节　埃利亚的芝诺

出生于公元前 489 年。εὐμήκη δὲ καὶ χαρίεντα ἰδεῖν ——"高挑的、优美的外表"。①

（a）芝诺试图驳倒多和运动的可能性

在和苏格拉底的对话中，芝诺解释了他的论述的意图②："我的论文事实上是要帮助巴门尼德的论述，反驳那些嘲笑并指出，如果存在是一，就会产生很多可笑的事情，ἐναντία αὐτῷ（128d2），那些'反对这些陈述的东西'。我的论文就是反对这些人的，它以更大的强度回敬了他们，力图表明他们的 ὑπόθεσις（假设）、方法、基本论点，εἰ πολλά ἐστιν（如果有多）（128d5f.）ἤ ἡ τοῦ ἓν εἶναι（128d6）——'比起存在的同一性和唯一性论题'，会导向更大的矛盾，只要人们足够严格地探讨这个事情。"

εἰ πολλά ἐστιν（如果多存在），那么会怎样？在巴门尼德的存在概念的基础上，他追究这个 ὑπόθεσις（假设）的结

---

① Plato, Parmenides, 127b4f.

② 参 Parmenides, 128c6–d.

果。ὑπόθεσις：设定一个说法作为需要解决的问题。如果 τὰ συμβαίνοντα（结果）是不可能的，那么这个 ὑπόθεσις 就被毁坏了。芝诺没有给出关于存在的哲学的新的积极说明，而是作出论证，反驳对巴门尼德论题的否定。

芝诺关于同一性和多样性的证明被辛普里丘保存下来。[①] 芝诺关于运动的证明：亚里士多德，《物理学》Z9。[②]

反驳关于多和运动的科学。辩证法地瓦解多来自一的聚合的观念。反对毕达哥拉斯学派：存在者的本原是数，ἁρμονία（和谐）的前提和规定，数是离散的多。［芝诺：][③] 这个观念自身的矛盾。（反对对立的同一，赫拉克利特！）整体来自部分的结合，它们的结果。这些部分作为部分是如何赋予整体作为整体一个性质：整体性的？它们自己并没有这个性质。

1. 空间广延问题。
2. 广延关系观念自身。
3. 运动问题。

关于 1[④]：①空间广延的元素是非空间的。怎样通过非空间的东西的累加产生空间？②元素自身是空间性的，在空间的一个位置。一切存在的都在空间中。那么是否空间也在空间中，以至于无穷？[⑤]

关于 2：将毕达哥拉斯学派的元素放置在一起，那么①或者

---

① Diels I, 第 4 版, 19b2 和 3; 第 6 版 29b2 和 3.
② 239b9ff. in Diels I, 第 4 版, 19a25-28, 第 6 版 29a25-28.
③ 参编者。
④ 见附录, Mörchen 笔记, 第 30, S.237f.
⑤ Diels I, 第 4 版, 19a24, 第 6 版, 29a24.

根本没有确定的广延，②或者有无限的广延。对于①，从单纯的零中不能产生广延。对于②，如果来自广延，ὄγκοι，那么在任何两个之间总会有另外的，以至于无穷。① 没有什么是可确定的：无物。不确定：无物。

关于 3：运动：①分解到自身不运动的元素；②分解到保留着 μεταβολή（变化）的元素。

关于 3：①运动：空间中的位置的全体。这是运动还是毋宁其相反者？地点的聚集得出的是静止！每个现在都是一个这里，每个现在中，在时间整体中，这里的总体不会给出运动。

关于 3：②运动来自最小的运动的聚集。从一个到另一个的最小的过渡；但在这内部又是如此。最小的近处也是无限的远。要去穿越的位置前面总是有另外的位置。运动的身体完全没有向前进。由此，较慢和较快也无法区分。最慢的不能被最快的超过。

（b）反驳运动的可能性的四个例子

1. στάδιον（跑道悖论）："你不能达到跑道的终点。"（οὐκ ἐνδέχεται[...]τὸ στάδιον διελθεῖν②.）

2. Ἀχιλλεύς: 阿喀琉斯不能追上乌龟。③

3. ἡ ὀϊστὸς φερομένη ἕστηκεν: "飞矢不动。"（Phys. 239b30）

4. χρόνος（时间悖论）（参 Phys.240a1）。④

---

① 参 Diels I, 第 4 版, 19b1, 第 6 版, 29b1.

② Aristoteles, *Topica cum libro de sophisticis elenchis*. E schedis J. Strache ed. M.Wallies. Leipzig, 1923, Θ 8, 160b8f.

③ Aristoteles, Phys. Z9, 239b14ff.

④ Burnet, Early Greek, S. 291, n. 3; S. 319.

关于1:"你不能达到跑道的终点。"你不能在有限的时间内经过无限数目的点。你必须在经过全部距离之前,先经过一半的距离。这样至于无穷,因为在任何给定的距离中都有无限数量的点。你不能在一个有限的时间中一个接一个地触碰无限数目的点。①一个给定的距离;分解成无限数目的点。②经过现在的有限数目(但它原则上也是无限的)。运动的物体不能通过任何一个距离,无论他运动得多快。既非空间距离也非时间延展,既非空间也非时间,而是连续性(Continuum)自身,συνεχές(连续的)。作为连续性,它是不确定的无,怎样才能有限地、确定地描绘它?

关于2:阿喀琉斯永远追不上乌龟。他必须首先到达乌龟出发的位置。在这段时间中,乌龟已经又向前走了一段路。阿喀琉斯必须再走过这一段路,而乌龟又在前面了。他离它越来越近,但永远追不上它。总是还有一段距离。无论乌龟运动得多慢,它总是越过了无限的距离,阿喀琉斯永远也追不上。即使很小的并且越来越小的距离也是无限的,在有限的时间中是不能穿越的。

关于3:飞矢是静止的(停驻)。因为一个东西占据了一个跟它同样大的位置而是静止的,如果一个飞着的东西在每个时刻总是占据一个跟它同样的位置,它就不能运动。每一个时刻,现在,都是一个这里。整个的时间,运动的现在的总和,就是这里的总和。没有"从这里到那里",因为这也是这里的无限的总和。

飞矢从来不在它轨迹的每一点上"是"。存在 = 在场状态,因为"现在"在这里,"现在"在那里;因为飞行轨迹。存在 =

第二部分　最重要的希腊思想家：他们的问题和回答　*83*

在场状态，停住，对面—停住（对象），反向—停住（抵抗）。

关于 4[①]："一半的时间等于全部时间。"[②] 设有三列行列 ὄγκοι（单位），ABC。B 和 C 以相同的速度以相反方向前进。当它们全部都位于原来同样的点的时候，B 穿越了 C 的点是穿越了 A 的点的一倍。所以，在这里 $t_C = t_A$，但是，$t_C = t_B = t_A/2$。

$$t_C = t_A$$

开始点		结束点
（静止的）	⋯ A	⋯A
（运动的）	⋯> B	⋯B
（运动的）	<⋯C	⋯C

在有限数量的点中的一个给定的距离，参 1，无限数量的点通过不同的有限数量来表示，虽然这里是通过曲线来描绘的。

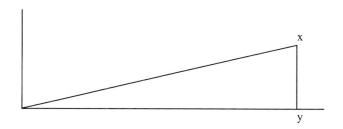

两条不同长度的线段的所有点之间，有一种明确的相互关联。在空间距离中[③]，在运动中，在"时间"中。同一现象不是在作为空间的空间上，作为运动的运动上，作为时间的时间上，而是在所有这些现象中都有连续性，"诸点"的实际的无限性，

---

① 见附录，Mörchen 笔记，第 31, S.238f.
② 字面翻译："等于它的一半。"（编者）
③ 见附录，Mörchen 笔记，第 31, S.239f.

同一性。当这个连续性被把握为多样性、聚合性的时候，就导向了矛盾意义。所以必须将它把握为源始的同一性和整体性，它处于这种无限的、无终止的可分性之前。同一性，整体性，ἀδιαίρετον（不可分），συνεχές，连续性，存在自身。

B. Bolzano, *Paradoxien des Unendlichen*. F. Prihonsky 自作者遗稿编辑, Leipzig, 1851.

G. Cantor, *Grundlagen einer allgemeinen Mannichfaltigkeitslehre. Ein mathematisch-philosophischer Versuch in der Lehre des Unendlichen*. Leipzig, 1883.

H. Weyl, *Das Kontinuum. Kritische Untersuchungen über die Grundlagen der Analysis*. Leipzig, 1918.

B. Russell, A. N. Whitehead, *Principia Mathematics*, 卷 1-3, Cambridge, 1910—1913.

（c）对芝诺哲学的评价

困难不在于时间，也不在于空间，而是连续性。连续性：存在。存在和时间被等同起来。但是存在在空间、时间、广延之前，即存在不是通过时间来**解释**的。"在时间中"：这里"时间"自身是作为存在者，οὐσία（实体）：亚里士多德。当我们说，存在和时间是关联着的，我们所说的"时间"是在一种**源始**的意义上的，**流俗**理解的时间从它衍生出来，发源自它，但并不清楚这个来源。

虽然芝诺的论证在形式上是否定的，但更仔细地看，存在自身被更明确地凸显出来。连续性是这样的一个现象，它同等地作为广延、空间、流俗时间的基础。

第 24 节　萨摩斯的麦里梭[1]

首先是残篇 7[2]：存在是完全同类的一块，没有稠密和稀疏、空洞和充实的区分，没有东西"邻近"和"在外面"，"没有界限"。

残篇 8[3] 以更明确的形式回到了 αἴσθησις（感觉）和 δόξα（意见）的命题，不让它们进入存在者的存在。但是，随着这个极端的结论，麦里梭触及了一种必须满足这种多样性的科学的基本可能性和条件的意图。

存在问题：批判科学是存在论的，实证科学是存在者层次上的。要击穿存在却黏着在存在者上。对存在的科学是不可能的[4]，但也要努力进行这一研究。

---

[1] 见附录，Mörchen 笔记，第 32，S.240f.
[2] Diels I，第 4 版，20b7；第 6 版，30b7.
[3] Diels I，第 4 版，20b8；第 6 版，30b8.
[4] 参编者。

第四章　晚期自然哲学：恩培多克勒、阿那克萨戈拉和原子论

第 25 节　晚期自然哲学中，变化的存在者的存在和多样性

在多样性和变化意义上的存在者的科学①，存在者不可能是 ἕν：同一性和唯一性，整体性，不变性。同一性和整体性被坚持，同时还有存在特征的存在论倾向，还有一条存在者研究之途。存在观念被保留。但问题是，存在者自身能否在结构上更丰富地被把握，以便这种把握在其存在论概念中满足埃利亚学派的存在观念？这种存在观念是一条引线。νοεῖν（思考），λόγος，是存在者和非存在者的κριτήριον（尺度）。但同时也是 σώζειν τὰ φαινόμενα（拯救现象）的倾向，即把权利还给那就其自身展示自身，并且如其自身所展示的那样的东西。这跟对感觉经验的更明确的理解相应，感觉，更确切地说，每个感觉都有其权利。②

反之，阿那克萨戈拉强调感觉的基本限制和 νοῦς 以及

---

① 见附录，Mörchen 笔记，第 33，S.241f.
② Diels I, 第 4 版，21b4, V.9ff.；第 6 版，31b3,V.9ff.

λόγος 的优先性。ύπ' ἀφαυρότητος αὐτῶν οὐ δυνατοί ἐσμεν κρίνειν τἀληθές①——"由于它们的微弱，我们不能有所区分地赢获存在者自身"。

留基波②。对立和同一彼此排斥：巴门尼德，互相统一：赫拉克利特③，但在二人那里都没有关于存在者的科学。巴门尼德没有在严格的存在概念中的存在者，赫拉克利特有严格存在意义中的存在者。引人注目的是：迄今只有存在或者存在者被简单地描述。早期的自然哲学只问来源而不涉及存在问题。在描述亚里士多德的纲要的特征时，我们指出了充足理由律，为什么某物是而非不是。④ 我们已经指出了留基波：οὐδὲν χρῆμα μάτην γίνεται, ἀλλὰ πάντα ἐκ λόγου τε καὶ ὑπ' ἀνάγκης⑤——"没有什么东西枉然产生，而是一切都产生自一定的基础并由于必然性"。αἰτιολογία⑥（原因论），看奠基关联：基础和被奠基者，只有带着这种关联存在者才在其存在中。φαινόμενον（现象）：展示自身者，是存在者，作为这个就其存在被奠基者。不是存在的纯粹对立，空洞的假象，而是存在者在其存在中。不是在超然的静谧中的存在自身，而是存在者的存在。希腊的存在观念的意义：持存，持存的在场者，现在却作为变化的持存的基础。

---

① Diels I, 第 4 版，46b21；第 6 版，第 2 卷，59b21.

② Diels II, 第 4 版，54a7；第 6 版，67a7. Aristoteles, *De generatione et corruptione* A8, 324b25ff.; cf. Phys., Met. A; 见附录，Mörchen 笔记，第 33，S.242.

③ 参上 S.56.

④ 参上 §13 和 §14, S.46ff.

⑤ Diels II, 第 4 版，54b2；第 6 版，67b2.

⑥ 参 Diels II, 第 4 版，55b: Demokritos, Frgm. 118; 第 6 版，68b118.

①这个基础不被等同于存在，而是为变化提供一个持存的基础；"元素"，στοιχεῖα①。②变化自身不是作为生成和消灭，而是根据其元素作为持续的混合和分离。在可能的变化的多样性中保存整体。参恩培多克勒，残篇 8②；阿那克萨戈拉，残篇 17③。

元素独具存在。生成被理解为这些元素的混合和分离，作为聚集和分开。所以元素是源初的持存者，聚合和分开只是一种可能性。

ῥιζώματα④，"根"，σπέρματα⑤，"种子"，στοιχεῖον（元素）。根据和元素是形式的，聚合物是不同的。恩培多克勒：火，水，土，气。⑥ 阿那克萨戈拉：每个存在者都转变为另外的东西。"一切来自一切。"⑦ 质，不是质料，无限多，无限多样。每个个别的东西事实上只是全体的一个特定的聚合，是现成的可能的质的全体的聚合。在这些不同的聚合物上贴上名字标签。

πανσπερμία⑧，"一切种子的总体"。

德谟克利特：σκοτίη（晦暗），"不真实的"知识，γνησίη（合法的，亲生的），"真实的"知识。⑨

---

① Plato, Theätet, 201eff.
② Diels I, 第 4 版，21b8；第 6 版，31b8.
③ Diels I, 第 4 版，46b17；II, 第 6 版，59b17.
④ Empedocles, Diels I, 21b6；第 6 版，31b6.
⑤ Anaxagoras, Diels I, 46b4；II, 第 6 版，59b4.
⑥ Diels I, 第 4 版，21b17；第 6 版，31b17.
⑦ Diels I, 第 4 版，46b6；II, 第 6 版，59b6.
⑧ Diels I, 第 4 版，46a45；II, 第 6 版，59a45: Aristoteles, Phys. Γ4, 203a21f.
⑨ 参 Diels II, 第 4 版，55b11；第 6 版，68b11.

原子：σχῆμα（形状），τάξις（顺序），θέσις（位置）。①

元素，基础，关系。恩培多克勒：爱—恨②，Σφαῖρος（圆球）③ – κόσμος（宇宙）④。

阿那克萨戈拉：νοῦς（努斯）。⑤

原子论：ὑποκείμενον（基底）。可能的位置的有秩序的整体，虚空。⑥ 这个位置顺序也是存在着的，它是虚空，这个或者那个可以移动进去。ὑποκείμενον 和 κενόν，"基底"和"虚空"属于变化和运动的必然的持存。κενόν 具有 ὑπόστασις（基底）和 φύσις（自然）。德谟克利特：μὴ μᾶλλον τὸ δὲν ἢ τὸ μηδὲν εἶναι（在某物中不比在无物中有更多存在）⑦。（δείς, δέν/ οὐδείς, τίς）（某物，一物/无物，任何东西）。

在这里，随着巴门尼德的存在观念，一切属于可能的自然的事物都被放进了存在。并不是说巴门尼德只看到了个别事物而德谟克利特看到了系统，而是巴门尼德也看到了整体，只不过是在在场状态的纯粹无差别的自我同一性中看到的。相反，德谟克利特也分析了运动的构成因素。

使得描述变得困难的，是这些哲学家所处的中间位置：巴

---

① 参 Diels II, 第 4 版, 54a6（留基波）；第 6 版, 67a6：Aristoteles, Met. A4, 985b13ff.

② Diels II, 第 4 版, 21b17；第 6 版, 31b17 和第 4 版, 21b26；第 6 版, 31b26.

③ Diels II, 第 4 版, 21b27, 28；第 6 版, 31b27,28.

④ 参残篇 26，V.5；见上面脚注。

⑤ Diels I, 第 4 版, 46b12；第 6 版, II, 59b12.

⑥ 见附录，Mörchen 笔记，第 33, S.244f.

⑦ Diels II, 第 4 版, 55b156；第 6 版, 68b156.

门尼德的存在教义和在早期自然哲学意义上的对存在者的思辨，以及人们容易对这些概念说得太多或者太少：将它们等同于现代自然科学或者粗略地等同于泰勒斯等人的概念。昨天试图通过问在存在者自身作为存在结构所展示出来的东西而描画其特征，但没有达到其存在论规定性，就像巴门尼德的 ἕν（一）所具有的那样。

第 26 节　晚期自然哲学中的认识问题

λόγος（逻各斯）[①] 是理解与否的法庭，αἴσθησις（感觉）却也有其权利。λόγος 和 νοῦς（努斯）的功能被看到，但它们的存在样式没有被把握：这里毋宁有系统上的基本困难。知识只有通过相同者跟相同者的同化才是可能的（参巴门尼德：存在者作为被认识者和认识活动的存在是同一的[②]）。恩培多克勒：我们认识一切，只有当我们自己是相应的同样的物理事物。[③] 德谟克利特：εἴδωλα[④]（幻象）- ἐπιρυσμίη[⑤]（变形）。残篇 7,8,9,10。[⑥] 被认识的存在者的存在样式反弹到认识的存在上：认识只是质料，有着最高的运动性的火原子。认识自身只是宇宙全体的一个过程，有跟它一样的存在样式。

所以这里是一个倒退。从另一个角度看，这是进一步推进

[①] 见附录，Mörchen 笔记，第 34，S.245f.
[②] Diels I, 第 4 版, 18b5；第 6 版, 28b3.
[③] Diels I, 第 4 版, 21b109；参 21b106；第 6 版, 31b109，参 31b106.
[④] Diels II, 第 4 版, 55b10a；第 6 版, 68b10a.
[⑤] Diels II, 第 4 版, 55b7；第 6 版, 68b7.
[⑥] Diels II, 第 4 版, 55b7-10；第 6 版, 68b7-10.

到存在者的结构中，虽然同时误认了这种推进的存在。由此可以确定：νοῦς, λόγος 实施的功能已经被触及，但是它们的存在还没有被把握。这种矛盾在将来还持续着，在那里，认识的存在样式和一切行为的存在样式都将更多地被看到。笛卡尔，康德，黑格尔。

第五章　智者和苏格拉底

第 27 节　智者的一般特征

①世界的存在问题，自然。②人的此在的存在问题。①

通过智者实现了从①到②的过渡。这种划分在内容上只是表明，重心是放在世界还是放在此在上。这是通过回顾展示出来的。因为即使在第一阶段也已经出现了 νοῦς，λόγος，认识，理解，精神，灵魂。真理。在有哲学思考之处，就显然总是有对世界和此在、此在和世界的追问。其中一个越是彻底，整体就越是清晰。

在智者那里，沉思从对世界的思考转向对人的解释，他的认识和行为的可能性，道德上的，政治上的。真理和错误，正义和不正义：在主体的信念中被决定。并且这种解释的实施是在以前的自然哲学的手段帮助下的，赫拉克利特以及埃利亚学派。我们已经看到了存在观念持续反弹到对认识自身的理解上。智者学派在科学上并不是在积极意义上多产的。它还没有将此在的存在专门当成真正的研究工作的主题。它依赖于前人，但将一个新的可能的主题领域带入文化意识的视线。区别：前科

---

① 参前面对时代的划分，§7，S.21.

学的认识和文化兴趣，科学的专题化。智者派的科学属于第①个时期，关于对此在的强调，智者派属于第②个时期，它实际不属于这两个时期，而是过渡。

老智者派的主要代表①：

阿布德拉（Abdera）的普罗泰戈拉，

西西里列昂提尼（Leontinoi）的高尔吉亚，

埃利斯的希庇亚斯（Hippias），

凯奥斯岛的普罗底库斯（Prodikos），

匿名者杨布利奇（Anonymus Jamblichi）（作品摘录在新柏拉图学派的杨布利柯的《劝学篇》[Protreptikos]），

Δισσοὶ λόγοι (Διαλέξεις)（双重论证）

新智者派中：安提丰（Ἀλήθεια）（真理）

σοφιστής——"能人智士"，"会理解的人"，参 σοφός（哲人），σοφία（智慧）。② 起先并没有表现为一个哲学方向和派别，也不是一个贬义词。只有到了大约公元前 450 年，意义才限定下来。这不是出于理论上的对新概念的定义，而是这些智士和能人要求在科学和实践、政治事务上的一种特别意义。在波斯战争之后，民主制的高涨不仅为个人参与公共事务打开了新的途径，而且还要求更高和更确定的教育。为此就需要教师。这些教师就是智者。不仅仅是理论知识，而且还有实践的、政治的、社会的知识，尤其是有公共效力的知识形式：演讲。由此，修辞术就特别重要。在公民集会、商讨、法庭和大的政治进程中都用到。与此关系紧密的还有辩论术（Eristik），争辩的技术。两者都导

---

① 关于老智者派的完整材料，见 Diels II, 第 4 版, 73ff.; 第 6 版, 79ff.

② 参上 §9, S.24.

向必须精通 λόγος, διαλέγεσθαι, 辩证法。在这里，智者完成了积极的任务，做了积极的工作。不仅仅是传播了教育，而且增加了活力，提出了新的问题，批判。

这些哲学课程的特征：付费上课，相反，哲学课程以前是免费的。从哲学家一面来看，智者就像是兜售假智慧赚钱的商人，他们跟在年轻人后面跑，自我吹嘘，是人类捕猎者、捕鱼者。通过柏拉图的哲学批评，智者的积极功绩被推到幕后。他们显得只是青年的败坏者，真正的教育和道德的败坏者。智术：以任意的方式通过错误的理由反驳、动摇真实的东西，或者证明错误的东西，使之可能。

思考和引导生命不是通过神谕、风俗、激情和瞬间的情绪，而是通过思想反思。不再是信仰和模仿，而是自己建立自己的看法并抓住它。反对 νόμος，"习俗"，而遵从 φύσις，"恒常的变化"。启蒙，教育，παιδεύειν。雄辩，修辞术；题目：不同的观点，τόποι（地方），根据它事物被把握和理解。辩证法：从不同方面看一个事物，而不是使一面绝对化。Ὑμεῖς δέ...（你，在另一方面）。说谎的人说的是不存在的东西；不是的东西，人们不能说；因此没有人能说谎。[①] 教学活动自身马上以这样的方式进行：通过机敏的语言和战术进行迷惑，迫使听者接受某些特定的意见和意图。

第28节 普罗泰戈拉

Homo-mensura-Satz（人是尺度原则）：πάντων χρημάτων

---

① Plato, Euthydem, 283c8ff.

μέτρον ἄνθρωπον εἶναι, τῶν μὲν ὄντων ὡς ἔστι, τῶν δὲ μὴ ὄντων, ὡς οὐκ ἔστιν.[1]（人是万物的尺度，是存在者存在的尺度，也是不存在者不存在的尺度。）ἄνθρωπος（人）作为个体，不是和动物相对的人类。人的实在的理智，自我意识的理性。参柏拉图，《泰阿泰德》: οἷα μὲν ἕκαστα ἐμοὶ φαίνεται τοιαῦτα μὲν ἔστιν ἐμοί, οἷα δὲ σοί, τοιαῦτα δὲ αὖ σοί· ἄνθρωπος δὲ σύ τε κἀγώ（每个事物对我来说就像它对我显现的样子，对你就像对你显现的样子：你和我都是人）。[2] 一阵风使得一个人冷，而不使另一个人冷。由此我们不能说，风自身是冷的或者不冷的。πρός τι（对某人），一个事物对每个个体所展示的样子就是真实的，是存在者自身；每个事物对每个人是不一样的。赫拉克利特：因为所有的东西，包括个别的此在，都是恒常地变化着的，无论就其自身还是关系到其他存在者。不仅认识的对象恒常变化，而且认识自身也在变化。认识的存在样式跟被认识的存在者的存在样式是一样的。[3] 残篇 7："感觉中可感的线和作为几何学对象的线不是一样的，在这个意义上，没有什么可以被经验为直的或者曲的。圆不仅仅在一个点上触及切线。"[4]

被柏拉图《泰阿泰德》积极评价的普罗泰戈拉 αἴσθησις-学说。[5]

---

[1] Diels II, 第 4 版, 74b1; 第 6 版, 80b1: Plato, Theätet, 152a2-4.

[2] Plato, Theätet, 152a6-8.

[3] 见附录，Mörchen 笔记，第 35, S.246.

[4] Diels II, 第 4 版, 74b7; 第 6 版, 80b7: Aristoteles, Met. B2, 997b35ff.

[5] Plato, Theätet, 152aff.

辩证法①，修辞学。

语言批判（ὀρθοέπεια）②。划分名称、陈述的种属：διεῖλέ τε τὸν λόγον πρῶτος εἰς τέτταρα, εὐχωλεήν（为四个）：δὐχωλήν（请求），ἐρώτησιν（问题），ἀπόκρισιν（回答），ἐντολήν（命令）。按照其他的有七种形式。③Πρωταγόρας τὰ γένη τῶν ὀνομάτων διῄρει, ἄρρενα καὶ θήλεα καὶ σκεύη（普罗泰戈拉将名词划分为阳性、阴性、中性三种）。④

说明：περὶ μὲν θεῶν οὐκ ἔχω εἰδέναι, οὔθ' ὡς εἰσὶν οὔθ' ὡς οὐκ εἰσὶν οὔθ' ὁποῖοί τινες ἰδέαν· πολλὰ γὰρ τὰ κωλύοντα εἰδέναι ἥτ' ἀδηλότης καὶ βραχὺς ὢν ὁ βίος τοῦ ἀνθρώπου（关于神我没有知识，既不知道他们存在，也不知道他们不存在，也不知道他们有什么形式：因为有许多东西阻碍我们知道他们，比如他们的模糊难辨和人的生命短促）。⑤

第 29 节　高尔吉亚

Περὶ τοῦ μὴ ὄντος ἢ Περὶ φύσεως（关于非存在，或关于自然）。⑥对这个文本的内容和意图的看法有分歧。有些人认为，

---

① 参 Aristoteles, Met. Γ4, 1007b22f.

② 参 Diels II, 第 4 版, 74a26；第 6 版, 80a26: Plato, Phaedrus, 267c6.

③ Diogenis Laertii de vitis IX, 53, 54, in Diels II, 第 4 版, 74a1, S. 220；第 6 版, 80a1, S. 254.

④ Aristoteles, Ars Rhetorica. A. Roemer 编辑. Leipzig, 1914, Γ5, 1407b6ff. in Diels II, 第 4 版, 74a27；第 6 版, 80a27.

⑤ Diels II, 第 4 版, 74b4；第 6 版, 80b4.

⑥ 见 Diels II, 第4版, 76b3；第6版, 82b3. Sextus Empiricus, *Adversus mathematicos* 7, 65ff.; 见附录, Mörchen 笔记, 第 36, S.247f.

这里只是给出了一个最夸张的辩证法和智术的例子；另外的人看到了积极严肃的思考，当然还有受到的形式论证术的强烈影响。亚里士多德写了 Πρὸς τὰ Γοργίου（反对高尔吉亚的观点）[1]，不能设想亚里士多德会著文反对一个仅仅是胡言乱语的人。

这个手稿的内容有三个主题[2]：①无物存在。②即使有物存在，也不能被认识。③即使有物存在并且可被认识，也不能被说出和解释。

存在者的存在，存在的可被认识性，被认识的东西的可交流性，都被否定了。

关于①：存在。εἰ γὰρ ἔστι (τι) ——"如果是"[3]。无物存在。(a) 不存在的东西，不是。(b) 存在者不存在，(aa) 或者永远，(bb) 或者被生成，(cc) 或者两个同时。(c) 存在者必须或者是一或者是多；也能不是两者。(d) 同样，一和多两者不能同时。

关于②：被思考的东西必定存在。非存在者不能被思考。

关于③：每个标志都跟被标志的东西不同。言词和颜色不同。耳朵所听的不是颜色。同一个被指涉的东西何以在两个不同的"主体"中？

---

[1] Opera. Ex recogn. I. Bekkeri. Ed. Academia Regia Borussica. Berlin, 1831, Vol. 2, 979a12–980b21; F. W. A. Mullach, *Aristotelis de Melisso, Xenophane et Gorgia disputationes cum Eleaticorum philosophorum fragmentis*. Berlin, 1845, S. 62–79; "Aristotelis qui fertur de Melisso Xenophane Gorgia libellus", Ed. H. Diels. In: *Abhandl ungen der Iconiglichen Akademie der Wissenschaften zu Berlin aus den Jahren 1899 und 1900*. Berlin, 1900, Philosophisch-historische Classe, Abh. I, S. 1–40.

[2] Sextus Empiricus, *Adversus matkematicos VII*, 66.

[3] G. W. F. Hegel, *Vorlesungen iiber die Geschichte der Philosophie*. Ed. K. L. Michelet, Vol. 2; Hegel WW, Vol. 14. Berlin, 1833, S. 37ff.

第 30 节 其他智者派的代表

(a) 埃利斯的希庇亚斯

以其数学、天文学和几何学知识闻名。他精通 περί τε γραμμάτων δυνάμεως καὶ συλλαβῶν καὶ ῥυθμῶν καὶ ἁρμονιῶν（字词、音节、韵律和和谐）。① 传播希腊文化。在其基本的道德—政治直观中，他不像其他的智者的辩证法、理论命题表现的那样极端。

(b) 凯奥斯岛的普罗底库斯②

意义关联词语的区别；意义问题；表达。③ 苏格拉底多次称自己是他的学生，即使不是完全严肃的。

智者的启蒙立场的特别论题通过他流传下来：

对人有用的东西，就作为神被崇拜：太阳、月亮、河流、源泉、面包、葡萄酒、水、火。④ 这些初步的见解出现在恩培多克勒和德谟克利特针对大众宗教的批判中。

对死亡的恐惧是没有根据的。因为死亡既不关系活着的人，也无关死去的人。不关系活着的人，因为他们还活着；无关于死去的，因为他们不再活着了。只要活着的人活着，死亡就不在；

---

① Plato, Hippias major, 285d1f.

② 参 Plato, Protagoras, 315d1ff.

③ 参 Plato, Euthydemus, 277e3ff.

④ Diels II, 第 4 版, 77b5；第 6 版, 84b5, 出自：*Cicero, De natura deorum* 1, 118; Sextus Empiricus, *Adversus mathematicos* 9, 18.

当他不再活着了,死亡就不可能对他现成存在。

(c)匿名者杨布利奇①

不新鲜的启蒙智慧,没有哲学意义;仅仅标志着智者的命题逐渐大众化的过程。

(d)Δισσοὶ λόγοι(双重论证)②

论题,反论题:ταὐτόν-οὐ ταὐτόν(同一——非同一);关于ἀγαθόν(善)和κακόν(恶):生病对病人是恶,生病对医生是善。思考的相对性。

德性可以教:相反的论证不能成立。

很明显:苏格拉底以另外的方式所提的问题的范围,早就已经被知道了。

第31节 苏格拉底

(a)生平和史料来源

生于大约公元前470年,是雕刻师索佛隆尼库斯和接生婆菲娜瑞特的儿子。公元前427年阿里斯托芬的Νεφέλαι(《云》),是举国闻名的人物。三次从军,贫穷,拒绝任何公共职务。

公元前399年被安尼图斯、美勒托和莱康告上法庭。[指控:]③败坏青年。不信城邦的诸神。信新的神灵。在法庭上他拒绝作任何让步。他拒绝在朋友的帮助下越狱。在向他们证明

---

① Diels II,第4版,82;第6版,89.
② Diels II,第4版,83;第6版,90.
③ 参编者。

了他的做法的必要性之后,在他们的陪伴下,他喝下了一杯毒酒。

苏格拉底的观点就是在今天还是不明确的,不是毫无异议的。原因是不同的来源:①色诺芬的《远征记》[1]《申辩》《会饮》[2]。②柏拉图的对话[3]。③亚里士多德的一些说明。④阿里斯托芬的《云》。[4]

K. 约尔[5] 关于亚里士多德,E. 杜林(Dühring)[6] 关于色诺芬,J. 伯内特[7] 关于柏拉图,H. 迈尔(Maier)[8] 一个调和者。

(b)苏格拉底对理解一般此在的意义

我们真正理解的和不理解的东西的区别。[9] 无知相对于一般理解的无所不知和仓促。获取真正的知识相对于肤浅的喋喋不休。最自明的东西和最切近的东西的成问题相对于人工造作的机智。对于**知识自身**没有预先把握的论题:它是什么,我们在认识中所指向的是什么。概念。

---

[1] In: *Xenophontis opera omnia*. Recogn. E. C. Marchant, Vol. 2, Oxford, 1900ff.

[2] 同上。

[3] In: *Platonis opera*. Recogn. I. Burnet. Oxford, 1899ff.

[4] Νεφέλαι, in : *Aristophanis Comoediae*.

[5] K. Joel, *Der echte und der Xenophontische Sokrates*. 3 vols. Berlin, 1893–1901, Vol. 1, S. 203–312.

[6] E. Dühring, *Kritische Geschichte der Philosophie von ihren Anfangen bis zur Gegenwart*, 3rd ed., Leipzig, 1878, S. 81.

[7] J. Burnet, *Greek Philosophy*. Pt. 1: Thales to Plato. London, 1920, S. 128, 149; J. Burnet, *Platonism*. Berkeley, 1928, S. 18ff.

[8] H. Maier, *Sokrates. Sein Werk und seine geschichtliche Stellung*. Tübingen, 1913, pt. 1: "Die Quellen", S. 4–156.

[9] 见附录,Mörchen 笔记,第 37,S.248ff.

为知识自身辩护的意图，积极的。即使在这里也指向最切近的，手工活动，ποίησις–τέχνη–εἶδος, ἔργον μετὰ λόγου（制作—技艺—理念，伴随逻各斯的产品）。以前制作曾是解释世界的主线。现在它成了知识的出发点。某物在其根据中，为什么它是这样的和能够这样，来自它是什么，τί。某物在其现实性之前，在其可能性中已经是的东西，是其本质。τί（εἶδος）是首先被揭示的东西，从这里所有其他的存在者和对它的行为获得光照和透明。

一切行为，跟盲目的行为相对，都需要透视（Durchsichtigkeit）。看向并且找寻为何之故（Worumwillen）。由此理解可能性，当下的能是（Seinkönnen），能力，"品德"，ἀρετή。在相应的情况、环境中知道自己。能是和理解就是这种知道。品德是知道，ἀρετή 就是 φρόνησις（明智）。

（c）苏格拉底对于科学的哲学研究的意义[①]

苏格拉底：总是根本地和本质地遭遇到这种知识，唤起对它的理解，培养对它的直觉。在哲学中没有新的内容、领域，没有新的方向。他让一切保持原状，然而又在根本上动摇了它们：一种新的可能性，由此对知识的彻底要求和为知识奠基。事实是，没有科学的结果，然而是一场科学的变革，柏拉图和亚里士多德通过他而成为可能。方法论定义的意义在这里永久地在知识和研究的历史上显现出来。方法不是技术，而是看到事情的根据以及其理解和定义的可能性。

[①] 见附录，Mörchen 笔记，第 38，S.250f.

根据亚里士多德、苏格拉底的方法[①]：① ἐπακτικὸς λόγος（参 1078b28）"引导向"，在 λέγειν 中 ἐπαγωγη（归纳），某物作为什么被说，对 τί 的一种首要的让看（Sehenlassen）。② ὁρίζεσθαι καθόλου（1078b28f.），限定那如此被设定者，规定其相应的状况和结构。

接生术：空无被公开出来，帮助其他人，将他们自身中具有的可能性接生出来。接生术跟传播知识对立。

这之前已经有证明、奠基、对认识活动的思考，但是现在概念自身是明确地被作为概念来把握。λόγον διδόναι，明确地将根据作为根据来研究和确定。把握本质不是收集各种可以发现的属性，而是把握 Apriori（先天）。变化，改变，那在其中保持自身者。把握自身；"一般性的东西"，καθόλου，普遍自身是存在者还是仅仅是一个意义？这意味着什么？λόγος：概念，意义，意思。存在和意思。

苏格拉底不是伦理学家，也不蔑视自然哲学，他所关注的是对此在自身的知识和行为的理解。他既不关注自然认识的某个特定领域，也不关注特定内容的理论原则或者一种有特别价值秩序的价值体系。比起让自己固定于一种这样的偶然性，苏格拉底所想的要彻底得多：理论家，实践家，辩证法家，伦理学家，预言家，哲学家，宗教人格。比起我们从他塑造起他自己的形象，从柏拉图和亚里士多德的工作，通过比较他们的哲学问题和之前的哲学问题，苏格拉底将变得更加清晰。

---

① Met. M4, 1078b27ff.

第二卷

柏拉图哲学

Die Philosophie Platos

第一章　生平、文献和柏拉图问题的一般特征

第32节　生平、来源和文献

柏拉图生平的一些直接资料：公元前427年生于雅典。是阿里斯通和帕里克提俄涅的儿子。在年轻的时候写过悲剧。熟练于政治。哲学［首先就学于］①赫拉克利特分子克拉底鲁。公元前406年跟苏格拉底认识。小的对话。公元前399年苏格拉底死。直至公元前388年的旅行：麦加拉（苏格拉底学派）、埃及、意大利、西西里。数学和医学。公元前387年建立学园。为了实现他的政治理想，公元前366/365年、361年又两次去了叙拉古。公元前347年去世。

著作：《申辩》，34个对话，一个系列通信，一些诗。

关于柏拉图的问题：对话的真实性，它们的写作时间的确定，年代顺序；内容问题：柏拉图哲学的发展。

流传：

1. 年代古老的大量的莎草纸，只是展示出文本的状态就像新的手稿所给出的那样，追溯到非常早的年代。在这里就已经有严重的损毁。

2. 中世纪的手稿。

---

① 编者补充。

3. 间接的流传：在注释者的注释中的引用。

版本：

Henricus Stephanus, *Platonis Opera quae extant omnia*, ex nova Joannis Serrani interpretatione, perpetuis ejusdem notis illustrata. Genf 1578. 页码引用中，如 *Phaedrus* 275d.

新的全集：

Platonis Dialogi graece et latine, Ex rec. I. Bekkeri. 8卷, 第3部分, Berlin, 1816—1818, 带注疏（注释2卷, Berlin, 1823）。

Platonis dialogos selectos, Rec. et comm. in usum scholarum instr. G. Stallbaum. 自 第4卷, 2: *Platonis opera omnia*. 10卷, Gotha, Erfurt, 1827—1860.

Platonis dialogi secundum Thrasylli tetralogias dispositi, Ex recogn. C. F. Herrnanni. 6卷, Leipzig, 1869ff.; M. Wohlrab 编辑, Leipzig, 1877—1887.

I. Burnet, *Platonis opera*, 5卷, Oxford, 1899—1906. 最好的批评版本。

M. Croiset, et al. *Platon, Oeuvres complètes*, Texte établi. Collection des universités de France. 13卷, Paris, 1920ff.

书信：

Die Briefe Platons, Ed. E. Howald. Zürich, 1923.

翻译：

Platons Werke, Trans. F. Schleiermacher, 6卷, 第3部分, 第3版, Berlin, 1855—1862.

Platons Werke in Einzelausgaben, O. Apelt 翻译和注解, Leipzig, 1911ff.

文献：

K. F. Hermann, *Geschichte und System der Platonischen Philosophie*, Pt. 1: "Die historisch-kritische Grundlegung enthaltend", Heidelberg, 1839.

W.Windelband, *Platon*, 第 6 版, Stuttgart, (Frommans Klassiker der Philosophie) 1920.

H.Raeder, *Platons philosophische Entwicklung*, Leipzig, 1905.

C.Ritter, *Platon, Sein Leben, seine Schriften, seine Lehre*. 2 卷, München, 1910（卷1）, 1923（卷2）.

P.Natorp, *Platos Ideenlehre, Eine Einführung in den Idealismus*, Leipzig, 1903, 第 2 版, 1921.

U.von Wilamowitz-Moellendorff, *Platon*, 2 卷, 卷 1: *Leben und Werke*; 卷 2: *Beilagen und Textkritik*. Berlin, 1919, 第 2 版, Berlin, 1920.

第 33 节 柏拉图提问的一般特征

柏拉图的理念学说[①]：由此标志出他的哲学。如果人们求助于这个词，似乎事实上某种完全不同的东西出现了。但这只是假象。新的东西只是，以前的哲学的旧的倾向被更彻底地把握了。苏格拉底：问本质,概念,τί ἐστιν,这个和那个存在者"是什么"？柏拉图：存在者自身是什么？问存在者作为存在者本身的本质，问存在！

εἶδος,"外观",作为什么就自身展示自身。存在者作为存

---

① 见附录，Mörchen 笔记，第 39, S.252.

在者是作为什么展示自身呢？理念寻求：问存在者的存在。这就是理念问题的实质内容。并非理念学说自身作为一个特别的哲学观点而使得它跟此前的哲学联系起来，而是过去的问题被放在了苏格拉底追问的更加透彻的基础上。只有从"理念论"、存在者的存在的事质内容出发，才能理解为什么以及如何产生了通常所说的理念论问题。

动机：对存在者的存在的问题的处理既是普遍的又是原则性的——存在者全体在其存在中，并且恰恰要在这个方面被认识。由此就确定了这样的任务：①从存在者自身的经验样式，②从存在者的理论认识方向，③从主导的和可用的存在理解。[①]

为什么是 εἶδος，"外观"，"形式"？[②]

1. 从理解出发；眼人（Augenmenschen）。首先展示自身。

2. 形式：将什么聚集起来的东西，不是把各个部分合起来，而是结合的法则。早于。

3. 每个单独的形式的构型者。秩序的塑造。规则，尤其是它的原则，标准。恒常者。μέθεξις（分有）。健康。

4. 由此存在者的宇宙。天空，天球，星体的运行。所有存在者因此有源始的特征。普遍性，规定性。

5. 自身保持为不可变易的。可以知道的。数学知识从自然而言有效，但不是从自然或在自然上获得的。

6. 它自身是某个东西，一个 τόπος-ὑπερουράνιος（高于天的地方）[③]，超越者。存在者的存在。

[①] 参下面复习部分，S.98.

[②] 见附录，Mörchen 笔记，第 39，S.252f.

[③] 参 Phaedrus, 247c3.

理念：χωρισμός（分离），ὄντωςὄν（存在之存在）。存在者的存在自身是一个存在者，并且是真正的存在者；两者的关系。

柏拉图主义①：提问，理论和世界观，朝向这种根本对立，坚持之或者寻求调和。

生成、变化——（存在）恒常
个别	一般
偶然	法则
自然	精神
时间性的	永恒的
感性感觉	逻辑—概念认识
有条件的	无条件的

两个世界的理论，μέθεξις（分有），μεταξύ（之间）。

复习

理念：就其存在解释存在者。理念论是存在论，理念：本质，"本质还原"②，现象学。"Eidetik"这个表达取自心理学，跟哲学问题没有关系。

突出 εἴδη 的动机，每次根据其意义：形式，法则，秩序整体，标准，恒常者。χωρισμός（分离），μέθεξις（分有）。柏拉图主义。

---

① 见附录，Mörchen 笔记，第 39，S.254.
② E. Husserl, *Ideen zu einer reinen Phänomenologie und phänomenologischen Philosophie. Jahrbuch für Philosophie und phänomenologische Forschung*, Vol.1, Halle/Saale, 1913, S. 4.

第二章　柏拉图存在问题的具体规定

在对柏拉图问题的这个一般性的描画之后,我们要更确定地把握它。三个方面:

1. 存在问题的基础和范围。
2. 理念问题的核心。
3. 存在者的基本问题。

第 34 节　存在问题的基础和范围 ①

(a)《理想国》中对存在者的把握和存在理解

存在问题包括:①存在者的经验,②对存在的看待。

关于①:经验存在者:什么样的存在者,存在者的全体领域?

ἐπιστήμη	——数学,医学:自然
ποίησις	——工作世界整体
πρᾶξις	——行动,历史
πόλις	——具体性和城邦

在存在者中到处都是"理念",即,只要我们将存在者经验为存在者,而不是盲目地被交付给存在者,就已经是存在理解。并非偶然地,在《理想国》中这种思考就像对存在者的分类以

---

① 见附录,Mörchen 笔记,第 40,S.254f.

及理解的可能样式。①

πολλὰ καλά（许多美的东西），πολλὰ ἕκαστα（许多个别事物）。 αὐτὸ καλόν,"美自身作为自身"; κατ' ἰδέαν μίαν（根据一个理念）; ὃ ἔστιν——"是什么"。ἕκαστον——"当下的个别事物",这个。

ὁρᾶσθαι	νοεῖσθαι
用眼睛看	知觉，在理解中把握
ἀκοή（听），αἴσθησις 感觉一般	
αἰσθητά（被感觉到的东西）	
αἴσθησις-αἰσθητά	
τρίτον（第三个东西）在 ὄψις（视觉）中（507e1f.）	καταλάμπει ἀλήθειά τε καὶ τὸ ὄν（508d5）（闪耀真理和存在）
φῶς（光）（507e4）	闪耀被揭示状态和存在的东西
ἥλιος（太阳）（508a7）	通过存在理解才发光的东西
ὄψις-ἡλιοειδέστατον（视觉—最像太阳）（508b3）	
αἴτιος ὄψεως（视觉的原因）（参 508b9）	ἡ τοῦ ἀγαθοῦ ἰδέα（善的理念）（参 508e2f.）
τοῦ ἀγαθοῦ ἔκγονον（善的后代）（508b12f.）	ἀλήθειαν παρέχει（提供真理）（509a7）

---

① Res publ. VI,507bff.; 见附录，Mörchen 笔记，第 40，S.255f.

ἀνάλογον ἑαυτῷ（类似于自己）　　ἀλήθεια, ἐπειστήμη（参 508e3f.），
（508b13）　　　　　　　　　　　ἀγαθοειδῆ（跟善同一理念）
　　　　　　　　　　　　　　　　（509a3）

ὁρατόν（可见的）（509d4）①　　νοητόν（可知的）（509d4）

　　"切分"：τομή（参 510b2），
　　　τμήματα（被切分的东西）（509d7）

1. εἰκόνες（509e1）——"影像"　　νοητὸν [...] εἶδος（理知的，
存在者在其中展现自身。　　　　理念）（511a3）
σκιάς（影子），φαντάσματα
（510a1）——"反映"，在水
中，在厚的、平滑的、发亮
的物体表面映出。

2. ᾧ τοῦτο ἔοικεν（510a5），这
个东西自身
τά τε περὶ ἡμᾶς ζῷα（我们周
围的动物）（510a5）
φυτευτόν（植物）（510a6）
σκευαστὸν ὅλον（510a6）（工具）

μιμηθέντα　　　　　　　　　εἶδος ὁρώμενον
（参 510b4）　　　　　　　　（可见的形式）（参 510d5）

"被模仿的东西"，但现在自
身 εἰκόνες，自身是一个"影像"。

①见附录，Mörchen 笔记，第 40，S.256f.

τέτταρα[...]παθήματα ἐν τῇ ψυχῇ（灵魂中的四种状态）(511d7)①
ἥλιος（太阳）　　　　　　ἀγαθόν（善）
δόξα（意见）　　　　　　νόησις（理智）

1. εἰκασία（参 511e2）　　1. διάνοια（参 511d8）
　（外貌）

　　　　　　　　　　　　ὑποθέσεσι χρῆσθαι, οὐκ ἐπ᾽ ἀρχὴν ἰοῦσα（使用了假设，没有前进到开端）（参 511a3–5），作为 εἰκόσι χρωμένη（使用了影像）（参 511a6），它自身已经被塑造了。

2. πίστις（信念）（参 511e1）　2. νόησις（参 511d8），
　　　　　　　　　　　　λόγος（511b4）
　　　　　　　　　　　　οὐκ ἀρχὰς [...] ὑπόθεσις（511b5），"不是作为基础的开端"，而只是作为出发点。
　　　　　　　　　　　　ἀνυπόθετον（非假设的）（参 511b6），τοῦ παντὸς ἀρχή（一切的开端）（参 511b7）。

在对存在的新的分类基础上，对理解的划分。对存在者的理解，为了在其存在中揭示它。可揭示状态、被揭示状态、真

---

① 见附录，Mörchen 笔记，第 40，S.257f.

理的不同样式。但不只是真理的不同形式，而且还是真理不同形式的等级序列。

不同的真理，根据揭示行为、此在自身的存在样式的差异性，通过 αἴσθησις（感觉）的理解需要光，也就是光亮。按照可能的照亮方式、光的种类和光源的不同，就有了不同的通达存在者自身的样式。根据此在的存在样式而有不同的光源：存在理解的差异性。

柏拉图经常习惯于描述一些基本的问题，他自己如其所是地理解了这些问题，但没有完全克服。

（b）洞喻：真理的阶梯和相关性[①]

洞穴[②]：在空间性的周围世界中我们的存在的画面。洞穴里的光。洞穴外面：太阳和被它所照亮的存在者，它为它们的生长提供条件，被它们所需要，真正的存在：理念世界的图像，太阳表示最高的理念。在比喻中代表最高的东西、理念世界的，实际上是在比喻之外的空间性的周围世界。它在比喻中通过洞穴被象征。空间性的、太阳所照亮的周围世界有两重功能：①作为象征：最高者；②作为真实的世界：较为低下的。

作为存在者[③]，总是最先展示自身者。它作为存在着的被设定和接受，δόξα（意见），δέχεσθαι（接受）（没有证明）。只要一个此在存在，它就有一个 ἕδρα（参 517b2）"位置"和地方，从而有一个环境。这个环境可能会很少地被通达，但是随着此

[①] Res publ. VII, 514aff.; 见附录，Mörchen 笔记，第 41，S.258f.
[②] 在手稿中，插入的这一页题目为"洞喻"（编者）。
[③] 见附录，Mörchen 笔记，第 41，S.260f.

在,总有一个周围世界已经被揭示出来了。为了某物能够被看到,需要光,照亮,无论这光在幽暗的洞穴中是否仅仅是阴影。易言之,为了存在者能够被经验,总是需要有存在的光照。存在理解。光必须照亮,虽然光自身并不必然已经被看到或者于此被意识到。被捆住的人不知道光,也不能对此有知识。光在那里,此在生活在存在理解中,却对此不知道。①

真理的第一个阶段:

1. 一个世界被先行给予,所在位置。

2. 存在领会,不明确的。存在既不被看到也不被把握。

3. 一种特定的让遭遇(Begegnenlassen)的方式(εἰκασία)(影子)。

4. διαλέγεσθαι,"论辩",关于这些,关于存在者的谈论。

5. 此在,对着它世界被先行给予,世界对它自行揭开。

与此同时,此在也对自己揭示出来。但是根据被揭示状态的阶段,此在只能从它遭遇什么的样式、从世界而来看到自身。被困缚的人所看到的自己只能作为影子。

怎样实现向更高的真理阶段的过渡呢?(真理的区分的本质性的东西是什么?)不是通过获取更多的旧的知识,对存在者有更丰富多样的揭示,因为此在的这种存在样式只让影子被看到。

被困缚的此在必须被松绑,这样他就能在光亮中看到自己了,也就是说,为了知道光自身。这也意味着:存在理解必须变得明确,并且进行调整。只要他还没有达到这一点,即,只要被解放者还不能在光中看到自身,他也就不能直接看被照亮

---

① 见补充,第 2,S.191.

的存在者。相反，根据在前一阶段还占主导地位的存在理解，（阴影式的、没有光的）他会将现在遇到的存在者：东西自身——因为不是阴影式的——看作不存在的。首先要求习惯于光，即，新的真理阶段的培育要求首先熟悉新的存在理解。由此出发才去区分东西自身跟它们的影子和假象。从更高的存在理解出发，此前一度被作为存在者的东西才在其存在中被把握。这就是说，为了能够俯瞰并理解所有的存在者及其存在样式，需要最高的存在理解，知道存在真正表达的是什么。

这样就是向下一阶段的过渡：不是先行给出的经验领域的知识的扩展，而是首先越来越被拉向光；即，存在理解不断增长的培养让人看到了存在者及其存在差异。被翻转的是此在自身当下整个的基本立场：它在一个阶段将什么作为真正存在着的，而非新的知识的输入。由此，真理奠基于此在当下的存在样式，它是否在洞穴中被锁起来了，存在是根据切近地被给予的存在者被规定，还是根据存在的这样的一个普遍概念，它不被拘执于一个特定的领域。①

存在理解：光之能见，存在者作为存在者被照亮。柏拉图并非偶然地用一个比喻来说明，因为存在理解恰恰首先要用理念问题来解释。对于希腊人而言，存在不明确地和非概念地所表达的，我们知道是**永恒的持存**（immerwährender Bestand）。

影子存在，只有当那些东西被拿着在从囚徒后面射来的光的前面走过。它们是流变的、不持恒的，而那些东西自身是持久的，即使不被拿着走过。作为持久的，它们就是可被把握的，

---

① 见补充，第 2，S.192.

只要我看到光自身，即从这个直接的光照不再把它们看作影子一样的东西。

光中的东西具有跟影子不同的一种持存（持久性），但是它们是可变的，它们的构型被改变，同一构型在不同的样式中被复制。那更有穿透力的存在理解，对不变者的看，对 αὐτὸ τὸ τρίγωνον（三角形自身）的理解，揭示它们,这些东西自身为"影像"。向着数学—几何学认识的上升赢获了一种真正意义上的持久的东西，并且由此使得这些东西的持存相对于影子之非持存明晰可见。但是这些数学知识自身还需要影像,需要感性的表达。它还不是纯粹的就其自身的存在；真正的存在只有随着 ἰδέαι 自身，最高的 ἰδέα 被给出：ἡ ἀγαθοῦ ἰδέα（善的理念）。①

最高的理念被规定为：

1. ἐν τῷ γνωστῷ τελευταία [终点和完成] καὶ μόγις ὁρᾶσθαι. [但很少被看到]②,

2. πάντων αὕτη ὀρθῶν τε καὶ καλῶν αἰτία（517c2）,

3. ἔν τε [τῷ] ὁρατῷ φῶς καὶ τὸν τούτου κύριον τεκοῦσα（517c3）,

4. ἔν τε νοητῷ αὐτὴ κυρία ἀλήθειαν καὶ νοῦν παρασχομένη（517c3f）,

5. ἡ τοῦ παντὸς ἀρχή（参 511b7）,

6. ἔτι ἐπέκεινα τῆς οὐσίας（509b9）。

关于 1，"在可理解的领域处于终点"，理解最终遇到它，它

---

① 参 *Metaphysische Anfangsgründe der Logik im Ausgang von Leibniz*. Marburger Vorlesung Sommersemester 1928. GA 26. Frankfurt, 1978, S.237.

② 参 *Res publ*, VII, 517b8f.

获得了完成、完结、结束。对于希腊人而言就是 πέρας，"界限"，规定性。

关于 2，"一切正义与美的原因"，一切秩序的基本规定性，τάξις，聚集，共存，它们的原则。

关于 3，善的理念"生下了可见世界的光和它的统治者"（太阳）。这里善是一切光的动力和源泉。甚至在太阳光中被观察的和对眼睛而言可见的东西，甚至这个存在者作为存在者，在其存在中只能通过存在理解被把握。

关于 4，"在可知世界，它自身是统治性的"，规定一切并且使得真理可能"并保障它，被揭示状态和理解"。

关于 5，"一切存在者和存在的基础和本源"。

关于 6，它"甚至超出存在者和存在"。对存在的追问超越自身。

存在理解[①]源始地在对这个理念的看中。在这里是**基本真理**自身，它使得一切真理可能。（后来又是纯粹存在者层次的，中世纪，纯粹精神。）

存在超出一切存在者。后来他更敏锐地看到了区别，虽然没有贯彻之[②]。这里，问题朝向了这个方向：存在者不是这样被问——由什么构成，如何产生，而是问"存在"意味着什么，我们用"存在"到底指什么。而这是晦暗不明的。存在问题超越了自身，转向存在论问题！方法论的；θεολογική（神学），存在者整体。ἰδέα ἀγαθοῦ（善的理念）：比一切更受喜爱者，最优秀的。存在自身和受喜爱者。超出存在者，属于存在的超越，

---

① 见附录，Mörchen 笔记，第 42，S.261f.
② Sophistes, 242cff.

本质地规定了存在的理念！最源始的可能性！源始地使得一切可能。

第 35 节 指示出理念问题的核心 ①

νόησις-λόγος（理智—逻各斯）；ἰδέα-εἴδη-ἀγαθόν（型相—理念—善）。存在理解 -ψυχή（灵魂）-ἀνάμνησις [回忆]。πᾶσα μὲν ἀνθρώπου ψυχὴ φύσει τεθέαται τὰ ὄντα② ——"所有人的灵魂自然地已经看到了存在者。"灵魂构成了人的此在：此在事先已经这样的：它理解存在。柏拉图主义：本质的存在者对它揭示出来：ἀγαθόν（善）。

关于 ἀνάμνησις：νοῦς-λόγος, ἐπιστήμη（科学）。

《泰阿泰德》③ 同时是多方面的：①知识的理念。背景：可以认识的东西。②具体展示用对话处理一个问题。③提出柏拉图以前的立场并导向后面的立场：基本问题的构成及其方法。辩证法。

关于 ψυχὴ：在此在的存在中的存在理解。行动，做，工作。存在。意识和存在；我；主体；此在。

第 36 节 关于存在论的基本问题和辩证法

理念④：一，持存的相对于多和变化的。但是有许多理念。

---

① 见附录，Mörchen 笔记，第 43，S.262f.
② Phaedrus, 249e4f.
③ 见下面第 3 章，S.109ff.
④ 见附录，Mörchen 笔记，第 44，S.263f.

τί-ἕκαστον（这个—每个）。区别，他性，变化，翻转，运动。同一自身有别于多，同一有别于他性。同一和理念自身的关联，συμπλοκὴ τῶν εἰδῶν（理念的结合）。只有在这里才有了 λόγος 的领域，源始的 διαλέγεσθαι 的领域。带入这个领域并导向存在自身及其结构。προσχρώμενος [...] εἴδεσιν αὐτοῖς δι' αὐτῶν εἰς αὐτά, καὶ τελευτᾷ εἰς εἴδη（使用理念，从一个理念到另一个理念，并终于理念）。①

《智者》《巴门尼德》《斐勒布》《政治家》;《泰阿泰德》作出准备。

辩证法的概念：关于存在以及存在的结构关联的知识。σύνθεσις-διαίρεσις（结合—分析）。

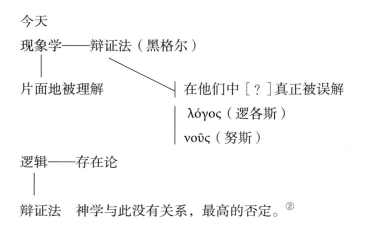

————
① Res publ. 511c1f.
② 编者：这页手稿的其他字迹非常难以辨识。

第三章　解释对话《泰阿泰德》①：科学的理念问题和存在问题的关系

内容概要（142aff.）②

发生在欧几里得（Euklid）和忒尔西翁（Terpsion）之间的对话是真正对话的前言，从第1章到143c。苏格拉底、塞奥多洛、泰阿泰德的对话。引言，第2–7章直到151d。确定题目：τί ἐστιν ἐπιστήμη（什么是知识）（参146c3），ἐπιστήμη 是否是 σοφία，"知识是理解"，认识自身是什么。

I. 定义：ἡ αἴσθησις ἐπιστήμη（知识是感知），章8–30（151d–187b）。

1. 通过普罗泰戈拉和赫拉克利特的论题解释定义。章8–15，到161b。

2. 对普罗泰戈拉的命题的反对的驳斥，进一步说明其意义。章6–12（161b–169d）。

3. 将普罗泰戈拉的命题的价值限制在转瞬即逝的感受上。章22–26（169d–179d）。

4. 通过证明普罗泰戈拉的知识学说的赫拉克利特前提，对

---

① 见附录，Mörchen 笔记，第45，S.264.
② 参 H. Bonitz, *Platonische Studien*, 第3版，1886，S.47ff.

其做根本的和最终的反驳。章 27-29，直到 184a。

5. 对泰阿泰德的论题 αἴσθησις =ἐπιστήμη（感觉 = 知识）的反驳。章 29-30（184a-187b）。

II. 定义：ἡ ἀληθὴς δόξα ἐπιστήμη（知识是真意见），章 31-38（187b-201d）。

1. τὸ δοξάζειν ψευδῆ（错误的看法），章 31-37，（对本质的阐明）。

① 知识和非知识的两种可能性的区别。
② 转瞬即逝的感受和记忆的区别。
③ 静默地占有知识和真正地使用知识的区别。

2. 验证定义 II，章 38。

III. 定义：ἡ δόξα ἀληθὴς μετὰ λόγου（伴随逻各斯的真意见），章 39-43（201e-210b）。

1. 论题的一般特性。解释和称名。
2. 说明 λόγος 现象。

结果——消极的！

第 37 节　序言和引语。确定论题：什么是知识？

（a）序幕：欧几里得和忒尔西翁之间的对话（142a-143c）

在麦加拉，欧几里得从港口而来，和忒尔西翁相遇。欧几里得描述他在从科林斯到雅典的伤员运输船上遇见了泰阿泰德。对话就谈起了泰阿泰德。欧几里得记得苏格拉底怎样说他。这篇对话就是欧几里得根据苏格拉底的陈述记录下来的，他现在要读给忒尔西翁听。他记下来的是直接的谈话，就如同对话自身那样。那时发生的、现在要读的同苏格拉底的对话的参加者：苏格拉底，Θεόδωρος ὁ γεωμέρης（几何学家塞奥多洛）（参143b8），他来自北非的昔勒尼，是苏格拉底和普罗泰戈拉的朋友，还有泰阿泰德。真正的对话是在苏格拉底和泰阿泰德之间。泰阿泰德也在《智者》中出现；塞奥多洛在《政治家》中也出现了。①

（b）真正的对话的引言（143d–151d）

143d8ff.–e1：苏格拉底对塞奥多洛说："不少人都寻求跟你结识，并且做得很对。"苏格拉底在寻找那种有突出才能的年轻人。塞奥多洛提出了泰阿泰德，在他向苏格拉底描述泰阿泰德的时候，泰阿泰德正好跟朋友一起从体育场出来了。塌鼻子，鼓眼睛，正像苏格拉底。苏格拉底要认识他，在他身上看到了自己的样子。塞奥多洛叫他到苏格拉底这里来。145b6f.："现在是时候你介绍自己，而我好好打量一下你。"145c7："告诉我，你是跟……学习吗？" μικρὸν δέ τι ἀπορῶ（145d6）"有一件小事我还没完成"。学习是对一个人所学的东西更加理解。仅仅精通一些知识，没有什么冲突。相反，对认识、理解自身、其真理不安：这种行为将存在者揭示为存在者，这种行为导向存在。

泰阿泰德开始把握方法并举了一个数字理论的例子，但他还不敢回答苏格拉底的问题。他承认已经听说了很多关于苏格拉底提问的方式以及对 εἶδος ἕν（一个理念）（参148d6）的

---

① 见附录，Mörchen 笔记，第 46，S.264ff.

探究，虽然他自己还没有发现它。他也对别人的回答不满足。148e–151d：苏格拉底鼓励他，并且就这个机会详细描述了他的方法。人们这样认为没错：柏拉图在这里又一次完整地描述苏格拉底，是为了实施他自己的方法。

[复习]①

试图定义，放弃了。被苏格拉底责备。新的几何学开端，泰阿泰德[？]改变路径。承认没有知识。苏格拉底关于怀孕、生产和接生术。

接受论题和问题。②

第38节 在柏拉图存在问题的上下文中一般地探讨《泰阿泰德》中的问题的意义

在我们着手专题讨论《泰阿泰德》、描画柏拉图哲学的中心问题和基础问题、ψυχή 和辩证法之前，需要再次回忆问题的要点。

《泰阿泰德》处理 αἴσθησις, δόξα, λόγος, ἐπιστήμη（感觉，意见，逻各斯，科学）。理解的样式，存在者意义上的认识方式，对被认识的存在者的"陈述"，即不是关于存在和存在者的。表面上看，这个"认识理论的"对话离开了我们整个课程的主题和对柏拉图哲学描述的基础：追问关于存在者的存在自身而非理解存在和存在者。但是需要注意的是，αἴσθησις 跟生成有关，δόξα 恰恰跟那种存在有关：它也可能不存在，非存在者。αἴσθησις 和 δόξα 变成问题，这表明，柏拉图让自己走到这条路

---

① 参编者。
② 见下 §38.

上：积极地对待生成、变化和非存在问题。① 对于问题的那个阶段来说，要赢获对非存在（生成）的直接通达非常困难，先不说这从根本上来说是否可能。因为"非"，否定，总是［依赖于］② 理解方式。也许没有对存在者的通达方式的考虑，也就完全没有存在问题，最终对认识的明确追问无非就是朝向存在的定义的更尖锐的问题。认识是对什么的认识（Wissen von），对存在者的揭示，对作为被揭示者的存在者的具有和保存。对什么的认识同存在者尖锐地关联着，根据希腊人的见证，这里存在者才是可以通达的。《智者》：μὴ ὄν（非存在）。

在 αἴσθησις 和 δόξα 的问题后面隐藏着 μὴ ὄν（非存在）和 κίνησις（运动）的问题。但这意味着另外一件事：柏拉图迄今本质地指向的是行动和手工制作的实践世界。现在，在自然意义上的世界上的存在者进入眼帘。塞奥多洛和泰阿泰德，数学家和天文学家，和谐专家并非偶然地参加了对话。

在《泰阿泰德》中没有知识理论，而是意图：①非存在和生成，同时知识也一起被讨论，②对存在问题的根本讨论，③由此对这个问题进行翻转。

αἴσθησις, δόξα, λόγος：问题。回忆：《理想国》：δόξα–νόησις。对整体问题的新处理方式涉及理念和存在问题。善的理念：由此出发所有这些东西都可以理解了：各种行为所追求的东西，某物的为何之故（umwillen），某物为了什么而被拥有，被规定。随着《泰阿泰德》，在一定意义上存在问题开始同善的理念分开。

---

① 见附录，Mörchen 笔记，第 47，S.266.
② 编者补充。

114 施坦策尔（Stenzel）① 正确地将这作为柏拉图哲学同苏格拉底哲学以及专门的伦理学基本指向相脱离的标准。两个时期:《理想国》构建了第一个时期的完结（参前面②）。新的开始在《泰阿泰德》中。

存在问题同善的理念分离开，这是一个事实。但是还有一个双重问题：①为什么存在能够从 ἀγαθόν 来理解，②为什么后来在亚里士多德以及之后的哲学家那里，ἀγαθόν 作为存在的基本规定性被理解，omne ens est bonum（每个存在者都是善的）。有鉴于此我们必须问：

1. 理念问题朝向善的理念只是一个时期如此，还是在存在问题的问题内容中就有事质性的导向 ἀγαθόν 的动机？

2. 这个问题从柏拉图后期被解答吗？换言之，ἀγαθόν 的理念所意图的东西，也存在于真正的辩证法的构造和后期的 ψυχή 概念中吗？ἀγαθόν 的功能最终返回来了吗？

总结：善的理念的路径怎样和辩证法的任务联系到一起了呢？在多大程度上两者赢获了对存在问题的新的追问？柏拉图的哲学工作就科学的哲学的基本问题——存在问题而言，到底有什么意义？从这里能够积极地和消极地学习到什么？这些问题我们要在下面回答。③

---

① J. Stenzel, *Studien zur Entwicklung der platonischen Dialektik von Sokrates zu Aristoteles: Arete und Diairesis. Mit einem Anhang: Literarische Form und philosophischer Gehalt des platonischen Dialoges.* Breslau, 1917,S. 38f.

② 参上面 §34b，S.106.

③ 见补充，第4，S.192.

Ⅰ. 定义：ἡ αἴσθησις ἐπιστήμη
（知识是感觉）（章 8-30）

第 39 节 知识是感觉：通过普罗泰戈拉和赫拉克利特的命题来说明这个论题（章 8-15，151d-161b）

根据上面所说过的，我们不要在这一段中期待知识理论的讨论，更没有心理学的讨论。下面所处理的毋宁说是存在[①]和生成，存在＝持恒，持恒和生成，存在本真地处于其中。还是以前巴门尼德和赫拉克利特之间的对立，只是现在处在一个新的水平上，虽然没有被克服。中心问题，积极的和现实的问题。柏拉图以前将运动、变化、κίνησις（运动）算作 μὴ ὄν（非存在）。现在对 κίνησις 特别强调。

认识以感知的形式对存在者表现出来。φαίνεται（151e2），"某物展示自身"，展示自身的是存在者。对存在者的理解：以感知的方式让自己展示出来。但是同一个东西对不同的人有不同的展示。Αἴσθησις ἄρα τοῦ ὄντος ἀεί（感知总是对存在者的感知）（152c5），这是一个本质性的确定。在感知自身的意义中有就其自身把握存在者的意见，也有错觉和幻觉。

说明，论题的基础：双重考虑：感知—被感知者，此在的存在样式。感知—被感知者：被理解为现成之物之间的过程：

[①] 见附录，Mörchen 笔记，第 48，S.266ff.

自然科学的解释模式，现象学的真相，后者是首要的。

一（同一）自身，就其自身，是无。"某物"和"某种质"这些规定性不能用来述谓一个东西，因为它总是在生成。（152d，参 157b）。跟巴门尼德相反。"存在"的东西（was ist）在运动。如果知识"存在"，根据这个论述，知识是感知，那么知识必定也根本上作为运动而存在。这个基本法则继续有效：没有什么东西就其自身是一。κίνησις 具有优先性；τὸ μὲν εἶναι δοκοῦν [...] κίνησις παρέχει（153a6）。"运动给出了存在者的存在的外观"，相反，静止给出非存在。生存着的和活动着的，"存在"。κίνησις 作为 εἶναι（存在），是 ἀγαθόν（善）。ἥλιος（太阳），περιφορά（绕行）（参 153d1f.）现在恰恰作为被推动的和运动着的，是存在者的基础。

在这个存在论关联中：如果 χρῶμα λευκόν（153d9）"一个白的颜色"，被知觉到——根据论题，一个存在者——μὴ εἶναι αὐτὸ ἕτερόν τι ἔξω τῶν σῶν ὀμμάτων μηδ' ἐν τοῖς ὄμμασι μηδέ τιν' αὐτῷ χώραν ἀποτάξῃς（不是外在于你的眼睛的，也不是在眼睛中的，你不能给它指定任何地方）（153d9ff.），它似乎的确已经以某种方式存在，而非仅仅生成；但是它是生成并且恰恰：知觉——προσβάλλον（投掷），προσβαλλόμενον（被投掷出的），προσήκουσα φορά（适当的运动），μεταξὺ γεγονός（在中间产生），ἑκάστῳ ἴδιον（对每个观察者是特别的）（参 153e7–154a2）。不能确定对另外的人也是同样的，对同一个人而言在不同时间也是不同的。假如我们所遭遇的 προσβαλλόμενον 自身，温暖，白色，是同一的，那么它对另外一个人展示的也不会不同，αὐτό γε μηδὲν μεταβάλλον（只要自身不变化）（154b3）。如果它（λευκόν,

白色）自身是测量者和触碰者，那么在另外的东西 προσελθόν（参154b5）"接近"它，而它自己没有遭受到什么的时候，它不会变成另外的样子。相应地，如果知觉是可能的，即被知觉的东西如果存在，也就是说，一个事物对每个人展示自身，那么一定有变化（参154b5）。这样知觉被归为 κίνησις 问题（154b）。

泰阿泰德没有理解在 αἴσθησις 的前提中的这一步。苏格拉底用一个 παράδειγμα（例子）来说明：ἀστοράλοι（骰子）（参154c1ff.）。设有 6 个骰子。如果你再摆上 4 个，6 就是多的，1½ 多。如果你再摆上 12 个，那么 6 就是少的，1/2 少。6 既是多的也是少的：1½ 和 1/2。一个东西没有变化的话能够变大吗？如果一个东西没有变化，能够变成与它现在所是不同的吗？不能！但是联系前面一个问题：一个事物如果没有变大，能够展示为不同的吗？是的，同一个事物对每个人都不同了，变样了。① 这两者怎样统一？应当遵守哪个法则，什么存在于骰子之间的关系中呢？①只要一个事物保持同一，那么无论在广延上还是在数量上，它都不会变大或者变小。②如果一个事物既没有增加什么，也没有减少什么，既没变多也没变少，那么它就总是同一个。③以前不存在的东西，后来存在了，如果没有变成存在或者将变成存在的，就不可能。如果我们考虑骰子的例子，则相反的情况都存在：①6 个还是 6 个。②它没有增加什么，但没有保持同一。③它起先多，后来变少了。

另外一个 παράδειγμα。"现在我还比你高大，当你长大之后，我就比你矮小了。后来我成了以前所不是的样子，虽然没有发生变化。"泰阿泰德："我对这样的事情难以停止惊异，看

---

① 参附录，第 5，S.192.

这样的事情令我头晕目眩。" μάλα γὰρ φιλοσόφου（155c8ff.），"这是哲学真正的态度",惊异。考察这些论题的基础,揭示τὴν ἀλήθειαν ἀποκεκρυμμένην（隐藏的真理）(155d10)。

关系主义①和相对主义作为存在论问题。某物和某物的关联,之间的关系。关系问题自身。关系和存在,存在和相异,非如此存在。

柏拉图更敏锐地考察了问题。法则。证明,这个 φάσματα ἐν ἡμῖν（我们中的表现）(155a2) 所关涉的是什么。你长大了,所以我变小了。虽然我还是同一个,但我改变了,因为你发生了改变。我后来不是早先所是的样子,虽然没有改变。通过比较而"生成",通过改变而"生成",在关系中"是"。通过真实的改变,保持意向性的目光 [？]。

相异性,有别于,有别于所参照的东西。根据那保持自我同一的东西。大—小,多—少:本质性的相对。就其自身"是"无,一切是生成。存在者仅仅在感知过程的生成中[？]②但是感知的人恰恰是非存在者。

普罗泰戈拉的原则:τὸ πᾶν κίνησις ἦν καὶ ἄλλο παρὰ τοῦτο οὐδέν（一切都是运动,没有例外）(156a5)。δύο εἴδη κινήσεως（两种运动）(参 156a5f.):ποιεῖν"行动",πάσχειν（156a7）,"遭受"。感知和被感知者,从两者的作用关系,产生一个感知。感知,运动,κίνησις, εἶναι③。但是这两者都不是自为的,而是在和其他的相互关系中是其所是的样子（157a）。这正是上面所说的句子的意

---

① 见附录,Mörchen 笔记,第 49,S.269.
② 编者:无法识别。
③ 见附录,补充,第 5,S.192.

思："无物就其自身是一。"（152d3）完全没有存在，只有生成。迄今我们仅仅是从习惯和无知来使用这个表达的，现在要根除了。我们也不能说"某物"，或"这个""那个"。οὐδὲν ὄνομα ὅτι ἂν ἱστῇ（157b4f.），"没有名称让事物停驻"，意味某种停驻的东西。我们只发现生成的东西、消逝的东西、变化的东西。一切都在运动，运动是存在。

为了把握论述的轮廓并且让柏拉图研究的积极内容突出出来，我们跳过中间的思考，而从180c的论证开始。

第40节 通过论述其赫拉克利特前提，根本地和最终地反驳普罗泰戈拉的认识学说（章27–29, 180c–184a）

柏拉图在这里说："这个问题是从古代流传下来的。"（180c7f.）后人已经使得这个论题变得如此通俗，甚至鞋匠都能理解。"我几乎已经忘了"相反的论题，"所有事物是一，并且是静止的，没有运动的空间"（180d7ff.）。不知不觉地，我们在讨论过程中 ἀμφοτέρων εἰς το μέσον πεπτωκότες（落入了两个派别之间）（180e6）。"我们必须保护自己，对两个派别做出决定"：οἱ ῥέοντες（参181a4）"流变者"，和 οἱ[...]στασιῶται（181a6f.），"静止者"。两者都是可见的：① μέσον（中间）（180e6），柏拉图有意识地将自己放在中间，不偏向任何一方，也不否认任何一方。②基本问题又是存在问题。知觉通过 ποιεῖν（行动）和 πάσχειν（遭受）被规定。运动就是在这个基础上的一个现象。即对两边的一个极端理解。

首先是流变者，[在《泰阿泰德》中]① 只有流变者。（跟同一个问题相关，相反的另一面是在《智者》中。）οἱ ῥέοντες: ἀρχή [...]σκέψεως（流变者：考察的起点）(181c1)。① φορά（位置）（参181d6）② ἀλλοίωσις（改变）(181d5)。一切存在者以两种方式运动还是仅仅以一种方式运动？显然流变者必定说"以两种方式"，因为如果仅仅是按照一种方式运动，φορά，那么我们还有静止。例如，一个白色的东西的位置变化了，而自身还是一样，没有改变。如果如同论题所说，以两种方式运动，白色必定也发生了改变。

白色是一个被知觉到的东西，其自身通过并且在作用和遭受的作用关系中产生。被作用者成为感知者，但不是感知（182a）。作用者成为一个ποιόν（什么样的），但不是一个性质（182a）。如果一切仅仅是生成而不存在，那么还能够说一个事物的确定的颜色吗？ἀεὶ λέγοντος ὑπεξέρχεται ἅτε δὴ ῥέον（182d7）"作为流变的东西，它总是躲避通过命名和断言展示自己。"如果没有什么在持续，那么我们也不能说，某物被看到。但是感知也应该是认识！感知的基础，κίνησις 的展示，导致了这样的结果：完全没有任何确定的东西能够被把握，没有什么能够被说成"如此"，"不是如此"（183a5f.）。人们似乎必须发明一种新的语言，以便能够说出和表达那无休止地变化的东西。最合适的表达是：ἄπειρον（无限）（康德）。②

存在论问题和感知作为认识的不可能性。不仅感知的对象

---

① 编者补充。
② 见附录，Mörchen 笔记，第50，S.269f.

被消解，而且感知的过程也被消解了。感知和认识现象被还原为全然的运动，即非持存。这个结果只是这个事实的存在论后果：被感知者对每个感知者都是不同的。人们很容易发现，在这个批评中真正的感知现象（意向性）遗失了。感知就像被感知的存在者（运动者）一样被谈论。感知的意向结构被牧平为被感知物的现成的作用关系，一个遭遇的后果。如果停留在这里，那么柏拉图对 αἴσθησις 的"说明"就没有恰当地对待现象，而苏格拉底要求对现象的理解。λόγος 确实是针对一个 τι 的。这个现象事实没有被避而不谈，而是被澄清了。易言之，如果感知能够被证明是认识，或者它不是认识，就必须考察它自身是什么。

第41节 反驳泰阿泰德的论题：αἴσθησις=ἐπιστήμη（感觉 = 知识）（章 29-30, 184a-187b）

因此只有到了184b才肯定地分析感知：αἴσθησις τινός（对某物的感觉），表明它所指向的是什么，如何指向。通过这个思考，αἴσθησις 才进入认识活动的关联中，而不是就自身孤立地被思考。前面：个别的事例作为认知，［考虑］① 存在者自身是如何。现在是回到作为就其本己意义而言的认知的基础，从认知自身而被显明的东西。

从感知的结构出发，现在柏拉图试图展示，感知不可能是认识。因为感知不把握存在。但是，如果存在者被揭示，即，被揭示状态、真理如果是可能的，那么必须把握存在。在存在

---

① 编者补充。

没有被理解的地方，真理也是不可能的，因为没有认识。认识恰恰是存在者如其所是地被把握。感知不可能是认识，对此的证明是从感知的意向性结构出发的，完全不同于以前的证明。后者是存在论地关系到感知的过程；是一个恒常的流变，不持恒。（不过就连这个证明也不是没有目标的［？］：强调 αἰσθητά 的变动性。）

　　用什么来感知？眼睛，耳朵？不，是通过它们，靠它们的帮助，一直通过它们；它们在感知活动中一起起作用，但它们不是感知者（184b）。由此，以前作为讨论的基础的东西被驳回了。不是眼睛，而是将它们作为看的器官而使用的、将它们组织为器官的东西。不是因为有眼睛我们就能看，而是因为我们看所以才有眼睛。这表示出了 ᾧ（用什么）和 δι' οὗ（通过什么）的区分（184c6）。人们用以看的东西，才是看者。通过什么：眼睛不是看者。感知中本质性的东西不在于器官。器官作为器官被组织并被放进功能中，是通过感知者，在感知者中，器官才具有统一性。感知不是并列摆放的。πάντα ταῦτα συντείνει（184d3f.）"所有这些都共同指向"一。这个感知者的所有的感知，处于这些器官之前。① 器官自身不是决定性的，所以它们和作用于它们的存在者之间的作用关系也不是决定性的。这个过程现在还完全没有进入思考的领域。

　　τινι ἡμῶν αὐτῶν τῷ αὐτῷ διά（在我们之内的某个同一的东西，通过）（184d7）。①我们自己就是感知，它属于我们最狭义的自我，②那如此保持同一的东西，持恒，不是非持恒。"我"作为同一者在听和看。③通过某物。

---

① 见附录，Mörchen 笔记，第 51, S.270ff.

关系：需要注意两件事：

1. 那些通过它们而感知到热、硬、轻、甜的器官，是 τοῦ σώματος（身体的）（184e5）。

2. 通过一个能力被感知的东西，如颜色，不被另外的器官感知。

看，听敲响的钟。看，听，触；方向：存在者。这些因素不是并列摆放的，而是来自被思考的存在者的统一性。怎么会这样？如果我就两个被感知物来认出什么，意味什么，那么不是通过一种能力来对另外一种能力的被感知物作出。不仅不是通过一种能力感知另一种的被感知物，而且首先也不是一起感知两者。"两者"，"一起"（185a4）。那么，在感知中，它们二者都是（185a9）πρῶτον μέν（首先）意味的是什么？首先，我已经将它们理解为存在着的（参 185c5）。对于其他的来说每个都是另外的了，而它们都是自我同一者。

积极的结论：ἀναλογίσματα（类比）（186c2f.）– λόγος（参 185e5）– κατηγορεῖν（指控）。范畴，范畴的揭示相对于感性的东西。已经提到：康德：感性—知性。但是注意在这里加上对知识批判的解释。① 在此之前是事质性的问题：感性的和范畴直观。② 黑板是黑色的。命题：黑色的黑板，"它"是；黑色的（形容词）属性。存在者在其存在中作为存在者是可理解的。

跟 αἴσθησις 关联，并且在存在问题的基础上。

---

① I. Kant, *Kritik der reinen Vernunft*, A51，B75; 见附录，Mörchen 笔记，第 51，S.272f.

② E. Husserl, *Logische Untersuchungen, II. Theil: VI. Untersuchung: Elemente einer phänomenologischen Aufklärung der Erkenntnis*, Halle/Saale, 1901.

II. 定义：ἐπιστήμη ἀληθὴς δόξα（知识是真意见）（章 31–38，187b–201d）

第 42 节　通过证明 δοξάζειν ψευδῆ（错误的看法）是不可能的，来证明知识是真 δόξα

（a）通过论证 δοξάζειν ψευδῆ 的不可能这个路径，作为这个问题跟存在问题的关联的证据

真理只有从存在理解，存在理解只有从灵魂自身被揭示。感知不是知识，这是个消极的命题，如果积极地说就是，必然属于知识的是：存在的揭示，存在理解，灵魂自身，理解，解释，λόγος；存在，存在者，被感知者。存在说明！这就是说，灵魂是从自身而来的，不是纯粹地被给予，而是此在的一个先天的东西！

灵魂的存在，从灵魂而来的行为：看法，设定为，认为，意味什么。积极地说，一个知识——它是从灵魂自身而来的——非常一般地说，是 δοξάσειν（认为）。① 以前 δόξα（意见）是 νόησις（思想）的对立者：μὴ ὄν–ὄν（非存在—存在）。现在更积极地看，在意见中有着使得知识可能的东西。意见超出了 αἴσθησις。朝向 ὄν。

δόξα, 是意见。真理属于知识。那么知识只是真 δόξα 吗？

---

① 见附录，Mörchen 笔记，第 52，S.273. 另见补充，第 6，S.192.

δόξα 自身是什么？什么是 δοξάζειν？这些问题都在论题中，但是事实上所研究的是一种特别的现象：ψευδὴς δόξα。并非偶然地：

1. 历史时间性地：οὐκ ἔστι ἀντιλέγειν，没有矛盾，没有错误，οὐκ ἔστι ψευδῆ λέγειν。①

2.《智者》：ψευδὴς λόγος（错误的逻各斯）显然是主要论题，并且是在 μὴ ὄν，即在 ὄν 的凸显中。② 柏拉图明确指出，非常必要先研究 ἀληθὴς δόξα，但是二者在方法上是同等的，因为 μὴ ὄν 和 ὄν，ψεῦδος 和 ἀλήθεια 正式成为了问题。

我们看到，αἴσθησις- 存在问题；甚至真理作为 ψευδὴς δόξα 是存在问题[的核心]③，尤其是 μὴ ὄν（非存在），ἕτερον（相异），ἐναντίον（矛盾）；κίνησις- 相异，变化。λόγος-δοξάζειν（逻各斯—看法）；ὄν-μὴ ὄν（存在—非存在）；ἕτερον（相异），ἄλλο（变易）；συνάπτειν-σύνθεσις（联结—组合）。完全积极的现象的啮合。纳托普则相反：剩下的，整个第二部分仅包含[……]着对其他人观点的自负的批评，它轻松展示它们的矛盾、笨拙的循环和有待证明的预设，并由此揭露出在其最初教条中的基本观点的粗糙蠢笨。④ 这个解释的动机很明显：批判的—知识批判对立于知识的教条概念。知识是在思想中对对象的放置和规定（马堡学派的康德主义概念）还是对对象的映像。⑤

对 δόξα 对立于 δόξα ψευδής（假的意见）的批判分析⑥：

---

① 参 Aristoteles, Met. A29, 1024b34.
② Sophistes, 260c2ff.
③ 参编者。
④ Mörchen 笔记，第 52，S.273.
⑤ 参纳托普，S.112.
⑥ 见附录，Mörchen 笔记，第 52，S.274.

1. 187b–189b：δοξάζειν ψευδές（假的信念）和 δοξάζειν οὐδέν（对无的信念）。

（1）188a–d：εἰδέναι（看）。

（2）188d–189b：εἶναι（存在）。

没有这种现象。

2. δόξα ψευδής 作为 ἀλλοδοξία（错误的信念），ἑτεροδοξεῖν（对相异的东西的信念）：189b–190c。

3. δόξα 和 σύναψις αἰσθήσεως πρὸς διάνοιαν（感知和思想的结合）（参 195d1f.），190c–200d。

(b) 实施对 δοξάζειν ψευδῆ（错误的看法）的不可能的证明（187b–189b）

关于 1：两种 δόξα：ἀληθής, ψευδής（意见：真的，假的）。对一切事物而言，我们都是或者知道或者不知道吗？显然！这是一个完整的划分！学习和遗忘，μεταξύ（中间），我们现在暂时放在一边(188a1ff.，参 191c)。我们在信念中所指向的，是某种我们或者知道或者不知道的东西。知道并且不知道什么，或者不知道什么并且知道什么，是 ἀδύνατον（不可能的）(188a10f.)。柏拉图必定已经具有了《智者》中的结论！错误的信念：朝向某个被给予的东西，也就是某个他知道的东西。

（1）他所意味和知道的这个东西，却不作为他所知道的这个，而是作为另一个他知道的东西。两个都知道，又两个都不知道。不可能。

（2）或者他的信念内容是他不知道的东西，由此，信念同样指向某个他不知道的东西。不可能。

由此，人们所知道的东西，不能被作为不知道的东西，或者反之。①那样会很不可思议！（188c）事实上：这个 πάθος（情感）是存在于 ψευδὴς δόξα（参 191b/c）中的。由此来看，错误的信念是不可能的。或者我知道什么东西，那么它就是真的；或者我不知道它，那么就没有什么指向的东西。指向非存在就是无！或者我知道这个信念内容，或者我不知道。我在对什么形成信念：μὴ ὄν-οὐκ ὄν-οὐδέν（非存在—不存在—无）。不是关于知道或者不知道，而是关于存在和非存在。某个人能够对非存在形成信念吗？Ὅταν（是的，每当）...（188d10ff.），当他相信了一个东西，但这个东西不是真的。指向某个东西，而不是作为真的，就是无。是否存在着这种情况：看到一个东西，但什么也没看到。②如果是一个东西，那么是某个存在者，难道不是？

第 43 节 插入对作为—结构和相异的探讨

（a）λόγος 的作为—结构。古希腊 λόγος 理论中存在和非存在的相互排他性

δοξάζειν-(λέγειν) ψευδῆν δόξαν: λέγειν τὰ μὴ ὄντα（形成信念—[说] 假信念：说不存在的东西。）③λόγος: 显示某物为某物以进行解释。将某个先行给予的东西作为这个和那个，作为我规定的东西，从存在者自身取出来，但也根据已知的东西和熟

---

① 见附录，第 7，S.193.
② 见附录，Mörchen 笔记，第 53，S.274.
③ 见附录，补充，第 7，S.193.

悉的东西进行把握。将某物 X 理解为苏格拉底，作为不存在的东西。某种已经先行给予的东西，作为什么被遭遇，被规定的东西：不同的来源，**作为—结构**（Als-Struktur）自身。

相反：安提西尼[①]：只有 ἕν，只有同一和持恒。λόγος, λέγειν ταὐτόν（说相同的东西），A 是 A，A 绝不是 B。另外的东西而非同一个：无。

ψεῦδος: 伪装，从①意向性，②作为结构来看。不是将某物作为其自身，而是作为两个来称呼：一个和另一个，不仅仅是一个为了另一个。仔细看，其实在同一性中也有"作为"结构。

(b)《智者》中在相异性意义上的 μή 的关系

ἕτερον ἕτερον: ①某物是另外的东西[②]，跟不同的东西等同；②某物是另外的。

某物可以被显示①就其自身，作为其自身[③]；② πρός τι（跟某物相联系），ἕτερον 是 πρός τι（参 255c13），不是同一个。不同于根据某物的某物。ἀμφότερα（两边）(255b12f.)。

每个 ὂν διὰ τὸ μετέχειν τῆς ἰδέας τῆς θατέρου（分有了相异的理念）(255ef.)。ἕτερον 不是 ἐναντίον（相反），而是相异（258b2f.），这是在 κοινωνία（共通性）基础上的（参 256b）。[④]μὴ καλόν（不美的）来源于 καλόν（美的），共同设定了它（257d10f.）。不

---

① 参 F. W. A. Mullach, *Fragmenta Philosophorum Graecorum.* Coll. rec. vert. Vols. I–III. Paris, 1860ff.（以下写作 *Mullach, Fragmenta.*）; Vol. II, *Antisthenes*, frag. 47, S. 282f.

② 见附录，Mörchen 笔记，第 55，S.276.

③ Sophistes，255c12f.

④ 见附录，补充，第 8，S.193.

属于存在者的存在，κοινωνία。相对于 ἐναντίωσις（对立），是 ἀντίθεσις（相对）(257e6)。μή（不）是 πρός τι，向着什么存在的 δύναμις（可能性），属于存在。ἕτερον 不是排除，完全不同，而是保存着什么。μή 不是跟存在者隔绝，而是 τὶ μηνύει（257b10）——"展示什么"，是（相异的）非存在的东西，不存在。[μή]① 不是让消失，不是引导到无之前，而是让看到。

A 是 B：相等同，同一个，A 和 B 一起现成存在。A 不是 B：不等同，不同的，相互排除。

所有存在着的存在者，只要存在，就不同于另外的。每个存在者都是一，而作为一又是相异的。相异属于存在，不是如此如此存在。非存在的结构。那么存在所说的是什么？可能的共同：共同—共同指示。"共同"是从何而来的呢？因为"一个事物"只能在相反的种类中被刻画，同时仅仅作为入口。在相反的种类中，相异者恰恰"共同"在此。

第 44 节　ἀλλοδοξία（替代的看法）作为 δοξάζειν ψευδῆ（错误的看法）的可能性的基础（189b-190c）

关于 2. ἀλλοδοξία②。

对什么的意见总是关于存在者的，但是是关于这一个而非另一个的，代替另一个。搞错存在者，弄错看到的东西。但总是**只针对一个的**，不包括另一个。单向意图。而"替换"(anstelle) 在"作为"的基础上属于信念内容自身。

搞错：我将丑的想成美的，或者反之。ἕτερον ἀντὶ ἑτέρου（一

---

① 编者补充。
② 参 Theätet, 189b12, 见上 S.125；见附录, Mörchen 笔记, 第 56, S.276f.

个代替另一个）(参189c2f.)。我将某个自己知道的东西当作另外一个自己知道的东西。我不能搞错被意识的东西。我总是将这个存在者想成它所是的样子，即，即使这样也是一个真意见。

泰阿泰德被当成苏格拉底，不是一个代替另一个，即，我们想得正好反了，而是两个人都必然被叫错了；把一个当成另一个，不是或者……或者……，而是既……又……，并且是在一个确定的结构形式中。不是仅仅另外一个代替了这一个，而是这个为了另一个，这一个作为另一个，总是已经经验和理解了某物作为某物被理解和解释。属于经验的不仅仅有感觉，而且还有对存在者和存在的规定，并且总是作为如此这般的一个存在者；它是先行给予的（被意识到的），并且被看作它所不是的这个或那个。但是我知道这一点并非在错误的断言中，而是我认为就是如此。

在这里，"不同于它所是的"被解释为一个而非另一个。ἕτερον [...] ὡς ἕτερον（189d7），"一个就像另一个"。代替，而非作为。

διανοεῖν（思想）为了δοξάζειν（形成看法）。διάνοια 行为（参189d8，e1）：一个就像另一个（189d7），两者或者只是一个（189e2）。什么是διανοεῖσθαι（思想）(189e2，中动态)？λόγος ψυχῆς（假的逻各斯）(参189e6)，起先只是灵魂活动，尚未被确定，只是一般地被展示，某个超出的东西；但我把握存在，范畴。δοξάζειν-λέγειν（有看法—说）(190a4)，相反，λόγος-δόξα（逻各斯—意见）的冲突。δόξα是λόγος εἰρημένος（参190a5），"被说出的东西"，即，进行展示，拥有被说出的东西，被透彻地说出的东西。εἶναι是在λόγος中，展示，断言，从而ἕτερον ἕτερον εἶναι（一个东西是另外的东西）(190a9)。

但实际上是否如此，我们能否说一个是另一个？存在：是否两个有同一个存在？所以一个人不能说两者，一个和另一个，因为 λόγος λέγειν τὸ αὐτό（逻各斯是说同一个东西）。理论在现象之前，虽然是其入口。

δόξα ψευδής（错误的意见）也不是 ἑτεροδοξεῖν（关于另外事物的信念）；这是不可能的。信念不关乎两者也是不可能的；一个不充分（190d4ff.）。δόξα ψευδής 不是 ἀλλοδοξία（误认）（参190e）。肯定的表达：λόγος，"展示"，虽然还不知道其结构。

第45节　δόξα 和感知与思想（διάνοια）的结合（190c–200d）

讨论的进展又一次被错误意见现象打破了①，尤其在一个例子中：会发生这样的事，我认识苏格拉底，但是偶尔将一个从远处向我走来的人看成苏格拉底，虽然不是他：ᾠήθην εἶναι Σωκράτη ὃν οἶδα（假设是我认识的苏格拉底）（191b4f）。这儿，看错（Versehen）这个现象被明确地描述出来。我错误地将某人看作另外一个人。基本上是对这个现象的解释。

但是一个先行把握的理论阻碍了恰当的解释。看错如何被解释：看错包含了对苏格拉底的认识，他是我所知道的。我看错了，将苏格拉底看作我所不认识的 X，将他等同于 X。在看错中有着：ἃ ἴσμεν ἐποίει ἡμᾶς εἰδότας μὴ εἰδέναι.（191b7f.）"我们所知道的东西将我们的知识变成我们不知道的东西。"被意识到的东西变成没有被意识到的。这是不可能的。

---

① 附录，补充，第9，S.194.

1. 我没有将被意识到的东西等同于没有被意识到的东西，而是，知道的东西（苏格拉底）是这样的，我将被给予的东西作为他来解释。

2. 我所遭遇的 X 不是不被意识到的，而是被给予的；在看错的意义上，他恰恰是被认识了的。我的意思是，我在他身上看到了苏格拉底。

希腊的解释从现象中脱离，而通过客观结果对它进行标划。即，这个解释在现象中看到了客观事实，X 不是苏格拉底，我没有将 X 作为他实际所是的 X 来认识。

在现象中包含了我认为，这是他。现象中恰恰遮盖了，这实际不是他。在看错现象中，不是某物被理解为它所不是的某物，而是作为我认为它是的某物。没被意识到的东西恰恰没有出现。既非完全等同，而是某物作为某物；也非将某个没有被意识到的看作被意识到的，而是被知觉的东西作为认为是的东西。

某物在同某物的关系中，某物作为某物。但是在这个场景中，不是将我知道的某个东西当成我不知道的某个东西，不是感知和表象的问题，而是将被感知的东西作为被表象的东西。这是两种不同的具有存在者的方式。我知道一个被感知物，我知道一个被表象物，在 λόγος 中的认识。认识完全不是单义的，存在者和它的存在不同。给被给予的东西附加上某个并非被给予的（被感知到的），而如其所是地被知道的东西：将一个陌生人当成苏格拉底；或者将我并不认识但作为遭遇者而感知到的一个（苏格拉底），当成塞奥多洛。现在不再是"代替"，不是等同，而是当成什么（halten für），并且两者不同地被给出。

在 λόγος–λέγειν ταὐτό（逻各斯—说出同一个）这个教条性

论题基础上,并且在并不清楚先行给予的东西被给予的方式和规定者被认为的方式的基础上,就连这个对 ψευδὴς δόξα 的解释也被拒绝了。

关于 3. 第三个[解释]① 恰恰试图在这个方向上赢得清晰性。

看错的例子表明：我知道一个什么东西。苏格拉底是我所知道的一个人,即便我没有看到他。我保存着对他的认识(参192d)。

1. 一个人所知道的东西,可能有时被感知,有时不被感知。对某物的知识、学到的东西,没有亲自看到。

2. 人们不知道的东西,可能并且经常完全没有经验,或者经验到又立刻忘记了。看到过的东西,不再知道它看起来是怎样的。②

例子：

1. 我认识塞奥多洛和泰阿泰德两人,但没有感知到他们。那么我不会将一个人当成另一个人。

2. 我认识其中一人,而完全不认识另一个人,我没有感知到两人中的任何一个。这种情况下我也不会将我认识的人看成我完全不认识的那个人。那个规定者是我完全不认识的。

3. 我不认识任何一个人,也没有感知到他们。这种情况完全不可能将其中一个我不认识的人当成另一个我不认识的人。没有什么被先行给予,没有什么规定者被认识。

那么,就剩下 ψευδῆ δοξάζειν 在这种情况下发生：我认识

---

① 编者补充,见上面 S.125.
② 见附录,Mörchen 笔记,第 57,S.277ff.

你们两个人，ἔχων [...] τὰ σημεῖα（193b10f.），"我有对你们的印象"，"标志"，"对我浮现"。"我从远处看到你们两个"μὴ ἱκανῶς（193c2）"不充分地"。我看到并且要"认出"，这是什么。我试图 τῇ οἰκείᾳ ὄψει（193c3）分配给"被看到的人跟他们的外貌相应的""一些特征"。从而我弄错了属于不同外貌的"一些特征"，规定者，并将塞奥多洛当成了泰阿泰德，并相反也如是。τὼ σημείω μὴ κατὰ τὴν αὑτοῦ αἴσθησιν ἑκάτερον ἔχειν（194a1），"特征没有被分派给相应的被感知者"，它们的分派是不符合的，即这些特征不属于它们被分派去的那个被感知者。

为了使得这种搞混的分派可能，必须是一个东西被感知到了，而另一方面，某物被认识。对从来不知道、不熟悉、没有感知的东西，对它也不会看错和（错误地）混淆了的看法（194b）。本质性的东西（参 195c7）：不是简单地将知道的东西和不知道的东西相等同，而是一个是就其自身被给予、被意识到的被感知物，另一个是仅仅被表象的、模糊地知道的东西，σύναψις（结合起来）（195d1）。①

因此，在不关涉感知、感知没有卷入的地方，就没有错认：在计算中，算出总和。我们确实会算错。这里就不可能是关于保存下来的东西、被思想的东西跟一个被感知到的东西的关系。所以这种解释是站不住脚的。这展示出我们的计划的荒谬：我们寻求对知识的说明，却不知道它是什么（196d10）。

---

① 见附录，补充，第10，S.194.

第46节 对第二个定义的考察（201a–d）

从第二个定义到第三个定义。真信念＝知识。[①] 但是人们可能有真信念而没有知识。这个命题的基础会更清楚地表明，知识指的是什么。法官在他们对事情形成的真信念基础上进行判断（201bf.）。但是他们没有亲眼看见犯罪行为，他们不在那里。他们没有知识。这里包含这样一个概念：他们没有在自己的经验中对那些对之作出决定的东西有所通达。如果正确的意见和知识相等同，那么一个能干的法官如果同时没有知识的话，可能从来没有正确的信念。所以它们是不同的，知识同真信念区别开来——通过什么？什么是区分的环节？

III. ἐπιστήμη（知识）的定义：ἀληθὴς δόξα μετὰ λόγου（伴随逻各斯的真意见）（章39–43, 201e–210b）

第47节 论题的一般特征：知识是真 δόξα μετὰ λόγου。解释和命名

μετὰ λόγου（伴随逻各斯）[②]，也就是说，为了灵魂自身展示存在者自身，或者灵魂自身将存在者在其被揭示状态中敞开来；

[①] 见附录，Mörchen 笔记，第 58，S.279.

[②] 参 Aristoteles, *Ethica Nicomachea*. Recogn. F. Susemihl. Leipzig, 1882, VI, 1140b20: ἕξις τοῦ ἀληθεύειν μετὰ λόγου（根据逻各斯揭示真理的禀赋）。

只要存在者作为存在着的，作为如此如此存在着的，存在者作为什么。这就是实际的意义，这个意义当然还没有明确突出出来，因为柏拉图还没有成功地明确把握 λόγος 自身。然而这是一个在《美诺》中的定义。① 已经指明了，柏拉图提出自己的定义以供批评。但是 λόγος 确实还有另外的含义：对什么的直接把握，苏格拉底式的 λόγος。但现在是肯定的了。

对 ψευδὴς δόξα（假的意见）的研究表明：在背景中有 ἕτερον（相异的）问题，一个代替另一个，某物作为另外的一个，μὴ ὄν（非存在），尤其跟 λόγος 相关。安提西尼：等同，主词跟自身的同语反复②；根本没有人，因为没有心灵 [？]。λόγος 会在这个研究过程中更准确地被刻画，虽然不是在它的结构中，而是作为灵魂自身的基本活动。

现在 λόγος 明确地成为论题，作为 ἀληθὴς δόξα 的特征因素。而 λόγος——如果我们对对话的基本理解是正确的——是存在论的，又一次指向了一般的存在问题，即指向了 μὴ ὄν, ἕτερον，根本的 πρός τι 问题。

研究开始于对 πρῶτα [...] στοιχεῖα（第一元素）(201e1) 的刻画，一切存在者都由它们构成（201d8）。这似乎是某种奇怪的东西，甚至比 ψευδὴς δόξα 跟主题更少联系，但是这是因为人们没有认识到，一切研究都趋向于存在问题。ἀρχαί, στοχεῖα。③ 为

---

① 97bff.

② Mullach, *Fragmenta*, Antisthenes, Frag. 47, Vol. 2, S. 282–283; Aristoteles, Met. Δ 29, 1024b32ff.: μηδὲν ἀξιῶν λέγεσθαι πλὴν τῷ οἰκείῳ λόγῳ ἓν ἐφ' ἑνός（他错误地认为，只有一个事物的名字能够述说这个事物，每个事物一个名字）。

③ 参上面第一部分（手稿中：较早的引论），§12e, S.41f.

什么说这些？在一定意义上确定了：λόγος 涉及两个方面：某物作为某物。但现在存在者由元素构成，它们组成了存在。如果有什么东西需要被认识，那么首先就是这些东西。但是：αὐτὸ γὰρ καθ' αὑτὸ ἕκαστον ὀνομάσαι μόνον（201e2f.），"某物只能就其自身被述说"，只能被称名①；προσειπεῖν δὲ οὐδὲν ἄλλο δυνατόν（201e3f.），αὐτό——"自身在自身中"，ἐκεῖνο（那一个），ἕκαστον（每个），μόνον（单独的），τοῦτο（这个）（参 202a3f.），没有其他东西可以加上去，不能称之为"这个""那个"，也不能将它作为存在着的、不存在着的。περιτρέχοντα（202a5），ἐνίας [...] διὰ πασῶν ὅπῃ ἂν τύχωσι περομενας②，"随意地在所有的（鸟）中到处飞"，它们到处都可以落下，但不落在一个固定的位置，不落在任何确定的实质性的存在者上。

ἀδύνατον [...] τῶν πρώτων ῥηθῆναι λόγῳ（不能以逻各斯来表达元素）（202a8f.），因为 ὀνομάτων γὰρ συμπλοκὴν εἶναι λόγου οὐσίαν（逻各斯的存在恰恰由名称的结合构成）（202b4f.）。那出自 στοιχεῖον συγκείμενον（202b3f.）"放在一起"，通过元素的联结，通过隶属于它们的名称的相应的联结，产生了 λόγος。③ 那么 στοιχεῖα（元素）就是 ἄλογα, ἄγνωστα, αἰσθητά（参 202b6）μόνον（没有逻各斯，不可认识的，仅仅被感知的）。没有解释，没有作为什么可被理解，而是仅仅接受。但是 συλλαβαί（音节）是可以理解的和可以说出的（203a，参 204a），因此是概念，而不仅仅是音节！这样，ψυχὴ ἀληθεύειν, γιγνώσκειν δὲ οὔ（灵魂揭示

---

① 见附录，Mörchen 笔记，第 59，S.279f.
② 参 197d8：鸽舍。
③ 参 Aristoteles, Met. Z4.

真理，却不知道）（参 202c1f），存在者如其自身地被揭示，却没有被"认识地"理解，没有如其自身地被认识！存在和事情被确信，却没有被知道——后者能够在事情上展示出来。

但是苏格拉底对知识的这个解释也不满意（202d8ff.）："元素是不可知的"，但具有联合特征的东西（可以联合起来的东西，σύναψις, σύνθεσις）不是这样。为了验证这个论题，我们要考虑这样一个现象，它经常被用作 παράδειγμα：书写的元素和联结："字母"和"音节"（202e6）。

问题：字母 ἄνευ λόγου（ἄλογον）（没有逻各斯），而音节［λόγον］① ἔχουσιν（有逻各斯）（参 203a3）？似乎是这样的。问题：什么是 ΣΩ？σ 和 ω。那么 Σ 呢？不能说明，它不是某物和某物。"某物作为某物"在背景中！音节自身是 τὰ ἀμφότερα στοιχεῖα（那两个元素）（203c4f.），或多个，μίαν τινὰ ἰδέαν γεγονυῖαν συντεθέντων αὐτῶν（203c5f.），（一个可见物，它来自两个东西放置在一起）。泰阿泰德相信，音节是作为总合的全体。知道音节的人——音节是可以知道的——不也［知道］② 元素、Σ 和 Ω 吗？虽然这两个字母应当是不可被认识的，但是认识 συλλαβαί 的人也认识这两个字母。如果音节是可以认识的，那么只能通过对字母的认识。因此这个论题（元素是 ἄλογον，而其组合 λόγον ἔχον）是站不住脚的。

但是也许将音节作为总合来把握是错误的。也许这个全体具有另外的特征，ἕν τι γεγονὸς εἶδος（某个理念从中产生出来），（203e3f.）ἕτερον δὲ τῶν στοιχείων（跟元素不同的东西）（203e4f.）。

---

① 编者补充。
② 编者补充。

如果这是［正确的］①，那么就没有部分，因为 μέρη 是总合的部分。或者有另外一种全体（204e8f.），那么它就是独立于自己的内容，不同于所有部分的、跟部分对立的某个东西？是的。②但是，难道全体不是6吗？6自身无非就是这个总合！数量是部分的总合。τὸ ὅλον [...] οὐκ ἔστιν ἐκ μερῶν（整体不是来自部分）（204e8）。Totum（整体）——因素；compositum（复合）——一块；形式全体——部分。当音节 μία [...] ἰδέα（一个理念）（205d5），ὅλον（整体）（205d8），那么它就像字母一样不可认识。如果音节是可以认识的，那么字母也是可以认识的。事实也是这样：我们在小学课程中就从元素出发进行学习。③

第48节 对 λόγος 现象的说明

(a) 尝试定义 λόγος 现象

λόγος: "概念" "断言"（参206c4）④：

1. 表达，作断言，宣布：διανοίας ἐν φωνῇ ὥσπερ εἴδωλον（就像思想在声音中的影像）（208c5）。

2. 展示 τί ἐστιν，"整体通过元素的中介"：διὰ στοιχείων τὸ ὅλον（整体通过元素）（207c3f.），διὰ στοιχείου ὁδὸς ἐπὶ τὸ ὅλον（通过元素朝向整体的道路）（208c6）。所以这里是带有列举的正确意见，但不是知识。

---

① 编者补充。
② 见附录，Mörchen 笔记，第61，S.280f.
③ 见附录，补充，第11，S.195.
④ 见附录，Mörchen 笔记，第61，S.281.

3. 能够 σημεῖον εἰπεῖν（说出标志）(208c7)，由此将要指出的东西同所有其他的东西区别开来。类的区别，不是一般而言的人，也不是特征，它同 [……]① 在一起，而是作为它们的基础（208d7ff.）。对此我必须有一个真实的看法；为什么还要加上指示？如果这已经是知识了，为什么还要同指示相互结合？ἀληθής δόξα（真意见）和 λόγος 不是相符合的吗？

（b）总结：知识问题和 λόγος 在存在问题中的作用

总结：在《泰阿泰德》中，存在问题，μὴ ὄν（非存在），是在 ἐπιστήμη（知识），即 λόγος 的题目下的。

1. 定义②：知识不能没有 λόγος，因为否则存在者就完全不是可以揭示的，存在理解。

2. 定义：知识关系到 ψευδὴς δόξα（假意见），是 ἕτερον ἕτερον（另外的是另外的）。λόγος 不是多余的；他异。ἀλλοδοξία：某物取代。σύναψις：某物同某物联结。λόγος 是灵魂的基本活动，其中有 σύναψις（联结）。

3. 定义：知识是 μετὰ λόγου（伴随逻各斯）。λόγος, συμπλοκή（结合），στοιχεῖον（元素）。ὅλον（整体）总是已经存在，在此基础上而有个别。

λόγος："指示"，其中有 ἀλήθεια（真理）。λόγος-οὐσία③：逻辑——存在。存在论——概念。

I. ψυχή（灵魂）：①一般而言的存在理解，此在。② λόγος：

---

① 文本此处不能识别。
② 见附录，Mörchen 笔记，第 62，S.281f.
③ 见附录，Mörchen 笔记，第 62，S.282.

解释。εἴδη-κοινωνία（理念—共通）。

Ⅱ. 但是在什么前提下才有 διαλέγεσθαι, αὐτό, τοῦτο 以及 διὰ πασῶν（通过一切）的显示？只有当有 συμπλοκή 的时候。后者是怎样产生的呢？只有通过全体。κοινωνία 包含在存在的定义中。

总结：在《智者》中表明：

κίνησις（运动）——— στάσις（静止）[①]

ὄν（存在）：ταὐτό（同一个）——— ἕτερον（相异者）（参 254d4ff., 256a7ff.）

κίνησις 和 στάσις ὄν（254d10）

ψυχή-ὄν：存在理解（参 248a11, 250b7）

κοινωνία-δύναμις παρουσίας，"共同在场的可能性"，ἀγαθόν（善）。

[①] 参 Sophistes, 255e11ff.；见附录，Mörchen 笔记，第 62, S.213；同见 GA19, S.536ff.

第四章　在存在理解和存在问题背景下的柏拉图哲学的核心概念

第 49 节　ἀγαθόν 理念

（a）存在和理解的为何之故

οὐσία（实体）和 ἀγαθόν（善）。人们怎样从存在者的基本法则和基本定义，从作为存在结构的理念获得 ἀγαθόν 的理念①，从逻辑的进入伦理学的，从存在到应当？ οὐσία 和 ἀγαθόν。

存在，即存在者的存在（das Seiende-Sein），是直接地为其自身之故而被理解的，并且唯一地以这种方式才能被理解。为其自身之故（umwillen seiner selbst），一切理解的目的（das Ende）。如果我说"为其自身之故"，那这句话还是对此的断言：目的，πέρας（界限），ἀγαθόν。在存在者层次上幼稚的方式：还有比存在自身更高的东西，它仍然是存在自身。但是更准确地看，没有什么陈述是关于存在的，而是离开它，恰恰不是就它自身的，迂回地关涉到对它的理解，它对理解而言是什么，而非就它自身。甚至"存在"作为原则也是衍生的性质。

这里所关涉的是此在的存在、灵魂自身。它所关涉的是存在，

---

① 见附录，Mörchen 笔记，第 63，S.283.

存在者因它之故而"去存在"。存在者，存在理解属于它的存在。存在理解：能在，这是存在所关涉的东西。希腊思维就是：所关涉的东西，为何之故，自身作为存在者，善。存在是 τέλος，"目的"，ἀγαθόν。跟 ἀγαθόν 关联，因为存在被理解为存在者，一个存在的特征，善。关于灵魂会说更多，根据其意义所能承担的范围。将存在论的断言限制在恰当界限内。

认识，看是一种活动，出离向外的朝向（Aussein auf）。

ἀγαθόν, πέρας（界限），一切看都已经并且首先和光联系着。在看中存在理解完成了。通过 ἰδέα，"外貌"存在，通过 ἀγαθόν，"为何之故"，"目的"存在。善的理念是本真的存在和存在者。

(b) *存在和价值* ①

存在首先指的是在场状态。超出在场状态，它是"为何之故"，为了，ἀγαθόν, ὠφέλεια，"有用"。存在被分离开来，作为 ὄν，被等同于 οὐσια。② 助益（Beiträglichkeit）自身不是存在论地被理解的，而是跟存在并列，因为存在自身被限制在纯粹持恒，赤裸裸的物的在场状态。但物在此之外还有为了什么，在对存在不充分把握基础上的价值。

而在伦理领域又怎样呢？在这里也是正确的。这是所关涉的！生存！能在！

---

① 见附录，Mörchen 笔记，第 64，S.284.
② 参 Theätet，186c，对应 186a.

第 50 节　总结回顾

（a）批判地评价柏拉图对存在问题的处理

在柏拉图的工作中，在存在论上决定性的东西是：ἰδέα 和 λόγος（ψυχή）；δύναμις κοινωνίας τῶν γενῶν（种的共通的可能性）。① 不是在 αἰσθητά（感觉）和 εἴδη（理念）之间的 μέθεξις（分有），而是在 εἴδη（理念）中。

κοινωνία τῶν εἰδῶν（理念的共通），存在定义②：①没有区分形式的定义和事质的定义；②没有说，这种存在定义如何跟存在的理念关联，存在作为最高的 γένος（种）③是否一个中性的存在概念就足够了。

存在跟存在者区别开来。本己的理解方式：λόγος，这个可能性属于此在，存在理解。存在在 λόγος 中。λόγος：ἀλήθεια。λόγος：κατηγορεῖν（指控），κατηγορία（范畴）。λόγος：σύν，"和""一起"。中心问题—基本问题：λόγος-ψυχή-κίνησις（逻各斯—灵魂—运动）。

存在：在场状态，由此获得更精确的存在结构：共同，共同现成存在，——他者，统一性—他异性—杂多性—同一性。存在和关系。

λόγος 的结构是敞开的，但是是预先描画出来的：存在自身和相对于被揭示状态的限制；存在和可能性，δύναμις；存在和运动，κίνησις。但是所获得的还完全是不系统的、未完成的、不透彻的，而是还在途中，开始：晦暗。而恰恰是在这里有着真正的多产，继续指出和引导，恰恰因为没有系统，而是展开

---

① 参上，S.138，注 5.
② 见附录，Mörchen 笔记，第 65，S.284f.

现象的实际工作，所以没有过时。这不是因为有完成的、所谓的永恒的真理现成存在，而是真实的追问，它作为问题还没有变成活生生的。提出一个真正的问题是决定性的，需要实际的研究工作。相反，虚假的问题只要诡辩地解决。只要没有成功找到把握彻底意图并唤起新的意图的答案，[它就不会过时]①。

因此没有结论，只有更新的推动力。

(b) 回顾前亚里士多德哲学，作为向着亚里士多德的

在思考纯粹科学研究的最高阶段之前，先进行一个回顾。

泰勒斯和柏拉图的《智者》②。存在理解。存在概念和概念解释的可能性。[泰勒斯]③：明确就存在者的存在问存在者，但是在他那里，存在从存在者把握，并作为一个存在者。

巴门尼德：存在，但似乎否定了所有存在者。

柏拉图：存在者的存在，λόγος, δύναμις κοινωνίας（共通的可能性），共同在场状态。存在不是素朴的，首先在逻各斯中把握。

λόγος：存在者的"逻辑"，即，通过逻各斯来奠基，只是最初的入门。没有存在论展示出来。λόγος: 由此而有范畴，等。④

亚里士多德的问题。⑤

---

① 编者补充。
② 见附录，Mörchen 笔记，第 66，S.285.
③ 编者补充。
④ 参上 S.142.
⑤ 见附录，补充，第 12，S.195.

第三卷

亚里士多德哲学

Die Philosophie des Aristoteles

第一章　亚里士多德哲学的发展和充分接受问题

第 51 节　亚里士多德的生平和哲学发展

（a）生平资料

公元前 384/3 年出生在斯塔吉拉（色雷斯）。自 18 岁，公元前 367/6 年［在学园中］①。进入学园的时间大概在《泰阿泰德》完成的时候。做了柏拉图的学生 20 年之久，直到公元前 348/7 年。柏拉图死后，他和色诺克拉底到米西亚的赫尔米亚那里。那里有一个柏拉图的学生圈子，而亚里士多德有 3 年之久是这个圈子的带头人。公元前 343—前 336 年到马其顿宫廷教育 13 岁的亚历山大，也就是后来的亚历山大大帝。公元前 336 年，在亚历山大加冕之后，亚里士多德回到雅典，在吕克昂（阿波罗·吕西亚的圣所）领导漫步学派 12 年。περίπατος，"游廊"，学园的成员在这里进行他们的科学探讨。公元前 323 年，亚历山大死后，雅典出现了反马其顿思潮。亚里士多德被控渎神，随后他逃往卡尔西斯，公元前 322 年他在那里去世，享年 63 岁。

---

① 编者补充。

（b）关于亚里士多德哲学的发展问题

亚里士多德哲学的发展：这个问题长期被忽视，这也不是没有原因的，因为确定这个问题的基础是动摇的。年代学和书写的特征；在19世纪作了研究。最近涉及的方面：公开发表了的作品和课堂笔记。亚里士多德全集中只有很少的一部分发表过。"你的工作不是为了写书，而是为了发现事实。"现在事情被翻转过来了。典型的是19世纪一位著名的神学家在信中的一句评语，他说他现在必须为他的下一部书思考一个论题。必须要写一部书，这是最重要的；为此发现一个论题，是次要的。

W. 耶格尔开始着手发展问题。[1] 本质性的工作是 H. 博尼茨（Bonitz）做的。[2] 发生框架展开为：柏拉图时期：开始时期；中间时期：去阿索斯和回来，批判柏拉图；"成熟时期"：吕克昂。[3] 这个框架和由此产生的问题的确提出了这个问题，无论耶格尔的观点是否站得住脚。

这里有一个基本的困难，耶格尔自己也没有看到，因为他的哲学解释还停留在一个狭窄的范围内：逻辑、物理学、心理学Γ卷被认为是属于早期，但是在这里决定性的问题还没有尝试着被提出，就已经被解决了。[4] 在这个问题没有被提出和解决

---

[1] W. Jaeger, Aristoteles: *Grundlegung einer Geschichte seiner Entwicklung.* Berlin, 1923（以下，Jaeger, Aristoteles）. 预备性的工作的有一个更狭窄的框架：*Studien*; 见上 S.33, 注5。

[2] H. Bonitz, *Aristotelische Studien*. Sitzungsberichte der philosophisch-historischen Classe der königlichen Akademie der Wissenschaften, 1862—1867. 重印五部分在一卷中，Hildesheim, 1969。

[3] Jaeger, Aristoteles, 见目录和 S. 9ff., 105ff., 331ff.

[4] 参 Jaeger, Aristoteles, S.37ff., 53ff., 45, 311, 355, 395.

之前，发展的结构就没有真实的基础。剩下的唯一的道路就是亚里士多德研究的实际的哲学解释问题。但是我确信，即使这条道路也不能导向问题的解决，科学的唯一可能的事质性的立场是，承认不可解决。

著作：《工具论》《修辞术》《诗学》《物理学》《论天》《论生灭》《论灵魂》《形而上学》《尼各马可伦理学》《政治学》。[1]

亚里士多德被人们认为是建筑师[2]，统一，高屋建瓴，学术大厦。托马斯，纯粹虚构！一切都是敞开的；基本问题。

第52节 论亚里士多德哲学的接受[3]

虽然自从施莱尔马赫以来一种亚里士多德传统占了统治地位，但近十年来亚里士多德才慢慢地重新被恰当地评价。黑格尔在其早期，法兰克福时代，在他第一个体系计划形成之前，持续地受到亚里士多德的影响。施莱尔马赫、黑格尔、特伦德伦堡（Trendelenburg）、博尼茨、托斯特里克（Torstrik）、布伦塔诺：体系化的，现象学。

新康德主义不仅片面地解释康德，而且这种片面性破坏了希腊哲学的概念自身，导向对亚里士多德的误解：康德似乎是一个认识论理论家。唯理论和实在论的区别被错置回到了希腊

---

[1] *Aristotelis opera*. Ex recogn. I. Bekkeri, Vol. I–V. Academia Regia Borussica. Berlin, 1831ff.

[2] Mörchen 笔记：教条：据说亚里士多德跟柏拉图相反，可以被刻画为建筑师。跟托马斯·阿奎那搞混了。在亚里士多德那里甚至比在柏拉图那里更少有学说建构。

[3] 见附录，Mörchen 笔记，第 67，S.285f.

人那里；亚里士多德的实在论似乎是幼稚的、非科学的，尤其是柏拉图在他前面，一个下降。就在今天这个观念还占统治地位，即使是削弱了。再加上亚里士多德在中世纪被看作"那个哲学家"，这更加有理由让人在他身上看到某种晦暗的东西和残渣余孽。但无论中世纪还是康德主义都不应误导对亚里士多德的正确解释。

在绪论中①：哲学研究，它起源于理解自身。真正的任务：理解，展示存在及其基础和构成。批判的和实证的知识。

现在要具体地按照步骤深入存在中，即说明区别。存在自身进路的确定性，对它的处理。由此描画本己的科学。科学的理念和问题，追问什么，如何揭示，在什么路上揭示，怎样着手，提出哪些核心问题，解决途径是什么。哲学的塑造作为研究：古代哲学的高潮。

纲要：

1. 一般的哲学研究。存在问题。《形而上学》Γ1, 2, E, B。②

2. 存在问题的基础的问题方向，4个［问题方向］③，δύναμις（潜能），ἐνέργεια（现实）。④［……］⑤

3. 存在论问题的出路。运动。物理学。《物理学》A 和 Γ1–3。⑥

---

① 手稿：引论；见上面 §4，§5，S.7ff.
② 见下面第二章，S.149ff.
③ 编者补充。
④ 见下面第三章，S.156ff.
⑤ 文本不可解读。
⑥ 手稿：引论；见上面 §4，§5，S.7ff.

肯定的 δύναμις, ἐνέργεια: κίνησις（运动），由此可能［……］①

4. 生命的存在论。《论灵魂》B 和 Γ。② 由此可能的奠基。

5. 此在的存在论，《伦理学》③,《尼各马可伦理学》④。

6. 哲学研究和概念塑造。λόγος，展示和证明,《解释篇》,《后分析篇》B。

只有主线，朝向问题，没有学术大厦，而且甚至这个主线也有着主要特征的特点。希望在冬季学期中有积极的展开。⑤

---

① 文本不可解读。
② 见下面第五章，S.182ff.
③ 参 E. Arleth, *Die metaphysischen Grundlagen der aristotelischen Ethik*. Prague, 1903.
④ 见下面第五章，§67，S.188.
⑤ 参 *Geschichte der Philosophie von Thomas v. Aquin bis Kant*. Marburger Vorlesung Wintersemester 1926—1927. GA 23.

第二章　存在论问题和哲学研究的理念

第53节　亚里士多德基础科学的论题领域：作为存在者的存在者，即存在的研究

关于存在论问题的本质以及由此在其历史发展中，标划出了一个双重概念[①]，即一个令人瞩目的摇摆状态。理解和真正把握存在者作为存在者：一方面，存在者最合适地满足存在的观念。此处这个观念并不是明确的。另一方面，存在者的存在自身，试图确定存在。这里没有最源始的疑难的基础和问题。

基础科学的双重概念：

1. 存在的科学。
2. 最高和真正的存在者的科学。

真正地存在着：①如是存在者；②真正构成存在者的东西：存在。

解释《形而上学》Γ和E（K和《物理学》）。

《形而上学》Γ1[②]：ὡς φύσις τις（某种自然）（参 1003a27）以及相近的 ὑπάρχοντα（确定）（1003a22）。对存在者的存在者层次的说明——对存在在存在层次上的解释。"即使古代的人提出

---

① 见附录，Mörchen 笔记，第 68，S.286ff.
② 1003a21-32.

问题，追问元素，从而未曾明言地指向对存在自身的基本定义，那么，这些元素就不是如同古代哲学家所认为的那样，被限定在一个特定的存在领域。"（1003a28ff.）这个研究论题把握"作为存在者的存在者的第一原因"（1003a31）。存在的第一原因，就是存在自身由此被确定的东西。这里有着问题的症结所在，一个存在科学的双重概念：作为存在者层次上的说明和作为存在论层次上的解释。存在者的原因：论题是存在者的存在。存在的原因：存在者是存在的原因。当我们充分地认识第一科学的双重概念的时候，这个问题才被积极地讨论。首先：第一科学作为在存在论解释方向上的存在的科学。

存在是论题。这门科学显然可以比"存在是存在"说得更多。就像几何学总是处理空间、物理学处理物质的自然、生物学处理有机的自然，那么，第一科学所处理的就是作为存在者的存在者自身，只要它存在，处理存在。καὶ δὴ καὶ τὸ πάλαι τε καὶ νῦν καὶ αἰεὶ ζητούμενον καὶ αἰεὶ ἀπορούμενον, τί τὸ ὄν（很久以前以及现在总是被寻求的，并且总是导向困境的，是什么是存在）。①

这个科学的理念在 Γ 2 更切近地被确定了：关于存在的科学的理念（1003a33–1004a9）。

1. 对象和论题方法的统一性（Γ2，1003a33–b19）。

2. 与此相应的是给予的一个源始的真实方式，并且恰恰是直接的方式，αἴσθησις（感觉）（1003b19–22）。

3. 自我被先行给予的方式（现象学，存在论）。

4. ὄν 和 ἕν：同等源始性（1003b22–1004a2）。

---

① Met. Z1, 1028b2ff.

5. 存在的科学和事质上不同的各存在领域的诸科学（1004a 2-9）。

关于1。首先是论题领域的统一性：ἦ ὄν"作为存在着的"，涉及存在，一切都朝向它。存在是最普遍的。[1] 柏拉图：κοινωνία τῶν γενῶν（种的共通）。[2] γένη 是这门科学的疑难最终要回归的东西吗？这个问题在《形而上学》B3 处理了。[3] 在《形而上学》B 卷提出了一系列问题，有助于确定这门科学的研究对象。这一卷在内容上是决定性的，对于理解不同于柏拉图的新的亚里士多德疑难是最重要的。

第 54 节　通过种属不能确定存在

"本原"[4]，存在的基本规定和存在自身，ἀρχαὶ τῶν ὄντων（存在的本原），不可能是种。可以从 ὑπόθεσις 的不可能间接地获得证明。首先通过一个例子确定种、属差、属。例子：homo animal rationale（人是理性动物）。种：动物，理性的—非理性的。属差：理性的，区分开种，将它规定为作为什么，就理念而言还不是什么：生命作为理性的，由此属差构成了属：人（⟷动物）既不在动物中也不在理性中，因为神也有理性。如果 homo 和动物不是都有理性的，那么理性不属于 animalitas（动物性）。

假如存在是一个种，那么类别和属差将存在区别为特定的存在，它们自己就不被存在所规定，因为属差带来在种中还没

---

[1] 参附录，补充，第 13，S.195；Mörchen 笔记，第 69，S.288.
[2] 参 Sophistes, 254b7f.
[3] 998b14ff.
[4] 参 Met. B3, 998b14-28；参附录，Mörchen 笔记，第 70，S.289f.

有的东西。但是只要属差进行区分，就是什么东西，那么它就应该作为属差发生作用，从而必然存在。如果存在是一个种，那么属差和类别必然包含了种自身的规定性。

只剩下一个或者……或者……：或者存在是一个种，那么种本质上就不能有属差和类别，因为这些就会跟存在没有关系；或者属差和类别存在，那么存在就必然不是一个种。因为属差和类别存在，balet consequentia：ὄν 不是 γένος。存在没有类别和属差。怎样说明它？一般的东西的统一性以及存在的"类别"、方式的多样性，种类和方式是怎样的？怎样说明 εἶδος（理念）和 διαφορά（区别）？作为述谓还是作为被述谓的存在者自身？

第 55 节 类比的统一性（πρὸς ἕν）作为多样性的存在者在 οὐσία 中的统一性的意义

亚里士多德现在对这些问题给出了正面的回答：是否 ἀρχαί（本原）有 γένη（种）的特征，是否 ὄν（存在）的 ἀρχή，即 οὐσία（实体）等于 γένος。

《形而上学》Γ 2："存在者在多种意义上作为存在者被述说。"（1003a33）因此，存在是在多重意义上被理解的。但是存在意义的多重性并不是分裂的。而且对于完全不同的意义最终也不是使用同一个词，鸡圈里的公鸡（Hahn）和水龙头（Wasserhahn）：用的同一个词，但意义完全不同。存在这个表达不是这个意义上的多义的，οὐχ ὁμωνύμως（不是同名异义），aequivoce，但是也不是因为 πολλαχῶς（多重），而是 συνωνύμως（同名同义的），在每个领域都是同一个意义。

那么肯定地说，存在的意义和这个词的意义的种类是怎样的？它的意义不是四分五裂的，没有关联的，而是 πρὸς ἓν καὶ μίαν τινὰ φύσιν（跟同一个本质相关）(1003a33f.)。亚里士多德用两个例子来回答：τὸ ὑγιεινον，"健康的"这个表达 πρὸς ὑγίειαν 而具有其意义，某物只要跟健康有关系，就作为"健康的"来述说。这个关系可以是不同的关系，但总是和健康有关系：

ὑγιεινὸν τῷ φυλάττει（1003a35），"健康的"，只要"保持和保存"健康，例如，散步是健康的。

ὑγιεινὸν τῷ ποιεῖν（1003a35），"健康的"，只要"制造"健康。一个器官是健康的。

ὑγιεινὸν τῷ σημεῖον εἶναι τῆς ὑγιείας（1003a36），"健康的"，只要某物是"健康的一个标志"，一个健康的脸色。

ὑγιεινὸν τὸ [...] δεκτικὸν αὐτῆς（1003a36f.），"健康的"，某物完全被健康和疾病所规定。只有能够生病的才能是健康的，一块石头不是健康的，一个三角形也不是健康的，而木头、动物、生命可以是健康的。

"散步是健康的"，其意思和"心脏是健康的"不同。"心脏是健康的"，跟"健康的脸颊"意义不同。不是因为脸颊是身体的不同部分。"是"不是指脸颊自身不生病，而是健康的标志。"健康"跟"医疗的""医生的"一样，"医疗的"是一个活动、行为，某物作为作用（如一个器械）属于它（参1003b1-3）。

同样，"存在着的"的意思跟"存在"相关，μία ἀρχή-πρὸς ταύτην（一个本原—朝向同一个东西）（参1003b5f.），"跟存在有关"（1003b9），从存在而来又回到它。①存在者在不同意义上

---

① 见附录，Mörchen 笔记，第71，S.291.

存在，其区别产生自存在者同真正被称为"是""存在着的"东西的关系。

τὰ μὲν [...] ὄντα λέγεται（因为存在者被说成是）(1003b6)①：

1. ὅτι οὐσίαι（1003b6）②，在其自身"现成的东西"。
2. ὅτι πάθη οὐσίας（1003b7）③，"现成的东西的状态"。
3. ὅτι ὁδὸς εἰς οὐσίαν（1003b7），"通向现成存在的道路"。
4. ὅτι φθοραί, στερήσεις（1003b7f.），"消逝"，"缺失"。
5. ὅτι ποιότητες（1003b8），"性质"。
6. ὅτι ἀποφάσεις（1003b9），"否定"。

πρὸς μίαν λεγομένων φύσιν（根据同一个本质的关系被述说）（1003b14）。参《形而上学》K3：τοῦ ὄντος ᾗ ὄν（作为存在者的存在者）④, εἶναι（存在）⑤, πάθος（被动）⑥, ἕξις（状态）⑦, διάθεσις（姿势）⑧, κίνησις（运动）⑨。

这个 πρὸς ἕν（朝向一）的关系是 καθ' ἕν（根据一）的一个方式。⑩ 类比的统一性，ἐξ οὗ τὰ ἄλλα ἤρτηται, καὶ δι' ὃ λέγονται（1003b17），"其他的存在方式依赖于它并通过它其他的作为存在着的被述说"。如果这一个是 οὐσία（实体），那么 ἀρχαί 就依

---

① 见附录，Mörchen 笔记，第 71，S.291f.
② 见附录，补充，第 14，S.195；补充，第 15，S.196.
③ 见附录，补充，第 16，S.196.
④ 1061a8.
⑤ 1061a10.
⑥ 1061a9; Met. Δ 21,1022b15ff.
⑦ 1061a9; Met. Δ 20,1022b4.
⑧ 1061a9; Met. Δ 19,1022b1ff.
⑨ 1061a9; 参 Phys.Γ 1,200b12ff.
⑩ Γ 2,1003b15.

赖于它。它总是一个确定的 οὐσία，还是一般而言的 οὐσία？

关于 2 和 3。总是看到首要的通道的更确切方式。^① 先行给予和先行具有的方式。这里有作为存在的存在的新的科学。在《形而上学》K3 作了说明^②：新的哲学概念：存在论，对存在自身的专题研究，展示而非首先尝试。同数学和物理学的界限^③：数学滑走了，仅仅把握：ἀφαίρεσις^④，从某物"取走"某物；在不同的方面，然而是一个原则。

ὄν ᾗ ὄν（作为存在者的存在者），存在自身已经被提示到了。存在在多重的存在方式中。统一性：πρὸς ἕν，类比。存在的类比意义＝问一般的存在。为了钻研存在一般，这个类比的问题是核心问题。这个类比的位置在哪里？存在者对存在者的关系以及这种不同的关系的可能性在哪里？λόγος-ὄν，某物作为某物，共同，一个跟另一个一起。λόγος 是入门，即 ὄν λεγόμενον，命题的可能存在样式。

κατηγορεῖν（指控），κατηγορία（范畴）。存在：它的解释和它的方式的确定。范畴，λόγος——"断言"，类比。ὄν ᾗ ὄν：它怎样在 λόγος 中展示自身并且在作为什么的样式中被遭遇。^⑤

范畴的 ὄν：在 πολλαχῶς（多种方式）的第一个意义^⑥ 的第一组。

---

① 见附录，Mörchen 笔记，第 71，S.292.
② 1061a28-b17.
③ 见附录，Mörchen 笔记，第 71，S.292ff.
④ 参 Met. K3, 1061a29.
⑤ 见附录，补充，第 17，S.196.
⑥ 关于亚里士多德的 πολλαχῶς 的两种不同意义，见附录，Mörchen 笔记，第 71，S.291；同参 M. Heidegger, Vom Wesen der menschlichen Freiheit. Freiburger Vorlesung Sommersemester 1930. GA 31. Frankfurt, 1982, S. 77.

第三章 存在问题的基本追问

第 56 节 "范畴"的本质

κατηγορία（范畴）这个表达①表明了同作为"展示"的 λόγος 的关系。就其本质而言，它意味着存在的方式。为什么存在的方式要用一个跟断言有关的名称来表明？这种情况没有什么奇怪的：对存在的追问指向 λόγος，"展示"。更准确地说：λόγος 是存在者的展示，在 λόγος 中存在者是可以通达的，由此存在也是可以通达的。当然，由此我们只是弄清了同存在特征的关系的来源。而且不仅仅是在名称上，根本上存在论是朝向 λόγος 的。

κατὰ πάντων γὰρ τὸ ὂν κατηγορεῖται②，"存在被一切述说"。当一个存在者被遭遇，存在也被理解和意指。存在是最一般的范畴。但这不意味着存在者和存在是某种被主观地思考的东西，λέγειν 的意思是，存在者就其自身"展示"。范畴是就其存在而言的存在者的样式，不是主观的思想形式，就是在康德那里也不是。但是在另一方确实给出了一个界限：存在者和存在只有在陈述

---

① 见附录，Mörchen 笔记，第 72，S.294ff.
② Met. K2, 1060b4f.

中是可以通达的时候才被给出。进一步，根据最切近的意义：只有现成的东西才是东西。普罗提诺：νοητά（可理知之物）跟 αἰσθητά（可感知之物）相对立，但是即使在 αἰσθητά 中，只有现成的东西，无差别地现成存在：桌子、树、山、天空。

这种［对逻各斯的朝向］① 是怎样的，范畴在它里面怎样被把握？范畴给出了

1. τὸ ὂν [...] κατὰ τὰ σχήματα τῶν κατηγοριῶν（存在乃是根据范畴的模式）。② 范畴是 σχήματα, "模式"，存在的样式在其中展示自身。范畴怎样和 λόγος 联系在一起的？

2. τὰ κατὰ μηδεμίαν συμπλοκὴν λεγόμενα（那些绝不是复合起来被说的东西）。③

3. καθ' αὑτὰ δὲ εἶναι λέγεται ὅσαπερ σημαίνει τὰ σχήματα τῆς κατηγορίας· ὁσαχῶς γὰρ λέγεται, τοσαυταχῶς τὸ εἶναι σημαίνει（存在就其自身被述说的方式就像范畴的模式所表示的，范畴的模式有多少种，存在就被指示出有多少种）。④

4. τὸ δ' ὑπάρχειν τόδε τῷδε καὶ τὸ ἀληθεύεσθαι τόδε κατὰ τοῦδε τοσαυταχῶς ληπτέον ὁσαχῶς αἱ κατηγορίαι διήρηνται（某物属于某物以及揭示关于某物的这个真理，其方式跟范畴的方式一样多）。⑤ 参《形而上学》Δ ὑπάρχειν καὶ ἀληθὲς εἰπεῖν（属于并真实地被述说）。⑥

---

① 编者补充。见附录，Mörchen 笔记，第 72，S.296ff.
② Met. Θ10, 1051a34f.
③ 参 Cat.4, 1b25; 见附录，补充，第 18，S.196f.
④ Met. Δ7,1017a22ff.
⑤ Analytica priora, A37, 49a6ff.
⑥ 参 1025a14f.

5. τὰ πρὸς τὴν οὐσίαν λεγόμενα（根据同实体的关系被述说）。① ὑποκείμενον-συμβεβηκότα（基底——偶性）: ὑποκείμενον [...] ἐμφαίνεται ἐν ἑκάστῃ κατηγορίᾳ（基底……在每个范畴中显现出来）。②

6. διαιρέσεις（划分）, πτώσεις（消亡）③, πρῶτα（首要的事物）, κοινά（共同的事物）, γένη（种）。④ 波菲力报告称, 古代的注释将关于范畴的这部书叫作 Περὶ τῶν γενῶν τοῦ ὄντος（论存在的种类）。⑤ 斯多亚学派: 对诸范畴的术语: τὰ γενικώτατα（最高的种）。⑥

关于 2: 那些就其内容而言不允许有"混合"的东西, ἐν οὐδεμιᾷ καταφάσει（不包含任何肯定）⑦, 但它这方面使得混合可能, 使得某物作为什么被把握。我在断言中所看到的东西, 以某种方式被理解的东西。石头是硬的（性质）。树长在路边（地点）。强度太大（ποσόν [数量]）。在关于存在者的存在理解的陈述中所看到的内容。这些内容自身不能互相归为对方。

关于 3: 根据其可能的存在方式的在其自身的存在者。这种方式的数量就像 λέγειν 的数量一样多, 即"展示"某物为某物。

---

① 参 Met, Γ 2, 1003b9.

② 参 Met, Z1, 1028a26ff.

③ Met. N2, 1089a26.

④ 参 Phys. Γ1, 201a10; De anima, 402a23. 参 F. Brentano, *Von der mannigfachen Bedeutung des Seienden nach Aristoteles*. Freiburg, 1862, S. 100f.

⑤ *Porphyrii Isagoge et in Aristotelis Categorias comrnentarium*. Ed. A. Busse. *Commentaria in Aristotelem Graeca*, Vol. IV, Pars. 1. Berlin, 1887, S. 56, Z. 18f.

⑥ 参 *Stoicorum veterum fragmenta*. H. von Arnim 编, Leipzig, 1903ff., Vol. II: Chrysipp, Pars.II, § 2, 329, 334, S. 117; Vol. III: Diogenes Babylonius, I.Logica, 25, S. 214.

⑦ Cat. 4, 2a5f.; 见附录, 补充, 第 18, S.197.

诸范畴奠基于并且意思也无非是存在的规定性，后者在"作为什么"中被把握。接近某物，更确切地说，某物和某物共同现成存在，某物和某物共在的可能方式，并且每个都和被相应地称为 ὑποκείμενον（基底）的东西在一起。τὸ δ' ὂν τὸ μὲν τόδε τι, τὸ δὲ ποσόν, τὸ δὲ ποιόν τι σημαίνει（存在或者表示这一个，或者是量，或者是质）。①

关于 5：πρὸς τὴν οὐσίαν λεγόμενα，"根据同它自身中的现成状态，即现成的东西"。οὐσία πρώτη，这一个的完全的在场状态。存在者和 οὐσία 的共同现成状态的方式在范畴中表达出来。在每个范畴中就其意义，οὐσία 都共同展示出来。如果上面说②，没有作为什么，συμπλοκή，这并不是对现在所把握的"作为"结构的反对。性质是某个东西，关系是某个东西，在某个地点，在某个时间。共同现成的方式，这个东西就其自身是某物，作为这一个有如此的性质，有如此的关联，等等。

关于 6：范畴由此是 διαιρέσεις，即在这个源始的对 οὐσία 的"划分"中，就存在的规定性可以选出的东西。［πτώσεις:］③ 消亡，共同现成存在的样式；［πρῶτα:］④ 存在者中首要的源始的存在特征；［κοινά:］共同的东西；［γένη:］种。关于作为样式的、共在的方式［……］⑤ 的范畴先于某种一般性的性质，对应各个特定的具体的特征的一般性的东西，对应各个特定种类的一般种类。

总结，范畴：

---

① Met. Z4, 1030b11f.; κατηγορεῖν: 范畴：10（参 Topics A9, 103b21–23）.
② 见上面 2., S.157f.
③ 编者补充。
④ 编者补充。
⑤ 文本不可释读。

1. 和一个在它里面的现成的东西共同现成状态的方式。

2. 在这里面，可能的共在的承载者的存在方式被确定。①

3. 这种存在样式总是在作为这个和那个的存在者的每个具体的展示中，在其他之外被理解了。"某物作为这个"清晰地表达出了共在（Mitsein），即在诸范畴中被表达出来的存在样式是一个视角（Hinblick）的可能内容。这个视角构成了陈述的可能性。作为红色的，作为在 ποιόν（性质），πού（地点）的视角中而在那里。②

4. 视角内容是对那些要述说的存在者的存在理解的入口，这些存在者在命题的述谓中，并恰恰是 κοινόν。因此诸范畴是最一般的述谓。

第 57 节　类比（πρὸς ἕν）作为存在方式的多重性（范畴）的统一性的存在论意义

存在论意义仍然是决定性的：共同现成状态的方式，①各自不同，不可还原，②不是在一个最高的种之下，但也不是混乱的多重性，而是通过跟 οὐσία 的关系成为诸范畴，οὐσία，①对所有范畴都是本质性的，②在每个范畴那里都不同。

存在作为一般的现成状态是有多重意义的：①其自身是现成的，②以多重方式共同现成，在一起。③

---

① 见附录，Mörchen 笔记，第 73，S.298.

② 见附录，补充，第 19，S.197f.

③ 见附录，Mörchen 笔记，第 74，S.298f.

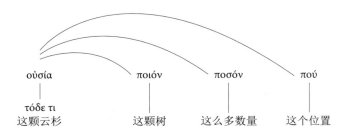

就如 [……]。①

Analogia attributionis（归属类比）; analogia proportionis（比例类比）。②

Analogia attributionis。③ Nomen commune（共名）。Ratio [...] eadem secundum terminum（根据名称其道理是相同的），总是一同被提到④，例如，健康和真正健康者，οὐσία; 存在一般，即真正的存在者。

"共同被提到"，这个"共同性"就其可能性恰恰在"范畴"中，συμβεβηκός。"共同"（Mit）使得"作为什么"不同。只有"共同"并且纯粹出自在场状态，还是和（一般的）"什么"在一起？qualitas（质），quantitas（量）。那么这些问题都**在时间上**（*temporal*）解决，还是仅仅在特定的存在论方面通过时间进行说明？存在

---

① 文本不可释读。

② 见 Mörchen 笔记：存在的一般性的结构就是类比的结构；见附录，补充，第 20, S.198；补充，第 21, S.198f.

③ 参 Th. Vio de Cajetan, *De nominum analogia*. Ed. M. de Maria. Rom, 1907. 更加详细的文献说明和详尽的注释（法文）见 B. Pinchard, *Métaphysique et Sémantique suivi de Thomas de Vio-Cajetan, L'analogie des noms.Lat.-franz*. Paris, 1987（以下，Cajetan），章 I, 3, S. 114.

④ Cajetan, 章 II, 8, S. 115.

者本质地跟真正的存在者相关。

diversa① secundum habitudines（根据它们的特征而不同），identitas termini habitudinum（特征术语的等同），diversitas habitudinum（特征的差异），即存在的形态。但是根本的困难是，这里是一个存在论意义，即基本的一般意义，存在的一般意义。在例子中是一个存在者层次上的意义，一个存在者（健康），qualitas。但是现在性质作为性质是一个样态，它自身是一个 πρὸς ἕν（朝向一）。性质自身是存在的一个特征的表达。在例子中，相反，它是一个术语，并且恰恰作为一个特定的性质，一个"种类"。Habitudo 在这里是不充分的：也可以是 κατά τι（就某物），但是在 ἀναλογία（类比）中，πρός τι（关涉某物）才算数。

同术语的关联，即范畴，是 analogata（类比的事物）。primum analogatum 是 οὐσια，同时是 nomen analogum（类比的名称）：εἶναι（存在）。εἶναι 和 οὐσία，一般的存在和本真的存在，是等同的吗？怎样聚合在一起的？在这里一是本真的和非本真的。

对类比概念的进一步把握：在 νοητά 和 αἰσθητά 之间。对二者来说不是同一个 οὐσία。② δεῖ μέντοι τὸ ταὐτὰ ἀναλογίᾳ καὶ ὁμωνυμίᾳ λαμβάνειν（必须对同一个事物既类比地又同名异义地把握）。③

Deus ist ens realissimum（神是最真实的存在）④，summum ens

---

① 见附录，Mörchen 笔记，第 74，S.299.
② Plotin, Enn. VI, 1.1f.
③ a. a. O., VI, 3.1, Z. 6-7.
④ 参 Kant, *Kritik der reinen Vernunft*, A576, B604.

（最高的存在）①，ens infinitum（无限的存在）相对于 ens finitum creatum（有限的被造的存在）②。虽然是存在，但不是单义的。οὐσία：最本真的存在者在无限的意义中，它创造了有限者。被造者也是实体，但是是有限的，对它也是在存在论上以类比的方式把握。

存在的方式，它的多重性和统一性以及共属一体性的类型。第一个也是源始的：πολλαχῶς。第二个，存在的质朴的意义，范畴的存在与此相关。以什么方式？

关于 2：τὸ ὂν τὸ ἁπλῶς λεγόμενον（被绝对地述说的存在）③，绝对的存在，不是这个和那个存在，不是一个特定的存在者的存在，不是存在和这个存在者，而是绝对的存在。存在问题的基本的追问指向只有从和范畴的存在的关系才能清晰，即，存在的科学的具体理念被确定。那么问题是：存在的科学的第二个概念——神学，与此有什么关系？

根据上面所说的，现成状态——一直突出的范畴。οὐσία：表达出了源始的存在，跟它相关联，有了共同现成状态、方式。现成状态—共同现成状态。共同—λόγος—在场出现。虽然其他九个范畴是建基于第一个范畴的，但是在本质上是跟它共同被给出的。范畴的存在④：在其自身现成的，共同现成的；καθ᾽αὐτό，从其自身，根据其本质，总是恒常在此。作为被制作的

---

① 参 Anselm v. Canterb., *Monologion* 16; R. Descartes, *Meditationes de prima philosophia. Oeuvres*, Adam, Tannery 编（以下，*Meditationes*），7 vols, Paris, 1904, Vol. IV, 4; V, 11.

② Descartes, Meditationes III, 22—24.

③ Met. E2, 1026a33. 见补充，第 22, S.199.

④ 见附录，补充，第 23, S.199f.；第 24, S.200.

而现成存在。存在：在场状态①，并恰恰是一个多样性。什么跟什么的共同在场状态，即在在场状态自身，从一个指示向另一个。关联整体，意蕴，世界（其中尤其在一般的 οὐσία 和 παρουσία 现象中），即存在者是 συγκείμενον（联结起来的东西）。诸范畴是可能性的条件，可能的共同现成状态的基本方式。

范畴适于任何会存在的存在者。偶性（Hinzugeratenheit）是一种存在特征，它对本真的存在者而言不是必需的，它也不构成本真的存在者的存在。被揭示状态同样如此。

第 58 节　偶性（συμβεβηκός）意义上的存在

文本：

κατὰ συμβεβηκὸς εἶναι（偶性上的存在）:《形而上学》E2, 3；K8②；Δ30。ὡς ἀληθὲς ὄν（作为真理的存在）:《形而上学》E4，K8③，Θ10；《解释篇》；《论灵魂》Γ6④。[κατὰ συμβεβηκὸς εἶναι 和 ὡς ἀληθὲς ὄν]⑤ 两者都是 λοιπὸν γένος（在其他种中）⑥，跟 δύναμις ἐνέργεια κατηγορία 相对。

ὂν κατὰ συμβεβηκός⑦:"偶性""偶然进入"。κατὰ συμβεβηκὸς εἶναι⑧，某物偶然地，出于意外，不是作为 τέλος（目的），进入

---

① 见附录，Mörchen 笔记，第 75，S.299f.
② 1064b15–1065a21.
③ 1065a21–26.
④ 430a26ff.
⑤ 编者补充。
⑥ Met. E4, 1028a1.
⑦ 见附录，Mörchen 笔记，第 76，S.300.
⑧ Met. K8, 1064b15f.

某物。不是无，但是也不是本真的存在，对于理解亚里士多德和希腊存在概念是极其重要的。从非本真的存在出发，就会清楚，什么作为非本真的东西被把握，本真的存在怎样被理解。ἐπίσταμαι 在广义上是"理解"，理解着朝向什么，有所指向地同存在者打交道，如建房子。这种指向所关联的，是要被制作的东西，这个东西根据制作中属于它的事物作为房屋成为现成的。而那些偶然地随附于房屋的东西，如房屋上的东西是否令居住者愉悦，或者对于房屋的使用和居住者会产生什么样的命运和规定性，都是无关紧要的。①

1. 关于如此存在的东西。οὐδεμία [...] περὶ αὐτὸ θεωρία（不能通过沉思被把握）②。

2. ὄνομά τι μόνον τὸ συμβεβηκός（偶性只是一个名称）(1026b13f.)。

3. ἐγγύς τι τοῦ μὴ ὄντος（某种接近非存在的东西）(1026b21)。

4.（a）τίς ἡ φύσις αὐτοῦ（偶性的本性是什么），(b) καὶ διὰ τίν' αἰτίαν ἐστίν，"基于什么原因"，怎样被奠基的？(1026b25f.) 关于(b)：① ἐξ ἀνάγκης（μὴ ἐνδεχόμενον ἄλλως）(出于必然[不能变成其他样子])；αἰεί（永恒的）(参 1026b28ff.)．② ἐπὶ τὸ πολύ（大多数时候）(1026b30)。这是 συμβεβηκός 的 ἀρχή (1026b31)。关于(a)：①既不是 αἰεί（永恒的），也不是大多数时候，而是偶然地（1026b32）。②这种偶性，只有当有总是——已经——恒常——大部分——现成的东西时，才是随机地、偶然地、可能的。

---

① 参 1064b19ff.；见附录，Mörchen 笔记，第 77，S.300f.
② Met. E2, 1026b3f.

5. 例子。①

6. 对于这种 ὄν 没有 τέχνη（ἐπιστήμη），δύναμις ὡρισμένη（限定的能力）(1027a6f.)。它不是一个 οἰκεῖον τέλος（恰当的目的）②；它不能在其可能的规定性和恒常性中被把握。因为没有和偶性相对应的特定的理解，没有特定的遭遇着的存在者在每种情况下都通过它而打交道的特定的活动，συμβεβηκός 的本质恰恰是，它的出现是 παρά，"在某物边上"，即总是附带地并随意地出现（1027a16f.）。

7. ἀρχή 更确切地把握：作为 ὕλη（质料）的 ἀεί（永恒者）（1027a13）：一般而言的可规定性，对随意敞开。

第59节 被揭示状态意义上的存在：ὄν ὡς ἀληθές（作为真的存在）(《形而上学》E4, K8, Θ10)

(a) 作为被揭示状态和遮蔽状态基础的聚合和划分

真实存在。③A 是 B。A 事实上、真正地而非猜测地是。一般的真理概念，判断真理，一致。

《形而上学》E4：这一章的文本不浅显。很早就指出过。耶格尔将此视为分成不同部分的原因。1027b25–27 是后来插入的。因为有一个对真理概念的讨论，他最初并没有事先看到。④

被揭示状态（Entdecktheit）—伪装（Verstelltheit）（虚假，

---

① 见附录，Mörchen 笔记，第 77，S.301f.
② Met. K8, 1064b23.
③ 见附录，Mörchen 笔记，第 77，S.301f.
④ Jaeger, Studien, S. 23–28, 尤其是 27; Jaeger, Aristoteles, S. 217.

不是如此存在，有别于）。这里唯一的问题是，什么是存在的一个变式，它同范畴的存在如何关联？

被揭示状态和遮蔽状态（Verdecktheit）并肩而立，奠基在聚合（Zusammennehmen）和划分（Auseinanderhalten）中。λόγος，某物作为某物；在先行给予的承载者的统一的把握中的分开和一起。揭示，展示着让看到，所说的是：根据一起现成的东西而判明归属地展示，或者根据不一起现成存在的否定的展示（而在自身中揭开）。伪装着的遮盖是对应的相反项：根据不一起现成存在而判明归属地展示，或者根据一起现成存在而否定地展示。"黑板是黑色的。"将"黑色的"归于"黑板"，由此展示出是一起现成存在的。"窗户没关。"否定窗户是关着的状态，由此展示出两者的不一起现成存在。窗户是没有关的。"窗户是关着的"：根据不一起现成存在而将关着的状态归于窗户，由此遮蔽了存在者所是的样子，给出它所不是的样子。"黑板不是黑色的"：根据一起现成存在而否定黑板的黑。某物作为某物（"是黑色的"），它所不是的东西:不是"不是黑色的"，而是"黑色的"。

揭示—遮蔽① 是一种称呼和描述某物为某物（etwas als etwas）。这给了以为某物为某物（Vermeinen von etwas als etwas）表达。ἅμα καὶ[...]χωρίς②:"同时"，"统一"被展示的存在者自身；"分开的""单独的"，拆开。但是这样，ὥστε μὴ τὸ ἐφεξῆς（1027b24），"不是作为一个跟一个的"，先是整体在一个统一体中，然后分开，而是 ἀλλ' ἕν τι γίγνεσθαι（1027b25），"某个统一体产生了"，也

---

① 见附录，Mörchen 笔记，第 79，S.303f.
② Met. E4, 1027b24.

就是说，整体自身在分离中并通过分离，并恰恰通过分离，统一地作为自身在其存在方式中。ἄλλος λόγος（另外的解释）：《形而上学》Z12;《论灵魂》Γ6ff.。

认为、有所知觉地经历，不仅仅是凝视，而是有所看地（sehend）[①] 经过，διανοεῖσθαι（思想）。在 διάνοια 中实施聚合和划分。某物作为某物，作为结构"不在事物"自身中，οὐκ ἐν τοῖς πράγμασι（1027b30f.），而是理解和解释的结构、揭示和遮蔽的结构，贯穿其中地构成，并对被揭示的存在者自身有所作为。被揭示状态不属于就其自身而言的存在者，存在者在没有被揭示和遮蔽的时候也可以存在。如果被揭示和被遮蔽状态存在，只有当有 διάνοια 的时候。

不仅没有**指示者**（*Aufweisenden*）的存在，被揭示状态是不可能的；而且没有被指示出的存在者的存在，被揭示状态也是不可能的。

ἕτερον ὂν τῶν κυρίως（跟首要的存在不同）（1027b31），在被揭示状态中的一个"另外的"存在，跟范畴的"本真存在"相对。

（b）为将作为偶性的存在和作为被揭示状态的存在排除在存在的基础思考之外奠基

存在的两种样式[②]：ὂν κατὰ συμβεβηκός（偶性的存在），ὂν ὡς ἀληθές（作为真的存在），都 ἀφετέον（被免除）（1027b33f.）。συμβεβηκός（偶性）是 ἀόριστον（1027b34），"不确定的"，没有持久的和被拥有的东西作为恒久的存在者能被指示出来，ἀληθές

[①] 补充了 sehend 中的"d"（编者）。
[②] 见附录，Mörchen 笔记，第 80，S.304.

是 διανοίας τι πάθος(1028a1)，灵魂的一种"状态"。ἀμφότερα[...] οὐκ ἔξω δηλοῦσιν οὖσάν τινα φύσιν τοῦ ὄντος (1028a1ff.)"存在的两种样式显然不是一种外在于本真存在的存在类别"。存在的这两种样式都不是没有根据的。ἔξω："外在于"跟本真存在的任何本质性的关系。ἔξω 不等于外在于意识。它确实以某种方式适用于真，虽然即使真也跟"意识"无关。ἔξω 跟存在的这两个种类不同［？］，συμβεβηκός 毫无问题是一个依赖性的存在者。

τὸ ἔξω ὄν（独立外在的存在）[①] 是无基础的，本质性地不奠基于其他的存在；χωριστόν（分离的）(1065a24)是独立持恒的东西，独立的持恒状态。

（c）作为偶性的存在和作为范畴的存在中的被揭示状态的存在的被奠基的方式

存在的两种方式如何在 ὄν τῶν κατηγοριῶν（范畴的存在）中奠基？范畴的存在是 κυρίων ὄν（首要的存在）[②]，而 ὂν ὡς ἀληθές（作为真理的存在）又如何作为 κυριώτατον（最首要的）[③]？

συμβεβηκός–ἀληθές（偶性—真）和 κατηγορία（范畴）。这两者是如何奠基的？诸范畴是可能共同现成存在的存在者的可能方式。偶性是在范畴的存在基础上的存在方式，更准确地说，是在为范畴的划分奠基的存在观念基础上：就其自身现成存在和共同现成存在的东西。添加设定是共同现成状态的一个样式，它标划出那种并非必然地和恒常地本真地属于存在者的东西。

[①] Met. K8, 1065a24.

[②] 参 Met. E4, 1027b31.

[③] 参 Met. Θ10, 1051b1: κυριώτατα ὄν；见附录，Mörchen 笔记，第81，S.305.

存在者层次上的 συμβεβηκός。这种存在不是完全符合于本真的存在的观念（永恒持续的恒常性），存在者层次上的 συμβεβηκός 在其存在论意义上则从来不符合于本真的存在观念，它不是本真的存在者。因为它是被奠基的并且是非本真的，所以［偶性］① 不在存在科学的基本论题中。这种存在者不是一个 dianoia（知性）的可能对象，由此对希腊人而言，它的存在也不必继续探讨。然而，对它的思考是在 dianoia 中实现的，属于一般存在的宽泛的学说。

ὂν ὡς ἀληθές②-κατηγορία, λόγος - "揭开"（aufdecken），διανοεῖν-νοεῖν。即使这也不是 καθ' αὑτό，就其自身的存在，而是作为被遭遇的和被揭示的。但即使这种存在也不是建基于其自身的（An-sich），而是在其中［？］仅仅从 λόγος 被理解，只是在另外的一个方面。同时，这种存在跟 κατὰ συμβεβηκός 的东西相对，它不是无，而是相反，它完成存在自身。它在其本真意义上的在场中刻画存在者。［存在者是］③ 在场的，不仅仅是一般地在场，而是如其自身地被揭示，在其在场状态中可以通达，在完全的［？］当下中被提供出来。

---

① 编者补充。
② 见附录，Mörchen 笔记，第 81，S.305f.
③ 编者补充。

第 60 节　存在作为可能性和现实性：ὂν δυνάμει–ἐνεργείᾳ（潜能—现实存在）(《形而上学》Θ) ①

κίνησις–μεταβολή（运动—变化）。回顾亚里士多德《物理学》A 卷；从 δύνασθαι（能够，有能力）而来的 δύναμις。δύναμις（δυνατόν [可能的]）。

1. ἀρχὴ κινήσεως ἢ μεταβολῆς ἡ ἐν ἑτέρῳ ἢ ᾗ ἕτερον。② 潜能是"运动或变化的始点，在一个作为被运动者的他者中，或者只要这个东西作为一个他者"。手工技艺是一个潜能，是一个工匠的能力，它在一个作为产品的他者中，鞋子，或者只要是一个他者。医术，一个医生；被运动的是病人。医生可以医治自己，但这样他不是作为医生是一个对象，而是作为病人。

2. δυνατὸν（δύναμις）③ πάχειν（参 1019a21f.），"能够遭受什么"来自他者或者作为一个他者"的能力"。

3. 对什么的 δύναμις；不仅仅是对做什么，而且 καλῶς [...] ἢ κατὰ προαίρεσιν（很好地……就如所意图的那样）(1019a23f.)。强调的意义上的"能够"，有能力者(Könner)。说一个赛跑者，"他能跑"。"他能玩"，就是他玩得好。

4. ἕξεις καθ᾽ ἃς ἀπαθῆ（1019a26f.），对改变、退化"不敏感的能力"。对抗的能力，生命力。某物被毁坏，有时不是因为它具有某个能力，而是因为不具有，即根据某物的缺失。

对应于 δύναμις，有 δυνατόν，"有能力"（1019a33）；同样，

---

① 参 Met. Δ 12: δύναμις 1019a15ff.; Phys. Γ 1–3, E; 参见附录, Bröcker 笔记, 第 1, S.315ff.

② Met. Δ 12,1019a15f.

③ 在手稿中 δυνατόν 被划掉，而 δύναμις 写在了它上面。

ἀδυναμία（1019b15f.），"无能力"；ἀδύνατον（1019b18），"不能够"。"不可能"则可以用在跟 δύναμις 和 ἀδυναμία 无关的意义上。ἀδύνατον μὲν οὗ τὸ ἐναντίον ἐξ ἀνάγκης ἀληθές（1019b23f.），"不可能：它的相反者必定是真的。" κατὰ μεταφορὰν δὲ ἡ ἐν τῇ γεωμετρίᾳ λέγεται δύναμις（只有在比喻的意义上才说在几何学中有潜能）（1019b33）。而上面的几种意义 πάντα λέγεται πρὸς τὴν πρώτην（都是根据一个首要的意义被述说的）（1019b35f.），类比，κύριος ὅρος（主宰的定义）（1020a4）。

跟 δύναμις 的这个存在者层次上[①] 的概念区分开：δυνάμει（δύναμις），不是存在着的能力，而是存在的特征，并且尤其首先在被运动者上显现出来，就像 δύναμις（存在者层次的）跟 μεταβολή（变化）是关联着的。

[①] 见附录，Bröcker 笔记，第 1，S.317。Mörchen 笔记：ἐντελέχεια 跟 ἐνέργεια 同等意义地使用。

第四章　运动问题及其存在论意义。δύναμις（潜能）和 ἐνέργεια（现实）的来源、意义和功能

[本章章节划分]①：

A. 分析运动（§61）

B. 这个分析的存在论意义

1. 存在的新特征，δύναμις 和 ἐνέργεια（§62）

2. 解释存在者整体（§63）

（1）存在者层面的对运动状态（Bewegtsein）的实际承认。

（2）但是运动状态自身是个问题。

（3）如果被解决了，那么它就是存在的普遍特征。

（4）基本的存在定义和对 οὐσία（实体）彻底的解释是可能的。

φύσις（自然），世界②。κίνησις（运动）不仅仅是其中的一个状态，而是本质定义。由此运动作为存在种类是基本的。世界，绝对存在者（das Seiende schlechthin），一切和所有的本质都在其中。运动状态在存在者层面上和存在论层面上都是核心性的。从运动而来：存在论分析不仅仅是对现有的解释的扩展和完善，而是对这种存在者的根本的和彻底的把握，φύσει ὄντα

---

① 编者补充。

② 见附录，Bröcker 笔记，第 3, S.317ff.

(自然存在物), 是存在自身的全能 (Pandynamik) [?]。从运动及其存在论特征, 一切存在者, 甚至不动的存在者 (参 δυνάμει 和 ἐνεργείᾳ), 都是"时间性"的, χρόνος (时间), κίνησις, ἐντελέχεια (完善)。黑格尔: 过渡, 生成。

第 61 节 对运动的分析 [①]

运动,《物理学》第 5 卷 1–3: κινούμενα φύσει ὄντα (自然地运动的存在者)。从什么变为什么, "一个跟着一个地", 顺序现象: ἐφεξῆς [②]; συνεχές (200b18) (持续的顺序)。ἄπειρον (参 200b19) "无限定的", 在过渡中没有限制、停顿, εἰς ἄπειρον διαιρετὸν συνεχές (可以划分为无限的东西是连续的) (200b20)。τόπος (位置); κενόν (虚空); χρόνος (时间) (参 200b21)。

κίνησις 不是 παρὰ τὰ πράγματα (在事物之外的) (200b32f.), 不是 γένος, 而是总是作为存在的规定性, 一个如此如此的存在者的特征, 并恰恰是 οὐσία, 但它是 κατὰ ποσόν, ποιόν, τόπον (在数量、性质和位置中的) (参 200b34), κοινὸν [...] οὐδὲν [...] λαβεῖν (不会有共同之处) (200b34)。

ἕκαστον γένος (每个种) 都被划分为 δυνάμει, ἐνεργείᾳ (参 201a10)。双重的: 在"这里的这个"上的 μορφή–στέρησις (形状—缺失)。

κίνησις 的定义 (201a10f.)

对运动的分析: 上手的, 在手的; 着手的 (unterhanden):

---

① Phys. Γ 1, 200b16.
② Prantl 的解读方式: ἐντελεχείᾳ 而非 ἐνεργείᾳ.

着手进行制作，被制作的东西，在制作中被把握。

木头的运动是着手性的，是准备性自身的［运动］①。不是木头作为在手的，而是它在其能—在中。木头作为被准备的东西，在这种准备状态中是在场的。这种存在样式，即被运动性（Bewegtheit）适用于所有运动的以及静止的东西，φύσει ὄντα（自然物）。同时也有一种更高的在场状态，纠缠不休地（Aufdringlichkeit）在能够存在和存在的事物中。那自我运动者，不像静止的在手之物一样，似乎仅仅让自己的在场确定在自身上，而是它逼迫而来，明确地挤进它的在场状态，被运动者急迫的在场状态。在过渡现象中有这种从在手之物的更高的不在场和在场状态而来的波动。

172　　κίνησις 是 ἀτελής（未完成的）（参 201a6）。它虽然是上手状态，但是是准备性的上手状态。完成了的东西的上手状态：ἔργον（产品）。但完成了的东西就不再有运动了。上手状态并且运动，但是不是未完成。一个 ἐνέργεια 的存在者层次的概念归于一个 κίνησις 的存在者层次的概念。没有完成的东西自身的在场状态。在这里，ἐνέργεια τοῦ δυνάμει [...] ἦ τοιοῦτον（潜能自身的实现）（201a10f.）；这里是直接的 ἐνέργεια，ἐνέργεια τελεία（完全的实现）。在场状态并且是已经完成了的，本质性的［？］已经是完成了的，完成了的并且是在实施中。将自身带入当下。

运动的东西自身的**为何之故**（Worumwillen）无非就是被运动**状态**（Bewegt sein）。这里的被运动状态作为被运动状态的上手性是那［？］最纯粹的［？］存在吗？存在：被制作完成的状态

---

① 编者补充。

(Hergestelltheit); 存在：制作，存在：纯粹的行动自身。

第 62 节 κίνησις 的存在论意义分析。δύναμις 和 ἐνέργεια 的存在论含义

这种"可能的东西"，上手的东西，它能够在一种急迫的意义上在直接的使用中在场。

οὐσία：独立持存的在手之物。现在，根据两种基本的可能性——δύναμις 和 ἐνέργεια，"作用状态（Wirk-lich-keit）"[①]。两者都是 ἀνάλογα（类比的）。

这就是划分：δύναμις-ἐνέργεια 是建立在作为被制作物、被构成物的存在者的结构基础上的。思考什么构成了在场状态，是形式。形式作为 ἐνέργεια。ὕλη 和 δύναμις。

δυνάμει-ἐνεργείᾳ。①这个作为存在的特征的定义意味着什么？②它怎样跟其他的，尤其是 οὐσία 在一起？

关于①：（a）可能性，存在者层次上的能够，δυνατόν[②]。

（b）作为存在的特征的可能性的存在论意义：δυνάμει ὄν[③]：

（α）被奠基的，后来作为 ἐνέργεια；

（β）ἐνέργεια 自身，基本的在场状态，指示，"世界"。

运动是存在者、被运动的存在者的一个存在规定。存在论的运动是什么意思？完成的东西在其完成状态中的上手状态。ἀτελές-ἐντελέχεια（未完成的—现实）。

[①] 见附录，补充，第 26，S.201f.；Bröcker 笔记，第 4, S.322f.
[②] Met. Δ 12.
[③] Met. Θ 6.

存在论上基本的 δυνάμει ὄν–ἐνεργείᾳ ὄν：准备好的状态——上手状态。同时是存在的诸层次。运动——活动。

存在的层次：ἐνέργεια 和 οὐσία。ἐνέργεια 作为对 οὐσία 的彻底解释。δύναμις，ἐνέργεια 同时是 οὐσία 的基本可能性。在手之物——上手之物。

δυνάμει ὄν–ἐνεργείᾳ ὄν，可能性和现实性。误解为仅仅作为可能性，纯粹的可能性，否定的理解：没什么阻止某物能存在。毋宁是，这种"可能性"是在场状态，适合（Eignung），为什么做准备，对什么可用的这些样式的，但是根据为了什么（Wozu），是一个尚未，στέρησις（缺失）①，但不是无，不是非存在，而是在手状态。现实性、在手状态作为在—工作—中—存在（Im-Werke-Sein）。现实性是存在的一个样式，在它的帮助下，运动可以被存在论地把握。反过来，作为存在论特征属于它的是 ζωή（生命），工作，作用，行为。

"可能的东西"不是在完全不在手之物意义上的非现实的东西，而是作为不在工作中的非—现实。静止之物的现实性是从运动来理解的。反过来就变得完全不清楚。

否定地理解的可能性：无矛盾性，完全的能在。肯定地理解的可能性：能够，适合。可能性：适合于作为什么，准备好，备用状态。当一个在手之物根据其存在样式是上手的，那么它就在运动中。

备用，成为桌子。当它作为这一个而准备好了，在其备用中上手地在场，那么它就在运动中。在手状态的准备性：这

---

① 参 Phys. Γ1, 201b34.

个在手之物根据其准备状态，作为准备好的东西。什么时候它在其准备中就其自身并从它自身而来上到手头？它什么时候以及如何就其自身在其准备中展示自身？我仅仅观察它是不行的。因为那样仅仅观察到，它可以成为一张桌子。当木头在工作中，并且是正被着手做，在它被加工为什么的整个过程中，这种准备状态就其自身是明显的。那么，只要它变成，这种生成、变化就在在手之物在其准备性中，并根据其准备性而在场：κίνησις。在工作中，即，存在者的存在，那通过被处理的东西而被揭示的东西，那被着手的东西，上手状态。

准备状态的上手状态自身；准备状态的时间性；上手状态的时间性；准备状态的上手状态的时间性自身。作为被着手的上手状态的准备性之样式［？］。

上手状态，准备状态：两者都是在场状态的样式，因缘关联（Bewandtnis）。即使准备好的东西是在场的，上手的，但也不必然在其必然状态中。木头到处横陈。某物何时从其自身而来在其准备状态中上手的？当被着手，即在手工制作的活动中。①

δύναμις-ἐντελέχηεια（潜能—实现）。② "准备状态"—"可支配状态"；"上手状态"。

ἡ οὐσία（实体），εἶδος（形式），ἐνέργεια（现实）③，上手状态。如果这样理解，那么就是在其存在中，不参考另外的东西，仅

---

① 见附录，第 27, S.202.
② 参 Phys. Γ 1, 201a10f.
③ Met. Θ 8, 1050b2.

仅从其自身而来，仅仅是 ἐνέργεια，τέλος（目的）不在外面[1]：νοῦς-ζωή（努斯—生命）。古代的［？］和本真的［？］在场状态观念。生命作为最本真的在手状态：从自身而来的在场状态，持续的完成，从不静止不动地横陈。被运动状态和在场状态，ἐντελέχεια。οἷον ζωή τις（一种生命）[2]，在"生命"中：一种更高样式的存在种类。但是作为在场状态，保持自身恒常、独立——持续地在完全的完成的在场状态中。

ἐντελέχεια：

1. 不仅仅是简单地在场的，

2. 不仅仅是运动的，ἀτελής（未完成的），ἀόριστον（不确定的），

3. 而是从其自身而来，根据其本质仅仅在工作中存在着。ἐνέργεια τελεία（现实的完成），完成了的但是没有停止挤上前来的在场状态；πέρας（界限）但没有停止，而恰恰在其中存在。我已经看到了，并且正在看。我已经是幸福的，并且恰恰正幸福。我已经体验了并且正如此生活。

第 63 节　解释存在者整体（B2）

1. 被运动状态：φύσει ὄντα（自然存在物）的本质规定。

2. "运动"必须是稳定的，永恒的。[3]（理念或者被运动者？）

---

[1] 见附录，Bröcker 笔记，第 4，S.323.

[2] 见附录，Bröcker 笔记，第 5，S.324f.

[3] 见附录，Bröcker 笔记，第 4，S.323.

[划分：]①

论题：必然总是有运动。

1. 从运动自身的观念来说。
2. 从时间来说： } 联系

　①时间总是出自时间的本质，出自现在。

　②时间在运动中要求：如果时间一直存在，那么运动也是这样。

3. 如果有运动，那么总是有被运动者。
4. 那永恒被运动者自身必须怎样存在，以何种方式运动？
5. 在这种 κίνησις κύκλῳ（圆周运动）中什么必然一同被设定？什么跟它一起在手现成存在？这是 πρῶτον κινοῦν（第一推动者），但不是 ἀκίνητον（不被推动的），在其自身中还没有 τέλος（目的）。
6. πρῶτον κινοῦν ἀκίνητον（第一，不被推动的推动者）。
7. 这个第一推动者自身如何作为真正的存在者？同存在观念有什么关系？

（a）对运动的永恒性的证明

[关于1：从运动自身的观念来说：]② εἶναι [...] κίνησιν πάντες φασὶν οἱ περὶ φύσεώς τι λέγοντες（所有对自然有所言说的人都说，有运动）③。运动存在，被运动者总是展示出来，因为只有当 κίνησις（运动）存在，生成和消灭才是可能的。δυνάμει ὄν（可

---

① 编者补充。

② 编者补充。

③ 参 Phys. Θ 1, 250b15f.；见附录，Bröcker 笔记，第 6，S.325.

能的存在）是一种 ὑπάρχειν（预设）。ἀναγκαῖον ἄρα ὑπάρχειν τὰ πράγματα τὰ δυνάμενα κινεῖσθαι καθ' ἑκάστην κίνησιν（就每种运动而言，必定预设了那有此运动潜能的东西）(251a10f.)。从运动的本质自身得出，运动总是已经存在并必然存在，因为 δυνάμει ὄν 是静止者，是从运动而来到静止的。

［关于 2：从时间来说，②：］① 运动：μεταβολὴ ἔκ τινος (δυνάμει) εἴς τι（变化是从某个［潜在的］到什么东西）。② 之前有一个不被推动的东西。τὸ πρότερον καὶ ὕστερον πῶς ἔσται χρόνου μὴ ὄντος; ἢ χρόνος μὴ οὔσης κινήσεως③ ；——"没有时间就没有在先和在后；没有运动就没有时间"。由于时间是永恒的，所以运动也是永恒的。

［关于 2：从时间来说，①：］④ 时间是永恒的吗？时间的本质：现在。现在是此时的现在也是尚未的现在。ἀρχὴ τοῦ ἐσομένου, τελευτὴ τοῦ παρελθόντος（将来的开始，过去的结束）(参 251b21f.)。οὐδὲν γὰρ ἔστι λαβεῖν ἐν τῷ χρόνῳ（在时间中没有什么别的可以被抓住）(251b24)。⑤

（b）对永恒运动的一个存在论说明的尝试：神圣的不被推动的第一推动者作为纯粹的 ἐνέργεια

关于 4：καὶ ἔστι τι ἀεὶ κινούμενον κίνησιν ἄπαυστον, αὕτη δ' ἡ κύκλῳ·καὶ τοῦτο οὐ λόγῳ μόνον ἀλλ' ἔργῳ δῆλον（存在着某个永

---

① 编者补充。
② 参 Phys. E1,225a1; 见附录，Bröcker 笔记，第 6，S.325ff.
③ Phys. Θ1, 251b10ff.
④ 编者补充。
⑤ 见附录，第 28，S.202f.

恒运动之物，其运动不会停止，这个运动是圆周运动：这一点不仅仅在逻各斯中，而且实际上也是显而易见的）①。ἡ κύκλῳ τινι φορά（某种圆周形的运动）（参 1072b9）是 πρῶτος οὐρανός（第一层天）的（1072a23）。κίνησις ὁμαλής②，"一致的运动"，稳定的。它包含了所有其他的运动，行星的运动和不规则的运动。ὅθεν ἡ ἀρχὴ τῆς κινήσεως（运动的始点从何而来）③。第一层天的圆周运动是一切运动的第一始因。

关于 5：但是由此永恒的和本真的运动尚未在存在论上完全地得到解说。因为 κίνησις 是 ἀτελής（运动是未完成的）。βαδίζειν εἰς τέλος（朝向终点前进）。每个 κινητὸν [...] εἰς τὸ αὐτοῦ εἶδος [...] φέρεσθαι（运动者都是被带向其形式）④。即使对于位移运动和如此被运动的物体而言，也有 οἰκεῖος τόπος（自己的位置）（πῦρ [火] 总是 ἄνω [向上]），πάντα γὰρ παύεται κινούμενα, ὅταν ἔλθῃ εἰς τὸν οἰκεῖον τόπον（所有的事物只要达到了其恰当的位置，就会停止运动）⑤。运动的是 στέρησις（缺失）。ἅπασαι γὰρ ἐξ ἀντικειμένων εἰς ἀντικείμενά εἰσιν αἱ κινήσεις καὶ μεταβολαί（因为所有的运动和变化都是从一个相反者到另一个相反者）。⑥οὐ πᾶσα φορά ἐν ἐναντίοις（不是所有的位移运动都有相反者）⑦，但是，πάσης κινήσεως τέλος⑧：每个 κίνησις（运动）

---

① Met. Λ7, 1072a21f.; 见附录，第 29, S.203; Bröcker 笔记，第 7, S.327f.
② Phys. E4, 228b17.
③ Met. A, 984a27.
④ De caelo, A3, 310a33ff.
⑤ De caelo, A9, 279b1f.
⑥ Phys. Θ7, 261a32f.
⑦ 参 De caelo, A3, 270a18ff.
⑧ 参 Met. B4, 999b10f.

都有 τέλος（终点）。永恒运动恰恰必须有 οἰκεῖον τόπον（自己恰当的位置）和一个 τέλος，并且会永不停止。

关于 6：那本质地做圆周运动的，总是有同一个位置。它回到它出发的地方并且恒常如是，它的轨迹的每个位置都是出发点和终点。τοῦ δὲ κύκλῳ σώματος ὁ αὐτὸς τόπος ὅθεν ἤρξατο καὶ εἰς ὃν τελευτᾷ（对那做圆周运动的体而言，同一个位置既是它的出发点也是到达的终点）①。圆周运动的一致，它恒常如此，但是既不接近也不远离其 τέλος，根据其本己的意义要求一个 τέλος，它跟这个 τέλος 稳定地关联着②，这个终点自身就是稳定的，不变的和 ἀεί: πρῶτον κινοῦν ἀκίνητον（不被推动的第一推动者）③。δεῖ δὲ οὐδὲ τὸ κινούμενον πρὸς ἐκεῖνο ἔχειν μεταβολήν, ἵνα ὁμοία ᾖ ἡ κίνησις（必然地，被推动者对推动者而言不会有变化，以便运动保持一致）④。在这个 πρῶτον（第一推动者）这里，各种可能性、尚未必定被排除了。δεῖ ἄρα εἶναι ἀρχὴν τοιαύτην ἧς ἡ οὐσία ἐνέργεια（必然有这样的始点,它的实体是现实性）⑤。没有 ἀτελής（未完成的），没有 κίνησις，而是纯粹的 ἐνέργεια，纯粹的能量，即纯粹的独立持恒的在场状态从它自身而来。一个存在者，活动自身属于其存在和本质。没有 τέλος，ἔργον 在它之外⑥。κινεῖ δὲ ὡς ἐρώμενον（它就像被爱者一样运动）（1072b3），ὡς ὀρεκτόν（就像被欲求者）（参 1072a26）。

---

① De caelo, A9, 279b2f.
② 见附录，Bröcker 笔记，第 7，S.328.
③ Phys. Θ 6, 258b12.
④ Phys. Θ 10, 267b5f.
⑤ Met. A6, 1071b19f.
⑥ 见附录，补充，第 30，S.203f.

关于 7：νόησις νοήσεως（思想着的思想）（1074b34）[①]，"绝对的精神"，"知道自己的知识"。不是期望精神——人格，而是存在论地解释永恒运动自身，νόησις, ζωή 没有进一步事质性的意义。这个 πρῶτον（第一推动者）①跟世界没有关系，②跟人没有关系。③首要的，没有创世、领导、设计等诸如此类的东西。④ νόησις νοήσεως 也不是直观事物的原型——万物根据这些原型被创造——意义上的自我直观，即柏拉图—普罗提诺—奥古斯丁的直观观念。

θεῖον（神圣者）[②] 和 θειότατον（最神圣者）跟宗教无关；相反，所说的是 τιμιώτατον ὄν（最杰出的存在者）（参 1064b5），本真的存在，中性的存在论概念。θεολογία（神学）（参 1064b3）是关于本真的存在者的科学，πρώτη φιλοσοφία（第一哲学）（E1,1026a24）是关于存在的科学。

复习

πρῶτον κινοῦν（第一推动者）自身不 κίνησις（运动），不是 ἀτελής（未完成的）。所以是纯粹的 ἐνέργεια（实现）。再加上，它的活动是在自身之内有 τέλος（目的）的，在它已经是的东西中，而非在 ἔργον（功能）中有 τέλος（目的）。ζωή-νοεῖν（生命—思想）。没有在自身之外的 ἔργον 和 τέλος，也没有数学对象，而只是它自身：νόησις νοήσεως（思想着的思想）。

θεῖον（神）作为一切运动的存在者层次上的基础，但不是 ἀρχή（本原）意义上的一切存在的原始基础，也不是创造者；[而

[①] 见附录，Bröcker 笔记，第 7，S.328f.
[②] Met. Λ8, 1074b3.

是]① 永恒的存在运动的最终的 τέλος。问题是将运动中的东西在存在论和存在者层次上弄清楚，而非追溯起源：创世纪，创造，解释，而是 ἀεί（永恒的），本真的被运动者。

第 64 节　δύναμις（潜能）和 ἐνέργεια（现实）同 οὐσία（实体）的关系，作为基础科学的存在论的双重概念问题

δύναμις–ἐνέργεια（潜能—现实），"为……准备"和"现实性"：存在的两种基本类型，即在手状态，有四种存在意义的 οὐσία，由此彻底地把握 οὐσία。它的本真特征是 ἐντελέχεια（实现），后者又是"在先的"，比起所有其他存在样式都是 πρότερον（在先的）②，即它必须完全在场，由此其他变式才有可能。

由于 δύναμις 和 ἐνέργεια 规定 οὐσία 自身，而 οὐσία 是首要的范畴，其他范畴以类比的方式跟它联系起来，那么，δύναμις 和 ἐνέργεια 作为变式也伸展到其他范畴上去。这样，一切都回溯到 οὐσία 这个基本现象，而 ἐνέργεια 是在手状态的最高样式。

在存在的这个最高的意义上本真地存在的承载者，是 πρῶτον κινοῦν ἀκίνητον（不被推动的推动者），ὂν θειότατον（最神圣者）③。关于本真的存在者的科学，是关于那种只要是它能够是的东西的存在者，这种科学是 θεολογία（神学）。关于作为存在者的存在者，关于存在的科学，是 πρώτη φιλοσοφία（第一

---

① 编者补充。
② Met. Θ 8, 1050b3f.
③ 参 Met. Λ 9,1074b26.

哲学)①。καθόλου πασῶν κοινή（对一切都是共同的）(1026a27)，规定一切作为存在者的存在者，同时关于存在。基础科学所处理的是存在本真地是什么；关于何种存在者本真地存在；关于存在者和存在，关于存在者的本真。

问题①基础存在论：一个存在者必然是范例性的，并成为主题，但目的是存在概念意义上的存在理解。②范畴的存在：ὄν（存在者），ἕν（一），ἀγαθόν（善），ἕτερον（他异），ἐναντίον（相反），μὴ ὄν（非存在），形式存在论。

基础科学的双重概念并不是一种混乱或者互相没有关系的两个不同的进路并存，而是总是问题的事质的必然性，亚里士多德没有把握它，甚至也没有表达出来，所以后来它完全地陷入遗忘之中。

1. 运动作为被运动。运动的存在论意义。

2. 这种存在特征被强加在了被运动者及其存在样式上，被普遍地把握。δυνάμει 是积极的在场样式；δύναμις καὶ ἐνέργει [？] 是在场状态的样式；ἐνέργεια 是在场状态的样式。ἐντελέχεια：运动但不仅仅是运动，而是在它里面的东西。

3. ἐνέργεια 是 πρότερον②，存在者层次，存在论层次。纲要。最高的在场状态，独立的，恒常的。从其自身而来：①在场的（可运动的）；②恒常的；③但不在运动中。

4. 就完全的存在而言，什么是 ἐνεργείᾳ ὄν（现实的存在）？οὐρανός（天）。运动究竟怎样是可能的？存在论的东西自身是

---

① Met. E1, 1026a24；参上面 S.179.
② 见前，注 2.

存在者层次的吗？回到 ἐνέργεια, 它也是存在者层次的吗？

　　在这里纯粹存在论的问题是什么，当然还没有被把握。后面在完全不同的上下文中会回到这里，由此这个存在论被接收进神和人的存在论。在现代人类学中这是决定性的。

第五章　生命和此在的存在论

我们试图描绘，在被彻底地把握的存在论问题的基础上，如何在其存在论框架中规定两个突出的存在者领域。从对存在的这两个基本的规定的来源——δύναμις 和 ἐνέργεια 的描述已经清楚，ζωή（生命）在那里获得了一种范例的意义。确实，这恰恰就是对生命的第一次现象学把握，它导向对运动的解释，使得存在论的彻底化得以可能。这种存在论又如何反作用于对有生命者的结构的解释的？即使在这里也必须强调，我们今天对很多东西不以为奇了，而这些东西是通过亚里士多德从现象中赢获，并对抗已经存在的那些教条理论以及不充分的概念结构。

第 65 节　Περὶ ψυχῆς（《论灵魂》）作为探讨亚里士多德生命存在论的首要文本

亚里士多德的生命存在论的首要的基本特征展示在其 Περὶ ψυχῆς（《论灵魂》）的论述中。如果人们在里面看到或者称呼它为心理学，那就完全的误导了。

（a）亚里士多德探讨《论灵魂》：大纲①

3 卷：

---

① 见附录，Mörchen 笔记，第 83，S.308.

A 卷：展示生命的一种存在论范畴的规定的问题。对以前哲学家的观点的批判性回顾。

B 卷：对灵魂的积极的概念规定和生命的层级的展示，尤其是感知。

第 1 章：一般的基础

第 5–6 章：αἴσθησις（感觉）

第 7–11 章：αἰσθήσεις（诸感觉）

第 12 章：汇总：αἰσθήσεις, 一般 αἴσθησις 的可能形式

Γ 卷：第 1 和 2 章属于 B 卷；νοεῖν 的描述和理论，基本的视角

第 1–2 章：关于 αἴσθησις

第 3 章：φαντασία（想象）

第 4–8 章：νοῦς（努斯），διάνοια（思想）

第 9–13 章：νοῦς, ὄρεξις（欲望）和低级的生物的生命

在贯通的处理中的不均衡。最统一、清晰、具体的是 B 卷，最不清楚的是 Γ 卷。虽然是在 Γ 卷中最重要的问题被积极地提出来了。

Parva naturalia：περὶ αἰσθήσεως καὶ αἰστητῶν（论感知和被感知到的东西）(436a1–449b3), περὶ μνήμηςκαὶ ἀναμνήσεως（论记忆和回忆）(449b3–453b11), περὶ ὕπνου καὶ ἐγρηγόρσεως（论睡眠和清醒）(453b11–458a32), περὶ ζωῆς καὶ θανάτου（论生和死）(467b10–470b5)。πεπερὶ ζῴων κινήσεως（论动物的运动）(698a1–704b3)[①], περὶ ζῴων πορείας（论动物的行进）(704a4–714b23)。

---

① Jaeger, Studien, S.153f.

（b）关于亚里士多德《论灵魂》的特征

[ψυχὴ] ἔστι γὰρ οἷον ἀρχὴ τῶν ζῴων①，"灵魂类似于有生命之物的存在基础这样的东西"。不是孤立的力量；不能还原为物质的、无生命的自然的原则；不是身体过程的总和和结果，但也不是分离的。但恰恰是亚里士多德提出了灵魂实体的学说，后来常常被反对，最后在康德的纯粹理性批判，对纯粹理性的谬误推理中详尽地被反驳②。但如果所有这些都奠基在对亚里士多德的灵魂学说的意思和倾向的基本误解上，又怎样呢？身体气息意义上的灵魂很少是一种灵魂实体，它居住在身体里面，在死的时候消散进天空中。亚里士多德恰恰第一次将灵魂问题带到其真实的基础上。τὸ δὲ ζῆν τοῖς ζῶσι τὸ εἶναί ἐστιν（对于有生命者，其生命就是其存在）③，灵魂不是在身体的（物理的）存在者之外的一个精神的存在者，而是一个特定的身体之物的存在样式，他在作为有生命者的存在的基础上，将自己和无生命之物区别开来。无生命之物，就这方面来说，是生命和死亡的相反者。死亡不是无生命的，而是不活跃的，即，活跃的一个规定性，就像静止是运动的一个规定性。亚里士多德在关于ψυχή的学说中指向一种生命的存在论，这展示了他的分析的积极的结果。

---

① De anima, A1, 402a6f.

② Kritik der rei nen Vernunft, A341–405，B399–432.

③ De anima, B4, 415b13.

第 66 节　对 ζωή 的分析

划分：

1. ἄψυχον-ἔμψυχον（无灵魂的—有灵魂的）①（ζῆν [生命]，εἶναι [存在]，一般的哲学特征）。

2. ζῆν（ψυχή）：κρίνειν-κινεῖν（区分—运动）（在一个世界中有所指向的交往）。

3. κρίνειν 和 κινεῖν 的可能性：αἴσθησις-ἐπιθυμία（感觉—欲望）（413b23f.）。νοῦς-ὄρεξις（努斯—欲求）（433a13），（προαίρεσις [选择：参 406b25]）。χρόνος（时间）（参 433b7）-ὀρεκτόν（被欲求的）（433b11）-κινητικόν（推动的）（参 433a13）。

4. ψυχή 是有生命者的存在：对什么行动，依赖于；被揭示。不是共同现成在手存在，并列，而是作为由之而来，对立于以及在其中生活而属于生命。νοῦς 是 τὰ πάντα（一切）（参 431b21）。

5. ἐντελέχεια（实现），ψυχή（灵魂）：① οὐσία（实体）（412a21）；② ἐντελέχεια（412a21）；③ ἐντελέχεια ἡ πρώτη（首要的实现）（412a27）；④ ἐντελέχεια σώματος φυσικοῦ ὀργανικοῦ（有器官的自然躯体的实现）（参 412a27ff.）。

关于 1②：B 卷，第 2 章：ἄψυχον-ἔμψυχον：διωφίσθαι […] τῷ ζῆν（无灵魂的—有灵魂的：通过生命区分出来）（413a21f.）。我们说，发生以下情况的东西都是活着的：感知到什么，自我运动，自我保存，自我营养，生长和衰落。由此 φυόμενα（413a25），

---

① 参 De anima, B2, 413a21ff.

② 见附录，Mörchen 笔记，第 84，S.309f.

植物也是活着的：它们有生长和衰亡、老去；它们同时根据相反的方向运动（躯体同时每个时刻只在一个方向上）。植物不仅仅向上和向下，而是 πάντοσε "朝各个方向"（413a29）。植物是 θρεπτικόν（413b5），"吸取营养"，生长和衰亡，始终保持在一个位置。相反，动物通过 αἴσθησις 标划出来，即使自己不向前运动，位置不发生改变，但是有感知，那就是动物。首先是触觉 αἴσθησις，抓住。在对什么有感知，自我朝向一个世界之处，就有 λύπη τε καὶ ἡδονή（痛苦和快乐）（413b23），带着如此如此的情调感知，感觉到好或者坏，并出离向外：ὄρεξις（参413b23）。

关于 2[①]：对有生之物的基本规定：κρίνειν, κινεῖν。某物活着，能够如此存在，通过这种能在自身被规定。αἰσθητικόν（417a6）；睡觉（参417a11）。κίνησις 作为生命的被推动状态。

κρίνειν（区分）：αἴσθησις-νοῦς-λόγος；ἄλογον（无逻各斯）-λόγον ἔχον（有逻各斯）（参432a30f.）。αἴσθησις 是中间状态，不是两者中的一个。（参432a30f.）αἴσθησις[②]：因为它揭示了世界，但还没有进入话语和断言，没有在指示中有所揭开地让自己被理解。感性的基本概念：世界展开着的让自身被给出、被遭遇。

方法上：这些可能性如何被理解？αἰσθητικόν（425a17）-πρότερον [...] αἰσθάνεσθαι（最先的……感知）（415a18）-ἔτι πρότερα τὰ ἀντικείμενα（在那之前，是各自的那些对象）（415a20），"还原"。

B 卷，第 6 章：αἴσθησις：① ἰδία（特有的）（参418a10），

[①] 见上面划分，S.185.
[②] 见附录，Mörchen 笔记，第 84，S.310.

πλείω τὰ κινοῦντα（许多事物都是推动者）(433b13)。

关于 5①：ἐντελέχεια：ὡς ἐπιστήμη, [...]ὡς τὸ θεωρεῖν（现实：作为知识，作为沉思）(412a10f.)。醒着：θεωρεῖν（沉思），睡觉：ἔχειν καὶ μὴ ἐνεργεῖν, ἐπιστήμη προτέρα（拥有知识但是不实现，在先的知识）(参 412a25f.)。

οὐσίαι（实体）首先是 σώματα（体）(412a11f.)，体或者是有生命的或者是没有生命的。ἔχει ζωήν（有生命）(412a13)：γένεσις（生成），κίνησις δι' αὐτοῦ（通过自身运动）(参 412a14) = σῶμα φυσικόν（自然物体）(412a15)：ἀρχή 和 τέλος 在其自身，从自身而来存在、生长、自我保存、消亡。οὐσία，一个特定的 σῶμα 的存在（412a16f.），即 δυνάμει ζωὴν ἔχοντος（潜在地有生命的）(412a20)，在自身中的准备状态，从而从自身而来去存在。灵魂是这个能在在其存在中的在场状态。"以前的"意味着，那令这个能在可能的、组织它的东西。

1. ἡ ψυχή ἐστιν ἐντελέχεια ἡ πρώματος φυσικοῦ δυνάμει ζωὴν ἔχοντος（灵魂是潜在地拥有生命的自然体的第一实现）(412a27f.)。现实性，一个独立的有形体的存在者的自立性，这个存在者通过对生命的准备状态而被规定。

2. ἐντελέχεια ἡ πρώτη σώματος φυσικοῦ ὀργανικοῦ（有器官的自然体的第一实现）(412b5f.)，现实性，自立性：存在样式规定现成在手者。

---

① 见上面划分，S.185.

188

第 67 节　此在的存在论

生命的本质。① 生命和此在，λόγον ἔχον（有逻各斯）②：明确地揭示世界和自身作为这种存在者和如这存在者所是的样子，使之可以通达，根据不同视角理解、把握、奠基。基础的展开状态。

λόγος–νοῦς–ὄρεξις–προαίρεσις（逻各斯—理智—欲求—选择）③；ἕξεις τοῦ ἀληθεύειν：ποίησις–πρᾶξις（揭示真理的禀赋：制作—实践活动）（参 1140a2）；πρακτική τις, ζωὴ πρακτική τις τοῦ λόγον ἔχοντος（某个实践的东西，拥有逻各斯者的实践活动）（参 1098a3f.）；τέλος 不是 παρά（在外面）。ἴδιον ἔργον（特有的功能），行动（Handeln）是存在者自身的存在。τέλος 是此在在存在中。καθ' αὑτὸ τέλειον（就自身是最终的）（参 1097a33）–τελειότατον（最终的目的）（1097a30）；αὔταρκες，"自足"（1097b8）。ψυχῆς ἐνέργειά τις κατ' ἀρετὴν τελείαν（根据完善的德性的灵魂的某种实现）（1102a5f.），参照就其存在意义而言那种最高的存在可能性，存在的本真性就在其中。存在是永恒的恒常性。θεωρεῖν（沉思）是没有 χρῆσις（用处）的，没有ἔργον（功能）（参 1178b3f.）；它的对象是 ἀεὶ ὄν（永恒存在）。④

---

① 见附录，Mörchen 笔记，第 85，S.311ff.
② 参 Nic. Eth. I7, 1098a3f.
③ 见上面 S.186f.
④ 见附录，Mörchen 笔记，第 86，S.313f.

附 录

Anhang

补充材料

1. 原因（补充 S.35）

存在者，一切存在者。存在者：强大的和切近的"世界"，最广义的自然，φύσις（自然）。

存在。为什么存在而非不存在？存在者、事物（die Dinge）、事情（die Sachen）到底来自何处？哲学的事情的原因从哪里产生？存在者，来自存在者，它怎样进入存在的？存在者如何被造成的？存在自身又是怎样被制作的？将存在者造成存在者的东西：①什么存在者产生存在？②究竟什么属于存在？③什么存在者被理解为在存在论上示例性的存在者，如何理解？

从何而来，来自哪里，什么根据，什么原因，为何如此而非其他，究竟为何以及通过什么？形式上一般的 ἀρχαί-αἴτιον（本原—原因）：什么对此负责？

原因：①造成者自身。②造成的方式和造成的意义究竟是什么。

追问为什么。

2.（被删除，补充 S.103）

为了能够遭遇存在者，对于此在而言必要的是：①世界的预先被给出状态；②存在理解，真理，只是不显著的理解；

③总是有一种特定的让遭遇（Begegnenlassen）的方式；④一个 διαλέγεσθαι，"详尽的讨论"（如 εἰκασία，采用最切近的"显像"[Augenschein]）。由此标划出一定层级的真理：在被遭遇的存在者的被揭示性意义上的真理。墙上的影子。

3.（补充 S.104）

柏拉图："照亮"

"理念"——"外观"

看

光亮（光）

照亮

4.（补充 S.114）

问题：

存在和运动	时间
存在和 ἀγαθόν（善）	操心
存在和真理	展开 话语
（灵魂）	辩证法
存在和关系	

5.（补充 S.117f.）

2. κίνησις-εἶναι（运动—是），κίνησις-ἀγαθόν（运动—善）

关系和相对性。6 比 4 大 1½。 6 比 12 小 1/2。6 同时是较大的和较小的，1/2=1½。一个事物如果没有发生变化，能够不同于自身吗？保持恒常和自同性同时又是他异的。这里的"是"

是什么意思？"是"和生成；自同性和他异性（变化）。

6.（补充 S.124）

《泰阿泰德》：什么是知识？其根本是存在问题。在知识中：对存在者的把握着的揭示活动，存在理解。感知不给出这样的东西。知识是意见，是一种看法，信服。

7. §42b 的另外的文本（被删除，补充 S.126）

δόξα（意见）。我们确实说，一种 δοξάζειν（看法）是 ψευδῆ（假的），而另一种 δοξάζειν 是 ἀληθῆ（真的），ὡς φύσει οὕτως ἐχόντων（真的，就如事物自然地所是的那样）[①]，就如它属于我们自己的存在。与此相反的是复杂的题目：οὐκ ἔστιν [...] ψεύδεσθαι（不存在错误的意见）（194a9f.）。我们知道或者不知道（事实；学习和忘记），一个观点是**关于什么**的，它跟什么相关：有一个看法的人，是关于他所知道或者不知道的东西的看法。一个有错误看法的人也是关于什么的看法：①他具有关于他知道的东西的看法。他没有将这个东西作为这个东西，而是作为另外的东西，所以，他所知道的不是这个而是另外的他不知道的那个，始终知道两个，而又不知道两者，②他具有的看法是关于他所不知道的东西的，这样，既不认识苏格拉底，也不认识泰阿泰德的人，能够将苏格拉底错认为泰阿泰德，或者将泰阿泰德错认为苏格拉底。

一般而言，人们所知道的东西，对这个东西所具有的看法

---

① Plato, Theätet, 187e6f.

就不是人们对不知道的东西的看法。人们所不知道的东西，对它的看法就不是对人们所知道的东西的看法。

8.（补充 S.127）

在 κοινωνία（共通），δόξα（意见）的 μὴ ὄν（非存在）基础上澄清 λόγος：φαντασία（想象）。①

Ψευδὴς [...] δόξα ἔσται τἀναντία τοῖς οὖσι δοξάζουσα（假的意见是为了保存）②。μὴ ὄν：①无，② ἕτερον（相异）。

9. §45 的第一个文本（补充 S.129f.）

3. 在着手进一步讨论之前，他又谈了一遍真实的现象。指出错觉现象：我认识苏格拉底，我在街上遇到另外一个人，我将他当作苏格拉底，ᾠήθην εἶναι Σωκράτη（假设他是苏格拉底）。他被解释为我们知道的东西。苏格拉底使得我们不知道。我们将我们知道的东西当作我们不知道的东西，即将苏格拉底当作一个不认识的人，通过错认，他变成认识的人。这是不可能的。这是违反现象的。

10. ψευδῆ δοξάζειν（错误的看法）（补充 S.132）

问题：把什么看作它不是的东西，跟它不一样的东西；把某物当作某个它实际不是的东西。

1. ψευδῆ δοξάζειν（错误的看法）=μὴ ὄν δοξάζειν（对非存在

---

① 参 Sophistes，260c9ff.
② Sophistes，24d6f.

有看法）= οὐδὲν δοξάζειν（没有看法）。

（a）ἐν ταῖς αἰσθήσεσιν（在感知中）(195c8)

（b）①

2. ψευδῆ δοξάζειν（虚假的相信）= ἑτεροδοξεῖν（另外的信念），ἐν ταῖς διανοίας（在思想中）(195d1)。

3. ψευδῆ δοξάζειν，参 1。我们知道的东西不能使得我们不知道，欺骗。但是这种现象是实事：我认识苏格拉底并且在认识的基础上将远处的一个人看成苏格拉底。恰恰是这个认识，知道是欺骗的可能性的条件：某个遭遇者作为某人，某个苏格拉底不是的人。ἐν τῇ συνάψει αἰσθήσεως πρός διάνοιαν（在感觉和思想的结合中）(195d1)。

11.（补充 S.137）

如果音节自身是 μία ἰδέα（一个理念），εἶδος（形式）②，并且不是部分，那么它就和字母一样是不可认识的。但是如果音节是可以认识的，那么字母也是可以认识的；而且事实上学校教育是从元素、字母开始的。其他的元素和复合体也是一样。

12. 简短回顾（补充 S.143）

《智者》中的存在论问题：基本区分：形式的—事质的存在规定，但不是任意的，灵魂—恒常。泰勒斯—柏拉图。亚里士多德问题。

---

① 手稿未表述。
② 参 Theätet, 205d4f.；ἰδέα 是编者补充。

13.（补充 S.151）

《形而上学》Γ2, 1003a33-1004a9：ὄν ᾗ ὄν，"作为参照其存在"。这个参照如何可能，指向何处？什么是存在？存在是一般者，几何学：空间。物理学：物质的自然。生物学：有机自然。

14. ὄν-οὐσία（存在—实体）（补充 S.153）

ὄν[①]，"存在者"和 εἶναι，"存在"；ens（esse）（一个存在者）。οὐσία：本真的**存在**。现成在手状态，和本真的**存在者**，现成在手者。单个的一个现成之物，进一步，τί，"什么"[②]。τί，"什么"，属于现成在手状态；不是相反地奠基。确实［？］现成在手状态（形式上和方法论上被把握为"本质"）。

15. οὐσία（补充 S.153）

1. 存在作为现成在手状态；

2. 现成在手的东西；

3. 最本真的现成之物（ἀεί［永恒的］, ἀκίνητον［不动的］, χωριστόν［分离的］）。这在其现成在手状态中。即使神学也是存在论。但是，趋势是朝向存在，但强调的是本真存在者上的存在，而非对存在自身的普遍说明。二者从未在一起，基础存在论问题。

---

① Met. Δ7.

② Met. Δ8, 1017b21f.

16.（补充 S.153）

斜视是斜的一个方式，但必须同时提到眼睛。斜，纯粹作为斜。这样存在论关涉的是存在自身，而非一个特定的存在者的存在。

17.（补充 S.155）

存在科学的观念：论题的统一性；存在在哪里以及怎样通达。

其他点：四重划分：κίνησις, ψυχή, ἦθος-λόγος（运动，灵魂，习惯—逻各斯）；λόγος-κατηγορία（逻各斯—范畴）。

范畴："思想的形式"，罩住内容；排列进去的框架。最一般的概念？一般性？

18（补充 S.157）

柏拉图的 κατηγορεῖν 作为"陈述"，而非亚里士多德那里那种术语用法。在亚里士多德这里也是在前哲学的意义上使用，不是作为术语。

κατὰ πάντων γὰρ τὸ ὂν κατηγορεῖται（而存在述谓一切）。[1] 范畴是 τὰ κατὰ μηδεμίαν συμπλοκὴν λεγόμενα（不被复合地述说的事物）[2]，那直接就其自身被述说的东西，"不关涉任何 συμπλοκή（结合）"，就其内容而言不允许任何 συμπλοκή。不是作为任何别的东西。ἐν οὐδεμιᾷ καταφάσει（绝不就什么说什么）[3]，而是恰恰因此"在每个结合中"被述说。不是翻译为"在结合之外被述说的东西"，而是"在每个结合中的东西"。

---

[1] Met. K2, 1060b4f.
[2] 参 Cat. 4, 1b25.
[3] Cat. 4, 2a5f.

19.（补充 S.159）

范畴不是"实在的概念"，而是框架，一切实在的概念都被收集进去！[1] 不是将事物描绘进它们实际的构造中，也不是已经确定的种属概念（γένη!），而是种属自身可能性的条件。性质和数量是事质性的吗？不是，而是事质性的结构！

是最一般的谓词的意义吗？κατηγορίαι τοῦ ὄντος，首先不是关系到命题和命题的元素，而是关系到 ὄν[2]。当然，但是怎样？ὄν-λεγόμενον-δηλούμενον（存在—被述说—被明确）。存在的一般样式：τὸ δ' ὂν τὸ μὲν τόδε τι, τὸ δὲ ποσόν, τὸ δὲ ποιόν τι σημαίνει（存在有时候意味着这一个，有时候是数量，有时候是性质）[3]。因为存在者是在 λόγος 中被揭示的。作为 λόγος，它们是可能的视角的基础，而视角是可能作为什么的具体理解的指导。存在者在 λόγος 中被通达。由此 κατηγορίαι（范畴）才是存在的特征。这里存在问题的一个特别的概念凸显出来，这个概念如果我们使用范畴就不再能理解。

20. 类比：对应（补充 S.160）

对应于一个关系是另一个。视力：身体—理解：灵魂。从对应的关系并且在关系项的一个对应基础上，视力—理解，尤其是

---

[1] Ch. A. Brandis, Handbuch der Geschichte der Griechisch-Römischen Philosophie. Aristoteles und seine akademischen Zeitgenossen. Zweiten Theils zweiter Abtheilung erste Hälfte. Berlin, 1853, S. 394ff.

[2] Brandis, S.376："他从对最一般的概念规定开始追问，这一点从他所选的表达展示出来，这个表达在其最一般的意义中，描画出存在和思想所有的每个规定，而不仅仅是谓词。"

[3] Met. Z4, 1030b11ff.

两个关系项 X 和 Y，关系到两个被认识的东西和他们的关系。

在关系中：跟另一个相应。相对应：如此存在，并从这个如此出发被理解。不是直接的作为什么，而是作为怎样（Wie）。

21.（补充 S.160）

1. 比例类比。就如主词［？］,性质,个别事物对应这个构造；"关系"的共同性，即在所有作为范畴的范畴中，本质对应"事实"。但是每个关系项在事质上是不同的。实际在形式上是共同的。在这个方面 γένη，但不是它们的统一性。

2. 归属类比。类比项是范畴。它们就同一个共同的树叶的关系而言相对应。这个术语本质地属于它们,可能的"作为什么"的形式样式，存在论的。

（a）区别在哪里？λέγειν 自身如何被样式化，在多大程度上以及为什么不是种属和 διαφορά（划分）？

（b）"统一性"是怎样的？

（c）基本现象：①某物作为某物，或者②某物作为 οὐσία, ③或者不是二者。共同存在，σύνθεσις, κοινωνία（共通）：因为 γένη（种）是和 λόγος（λεγόμενον）的统一性关联的，那么它通过 λόγος 被说明？ὄν-λόγος（存在—逻各斯）。

22.（补充 S.161）

τὸ ὂν ἁπλῶς：ἁπλῶς ὄν（绝对的存在）①，χωριστόν（分离的）。ἁπλῶς ὂν κατὰ πλείους λέγεται（绝对的存在以多种方式被

---

① 参 Met. E1, 1025b9f.

述说)。①τὸ ὂν τὸ ἁπλῶς λεγόμενον(绝对地被述说的存在)②，四重。τὸ ποιόν，[...]τὸ ποσόν[...]οὐδ' ὄντα ὡς ἁπλῶς εἰπεῖν ταῦτα(性质，数量，不是作为绝对的存在被述说)。③ 不是 οὐσία。τὸ πρώτως ὂν καὶ οὐ τὶ ἂν ἀλλ' ὂν ἁπλῶς ἡ οὐσία ἂν εἴη (首要的存在，不是限定意义的，而是绝对的存在，是实体)。④

23. 范畴（亚里士多德）1（补充 S.162）

什么是范畴？没有定义。存在者的形式特征。[……]⑤ 存在的规定性，γένη，"主干"，具体的存在特征都还原到它们，尤其是这里作为首先在 λόγος 中被经验的存在者。这些范畴，γένη，相互之间有什么关联？这不同于这个问题：它们在多大程度上可以统一地被刻画？通过比例类比。

从存在观念自身而来的 γένη 关系，γένη 不是种属。被关联的东西相互之间的关系，或同一个相同的东西的关系如何可能被描画？在它们的本质中，作为 κατηγορίαι 被标记为"作为什么"，本质地奠基在"某物"中。

γένη 自身不在任何一个种中，γένη 特征也不是范畴结构的唯一的和本质的要素。⑥(这是诸范畴同每个希腊地把握的"概念"共同的地方！) 它们是存在者的存在的意义功能的样式，就如

---

① Met. K8, 1064b15.
② Met. E2, 1026a33.
③ Met. Λ1, 1069a21f.
④ Met. Z1, 1028a30f.
⑤ 文本不可释读。
⑥ 参 Anal. post. B13, 96b21−25.

存在在 λόγος 中被通达一样。这个样式的作为什么的构造才给了它们 γένη 的特征。

范畴＝"存在方式"①，存在的方式！而存在呢？在场状态的样式化。样式化的原则来自存在观念自身。时间性。参康德：图式！② 怎样赢获这些样式？存在 −δύναμις παρουσίας。许多事物（多？）的在场状态，形式的多样性，在某物作为某物中通达。范畴是存在样式概念（最高的），作为这样的，范畴是 γένη。作为存在者、在场状态的多样者的共同样式。

24. 范畴（亚里士多德）2（补充 S.162）

共同的样式，"一同"与"作为"的存在的关联的时间规定和变化。所有 συμβεβηκότα（偶然的东西）都是"一同"性的（Mit-haft），这种"一同性"的方式就是这样的。这种特性却不是"种属"，而是直接地—总是作为"一同"—样式化自身。共同的样式在本质的在场者中。共同建基于首要的在场状态。后者不是共同设定的，而是样式化自身。这种样式化的时间可能性！

25.（补充 S.164）

理解作为世界的展开，"因缘"，某物作为某物。世界：世界内的存在者在其多样性（形式的）中被遭遇的可能性。问题的来源：τί ἐστιν？对它可能的解释，生存论—存在论的，导向

---

① H. Maier, *Die Syllogistik des Aristoteles*. Tübingen, 1. Teil 1896, 2. Teil 1900, 2. Teil, 2. Hälfte: Die Entstehung der aristotelischen Logik, S. 303f.

② I. Kant, *Kritik der reinen Vernunft*, A137ff.; B176ff.

作为什么的多重方式。ὁσαχῶς γὰρ λέγεται（多重方式被述说）[1]，在"什么"中"作为什么"的多重性，还是也在"作为"自身中？某物"作为"，还是这个预期［？］实际上更加源始？它首先是预期的确定的构成，朝向的是对起源的纯粹到场显现的本质把握。那么起源具有诸如"种属"的存在论意义？

A是B, A作为B。A的存在和B的存在是从"是"（ist）被理解，确切地说，是从当下的陈述来理解，还是这个"是"在这里产生了被提到的存在？λόγος 在严格地被阐明的存在者 K 。λόγος 如何阐明在其存在中的存在者？

存在者—存在。陈述作为通达存在者的首要的方式，在一定的希腊意义上。范畴是可能的存在特征，可能的、主导的解释视角。范畴：是某种状态，是多少，处于关系中。范畴不是存在者的特征，而是存在的诸种可能性。

26.（补充 S.172ff.）

οὐσία：①独立的持恒状态，现成在手状态。②一个如此的存在者，总是这一个。

δυνάμει-ἐνεργείᾳ,"准备状态"—"现实性"（着手状态）。树：广义上的现成在手的东西。作为这一个，它为木头、横梁、木板做好准备。木头：准备做桌子。桌子：游戏桌、饭桌、冲洗台。在其现实性（上手状态）中，准备状态被废弃，同时一种新的准备特征又属于这个现实性。

存在的现实性：能在的存在，运动，准备状态的在场。大

---

[1] Met. Δ7, 1017a23f.；参 Anal. post. A22, 83b11–31.

部分现实的现成存在者是静止的。所以通过 κίνησις 存在论地把握事物。现实性：准备好的东西在场作为准备好的东西，κίνησις ἀτελής（未完成的运动），但是以这样的方式：它在其准备特征，即其"为了什么"中被实现，且不被中止。

ἐντελέχεια：能在在其能在中在场，且它在这个存在中恰恰是它自身，不是到了终点，停止，而恰恰本真地存在。

27.（补充 S.174）

能力[①]，适合于，因缘关联，准备；后来者。着手，在工作中。上手状态：场合的恒常性；完全的上手状态。运动和活动。运动。

和诸范畴的关系：被建基的关系。说明 οὐσία 自身的基本方式：δυνάμει ὄν（潜在的存在），ἐνεργείᾳ ὄν（现实的存在），本真的存在，也是类比的。

真理 –νοῦς（努斯）–νόησις νοήσεως（思想着的思想）[②]。

28.（补充 S.177）

亚里士多德对时间的分析的一个尝试规定：现在，νῦν，是"界限"，ὁρίζει（规定）[③]–πέρας（界限）（参 220a21）。现在是一个"点"，στιγμή（点）（参 220a10）。现在是绝对的这一个，τόδε τι（参 219b30）。当然亚里士多德没有将之等同，但是他看到了确定的基础关系。

---

① Met. Δ 12.
② Met. Λ 9, 1074b34.
③ 参 Phys. Δ 12, 219a22.

29.（被删除，补充 S.177）

ᾗ γὰρ ἕν τι καὶ ταὐτόν, καὶ ᾗ καθόλου τι ὑπάρχει, ταύτῃ πάντα γνωρίζομεν（我们认识的所有事物，我们认识它们，是因为它们中有同一的和一样的东西，也因为某种普遍的东西归属于它们）。① 统一性，作为可变事物，αἰσθητά，的存在的恒常性。其可知性的可能性的条件。

被推动者。运动，运动是 ἀεί（永恒的），因为在时间中。时间"是"永恒的。将它作为 κινήσεως ἀριθμός（运动的数），即 κινούμενον（被推动的东西）奠基的东西，是 οὐρανός（天）。καὶ ἔστι τι αἰεὶ κινούμενον κίνησιν ἄπαυστον, αὕτη δ' ἡ κύκλῳ· καὶ τοῦτο οὐ λόγῳ μόνον ἀλλ' ἔργῳ δῆλον [...] πρῶτος οὐρανός（有某个永恒运动，其运动不会停止的东西，这个运动是圆周形的：它显然不仅仅在逻各斯中，而且也在现实中……第一层天）。②

对圆周运动的存在论解释导向第一推动者。

独立的恒常性：什么的独立性，对什么的恒定性，总是已经完成了。对存在自身的完成性，只要在场，就是它所是的东西。没有外在的 τέλος。

30. 运动（补充 S.178）

自然的存在的基本现象。静止只是一种临界状况。被运动者是在存在中变化的。运动作为运动在存在论上是一种存在样式。哪种存在样式？ἐνέργεια。但是是 ἀτελής（未完成的）。

---

① Met. B4, 999a28f.
② Met. Λ 7, 1072a21.

τέλος（目的），πέρας（界限）同样是基本的存在概念。τέλος：自身在本己的存在中。统一性不是通过另外的东西规定的，而是直接从自身而来在场的。

本真的 κίνησις（运动），永恒的存在运动；因此 τέλος 必然是永恒的不被推动的推动者。它是 ἀεὶ ὄν（永恒的存在），总是完成的，是纯粹的 ἐνέργεια（现实），ζωή（生命），特别是 νοεῖν（思想），νόησις νοήσεως（思想着的思想）[①]：它只是最纯粹意义上的 ἐνέργεια 的存在论观念的示例，不是作为精神和父亲、人格的上帝。不是对世界和观念、被造物原型的知识。

---

① 参 Met. Λ 7, 1072b25ff., 1074b34.

节选自莫尔辛（Mörchen）笔记

1.（关于 S.22）

引导进入古代哲学的本质性的最理想的道路是引导进入亚里士多德，然后向后和向前。这个道路在实践上对我们而言是不可能的。中间道路：亚里士多德应该会给出我们指示。

亚里士多德比起 19 世纪的聪明人能更好地理解希腊人，而这些聪明人认为，亚里士多德不懂柏拉图。

他的《形而上学》第一卷（Met. A）：他哲学的导言。划分为 10 章。第 1 和第 2 章：理论活动的起源和作为知识的知识的起源；知识所追问的东西的定义，即从哪里来以及为什么，ἀρχή（本原）和 αἰτία（原因）。第 3–10 章：到他那时为止的科学的哲学的问题的发展。他表明，在哲学发展过程中，对 ἀρχή 和 αἰτία 追问的可能性是怎样被给出的。四因说。

2.（关于 S.23）

解释亚里士多德《形而上学》第一卷（Met. A）。亚里士多德著作引用根据柏林科学院版本（Academia Regia Borussica, S.15: Aristoteles），5 卷：第 1 和第 2 卷连贯地标页码，包括希腊文著作；

第 3 卷：拉丁文翻译，第 4 卷：注释，第 5 卷：博尼茨的索引和残篇。

《形而上学》是多个单独的文章的汇编。将亚里士多德的《形而上学》限定到一个统一的问题上是错误的。[①]《形而上学》这个名称，μετὰ τὰ φυσικά 表示按照著作的顺序，排在处理自然事物的文章后面的那些论文，即这是一个编辑技术的名称（Andronikos von Rhodos, ca. 70BC）。著作的汇编者发现，有一批著作所处理的事物不是物理学等手稿中所处理的。也就是说，这里所处理的不是存在者，而是存在。《形而上学》这个名称起先没有内容意义，这个词后来才获得这样的意义：汇集那些手稿，就其事质的主题而言，处理存在者后面或者超出存在者的东西，而关于自然的手稿所处理的是"对人而言可通达的东西"，πρότερον πρὸς ἡμᾶς（对我们而言在先的东西），对立于 πρότερον τῇ φύσει（对自然而言在先的东西）（参亚里士多德，《后分析篇》，A2,71b34），"在每个存在者中都有的东西"，即它的存在。在中世纪和现代直到今天，形而上学的内容概念获得了双重意义。根据亚里士多德，关于存在的科学是 πρώτη φιλοσοφία（第一哲学）。但他还知道一种第一科学，他称为 ἐπιστήμη θεολογική（神的科学）：它所处理的是一种特定的存在者，世界的基础，νοῦς，"精神"，神。形而上学处理的虽然是存在，但也处理一种特定的存在者。因此，神学科学从关于存在的科学中被排除出去。形而上学在今天也具有两重意义：在科学的哲学内部，人们（部

[①] H. Bonitz, *Aristotelis Metaphysica*. 卷 2: Commentarius. Berlin, 1849; W. Jaeger, 见上 S.145, n. 3.

分地）理解形而上学为存在论，关于存在的科学；一般理解将形而上学当作某种晦暗之事，而这又回到"神学"的意义。在亚里士多德那里，两个意义还同时此在，其根据在古代哲学的问题中。亚里士多德在这里没有错误，而是他必须将哲学引导到这个界限。

3.（关于 S.24ff.）

《形而上学》A1,980a21ff.：对认识、知识、经验和类似概念进行定义；这是亚里士多德首先完成的。σοφία, ἐπιστήμη, φρόνησις, τέχνη（智慧，科学，明智，技艺）是在柏拉图那里还没有阐明的概念。它们都被总括在"理解"这个表达下面，不是在特别的理论意义上，而是在一个实践的意义上：比如，"某人理解他的工作"，他"能够"胜任他的事情；"理解"在字面上等于 ἐπίστασθαι，"能够主管"一个事情。只是逐渐地，这个表达才获得了特别的理论特征。

亚里士多德解释了理解的过程。他表明不同的理解可能性在其起源学关系中怎样从人的本性中产生出来。为此需要看一种存在者，其存在方式通过理解或者认识被规定。这种存在者，只要存在，当然就进行理解。我们称之为生命，狭义上是人的此在。理解属于人的此在的存在方式，在某种意义上也属于动物的存在方式。某物被理解，由此它在其如此存在（Sosein）中公开出来；它不再被遮蔽。在理解中有某种类似真理，ἀλήθεια 的东西：某物是不被遮蔽的，不被遮盖的，而是被揭示的。只要理解属于存在者，只要有生命，就有理解；伴随着作为一个理解者的存在，另一个存在被揭示。每个有生之物，只要它存在，就有一个世界，而无生命之物就没有。每个有生之物都朝向某个东西，它追逐它，或者避开它；当然它可以是还没有确定的。这样我们可以非直接地从我们出发根据类比把握原生动物以及生命自身。由此，它揭示一个世界，就是说，这个存在者的存在被揭示了。它只是自己，即使只是在最晦暗的和最广义的意义上。随着世界的被揭示状态，它也对自己揭示出来。这已经本质上超出亚里士多德了，但对他的理解而言是必要的。

第 1 阶段：αἴσθησις（感觉），第 2 阶段：μνήμη（记忆），第 3 阶段：ἐμπειρία（经验），第 4 阶段：τέχνη（技艺），第 5 阶段：ἐπιστήμη（科学），第 6 阶段：σοφία（智慧）——最高阶段的知识。

亚里士多德的思路：它的第一句话很有代表性："视觉理解的欲望属于人的本质。"（980a21）εἰδέναι（大多被译为"求知"）= 视觉的理解，人在存在的事物中看它自身。这表现在，人有对知觉的偏好，去看和听（αἴσθησις）的欲望。这种偏好在德语中被称为"好奇"。不是知觉的狭义的心理学意义，而是对存有的东西的经验。这种贪欲在人身上活生生的，即使没有实践活动的目的；贪求看，就是为了看。好奇最多地在看中，"通过眼睛"（980a23f.）。看是希腊人最多地生活于其中的感觉；ὄμμα τῆς ψυχῆς（灵魂的眼睛）（参柏拉图，《理想国》，VII，533d2）：这种理解属于所有有生之物。看比其他指引方式有优势，因为它"使得我们周围发生的事情变得熟悉，使得许多区分明显。"（参980a26f.）。我们在看中同时经验到事物的运动，数量，形式。外观使得我们通达存在者的规定性的多样性。亚里士多德还没有涉及的是，看是一种远程感觉，跟触觉不同；跟听觉类似。看和听都有更广范围的对象。

"有生命的东西（τὰ ζῷα），以这种方式达到其存在：它已经有 αἴσθησις，已经在感知。"（980a27f.）一旦有有生命者，也已经有 αἴσθησις。通过这种 αἴσθησις，一些生命产生了 μνήμη，"记忆"，"记住"。αἴσθησις 和 μνήμη 的区别：αἴσθησις 的特征：被揭示的存在者在相应的生物的当下中在此。如果有生命者只是通过 αἴσθησις 被规定，那么世界对它而言只是如它在一个时刻所看到和感觉到的那样的范围被展开。有生命者就一直被限定在恰好现成在手之物的范围之内。通过有 μνήμη，有生命者以某种方式变得自由，它不被束缚在感觉中的在此存在之物（Daseiende）上。因此，有生命者控制着更宽广的世界范围，这个范围对它而言变得并保持可以支配。由此概括和比较就是可能的。这样，对它的在世界中的存在而言，就不需要一再的重新把握，而是当它发现自己处于同一的世界关联中的时候，它立刻知道它处在什么状况中。具有 μνήμη 的生物是 φρονιμώτερα，"更加审慎"；它们不是从瞬间生存，而是从一个被控制的整体出发生存。作为 φρονιμώτερα，它们也是 μαθητικώτερα（μάθησισ："学习"；μάθημα："可以学会的"），它们是"更加可教的"，更加可以通达的。由此他们提高了它们理解和认识的库存。有一种生物通过 αἴσθησις 而有了 φρόνησις，但是却不可教，因为它们不能听，如蜜蜂。那种可以听的生物，能够学习；因为它们能够被教导那些它们没有知觉和把握的东西。听是一种远程感知，使得一种特别的交流方式可能。"真正的 αἴσθησις 方式是听"——这是完全非希腊的说法，它表明，亚里士多德对话语和听的关系有更深的理解。

对亚里士多德而言，人无疑也属于生物范围。他的独特之处在于，他在可教性和审慎之外，还有 τέχνη 和 λογισμός（推理）的可能性。τέχνη（技艺）不同于"技巧"，因为技艺似乎暗示了实践的东西，不是"操作"，而是"知识"，"在操作中精通"。因此，τέχνη 是对医学，即一门理论科学的表达，而非一个行动和做事（Handeln und Tun）。这种知识样式拒绝非人的生物。λογισμός（理性的）也一起被称呼了。人说话，具有 λόγος，能够将被经验到的东西带向概念。λογίζεσθαι：贯通地说一个事物，"使之透明"，"阐明"。因为人具有后两个更高的可能性，他能够在更高的意义上发展那些通过 μνήμη 流传下来的东西：ἐμπειρία，"经验"；不要将这个词现代化为认识论概念（经验—思想），毋宁 ἐμπειρία 的反义词是无经验；ἐμπειρία="在一个事情上有经验"。怎样从记忆中产生经验？经验产生自记忆的多重性，通过一再地看；这样在理解中就产生了特定的联系。仅仅感知的话，我只能看到个别的东西。经验跟联系有关：如果这个和那个出现，我必须这样和那样行动。

　　μνήμη 和 ἐμπειρία 的关系：在 μνήμη 中，被感知到的东西的多重性变成可支配的。如果记忆重复，并且在记忆中存在者同认识的一定的关系被把握，就产生了经验。这存在于在一定限度内被精通。人们知道，如果这样，那么那样：如果……那么。这就是我们称为经验的东西的结构。被经验的东西有 ὑπόληψις，对一个他要处理的特定的关系有"预先的认识"。如果出现了一定的状况，那么就用这个和那个手段。不过有经验的人是固定在如果……那么的范围内的。从 ἐμπειρία 能够发展出 τέχνη。如果一个 εμπειρία 不是致力于每次都处理的情况，而是同时也关照那些每次不同地展示的东西，那么就可能看到，每次出现如此这般的东西，最终存在者处于一种内在关系中，而不仅仅是一种前后相续，这种关系具有因为……所以的特征。例如，这样和那样的生理学状态要求这样和那样的化学影响。人们在对原因关系的理解基础上看到了这些。目光逼视存在于每个情况中的东西。理解不仅仅知其然，而且也知道所以然。不仅仅是认识顺序关联，而且他把握存在者如其展示的那样，他具有一个 λόγος，一个"概念"。由此 τέχνη 已经是真正的理解了，它接近于科学的认识。εἶδος 被揭示，事情的联系被看到。

对于实践操作的目的而言，ἐμπειρία（经验）恰恰比 τέχνη 更加确定。一个好的诊断医生，也可能很差地帮助病人。那是因为，ἐμπειρία 总是朝向当下的个别事物，而科学的把握朝向一般的东西，那在各种情况下都展示出来的东西。涉及目标，ἐμπειρία 是更高的水平。而就真正的理解而言，τέχνη 是更高的阶段：谁有 τέχνη，就是一个 μᾶλλον σοφός（更有智慧者）。ἐπιστήμη 和 σοφία 的意义是存在的揭开。在实践操作领域，工头比工人理解的更多。工头抓住了为什么，并且能够指导每个工人。他支配着更多真正的理解，并且能够教别人。教就是指示出奠基性的关系。因此，朝向一般的倾向存在于真正的理解中。由此，λόγος 比 αἴσθησις 有优势，因为感觉给不出说明，为什么某物是它所展示的样子。单纯地凝视存在者自身，放弃实践操作，是诸科学学科的标志。所谓的 σοφία，"真正的理解"，目的是第一因以及事物和存在者的来源。

4.（关于 S.28ff.）

成为这种研究的论题的这些原因是什么样的呢？这是《形

而上学》A2（982a4ff.）的问题。亚里士多德不是从一个臆想的概念推理出科学的观念，而是跟随自然的此在已经蕴含的东西。亚里士多德试图将在前理论的意识中已经被熟知的东西带入概念中。所以，在第二章，亚里士多德也在自然的此在理解中寻求说明。ὑπολαμβάνομεν（我们假设），那真正有理解的人，πάντα ἐπίσταται, 那有科学理解的人对外在于这种可能性的人而言，被看作"知道一切"的人。

πάντα ἐπίσταται（知道一切）（参 982a8）：1. σοφία 的规定性。2. δυνάμενος γνῶναι τὰ χαλεπά（参 982a10）：甚至看到那些困难的东西的能力。3. ἀκριβεστάτη 是 σοφία，它是最严格的认识，同时也是最能被教的，μάλιστα διδασκαλική（参 982a13）。4. ἑαυτῆς ἕνεκεν（982a15），它是因自身之故而被追求的，只是为了探究存在者，它如何存在以及为何如此存在。5. ἀρχικωτάτη（参 982a16f.）：统治所有其他学科的知识。

然后亚里士多德试图在其哲学意义中解释这 5 点。1. 不是在日常意识的意义上理解一切，而是 σοφός（有智慧者）知道一切，因为他知道最一般的东西，一切存在者都归于它。为此他恰恰无须知道每一个和所有个别之物。2. 出于同样的原因他也理解困难的东西：一般的东西同时是对普通的理解而言最远的东西。3. 因此这种关于最一般之物的科学是最严格的科学，因为越多地离开感觉现象，那些归于存在者的规定性的数量就越少。全体变得更加能被把握，概念意义变得更加清晰。算数学比几何学更加严格，因为后者就其事质内容而言更加丰富。人们可以计数所有的事物，但是并非所有事物都在空间中。几何学命题依旧被限定在存在者的特定领域了。4. 理解所朝向的目标，根据其事质内容，除了沉思，不允许有另外的关系。这个事质内容要求，理解必须为了自身的缘故被追求。5. 这个科学统治所有其他的学科。

5.（关于 S.30）

在诸神的本质中没有嫉妒和情感。就像嫉妒一样，爱和其他情感都从神圣者的本质中被排除，他们的本质是纯粹的沉思。相反，在情感的本质中是那些他还没占有的东西。那样，诸神的本质就是不完满的了。（这一段后来被人引用作为证据，说明神圣者是纯粹的爱；而亚里士多德几乎没有这么说。）诸神是不嫉妒的。因此，人应该努力追求理解。

6.（关于 S.31）

《形而上学》A3, 983a26ff：① οὐσία=τὸ τί ἦν εἶναι："存在者中的存在，它是存在者总已经是的东西"。在每个个别的存在者之前总已经存在的，是 ἰδέα 或者 οὐσία，存在者的本质根据，causa formalis（形式因）。Forma=εἶδος；这里 εἶδος=ἰδέα=οὐσία。② ὕλη，"质料"。对于制作桌子而言，不仅需要桌子的理念，而且也需要质料，一个"从何而来"（Woraus），causa materialis（质料因）。③ ὅθεν ἡ ἀρχὴ τῆς κινήσεως，"运动的起点"。为了制作一张桌子，必须有人着手并制作它；必须从某个地方开启：causa efficiens（动力因）。④ τέλος=οὗ ἕνεκα：为了制作一张桌子，必须有关于这张桌子做什么确定用途的一个意图：由此可以标划出，桌子具体地应当看起来是怎样的。当 τέλος（目的）达到，存在者作为存在者就是现实的了，causa finalis（finis=τέλος）目的因。

7.（关于 S.32）

亚里士多德在解释古代哲学家作为导言的时候，使用了 ἀρχή（本原）概念，虽然他们还没有这个概念。难道这是非历史学的（unhistorisch）吗？在某种意义上是的，在另外的意义上这却是真正历史学的方法：如果历史学的意思是占有过去（die Vergangenheit anzueignen）。后人理解前人比他们理解自己更好。不是去清算他们的错误，而是将他们的意图考虑彻底。只有这样历史学才是活生生的，在这个活生生的意义上，亚里士多德确实是"非历史学的"。

8.（关于 S.33）

《形而上学》第五卷是被插入书中的这个地方的。第五卷的每一章都根据一个特定的方法处理一个基本概念，这一卷是一个"概念目录"。亚里士多德在 περὶ τῶν πολλαχῶς "关于具有多重意义"并且基本的那些概念这个题目下引用了这一卷。每个词都有一个意义，通过这个意义，词语和事情联系起来。但是意义可以被扩展，这样它就和多个事情关联。概念是一个词的意义的规定性，这个规定性是创造出的，从科学研究自身产生出的。亚里士多德确证了在存在者中的关系，这些关系是存在者中以及存在的基本规定性。λόγος 这个表达也表示"概念"。亚里士多德的《范畴篇》（Cat.1, 1a1–15）：有三种意义：① ὄνομα 作为 ὁμώνυμον（同名异义），aequivocum，它是这样被规定的：一个词有不同的意义。例如，ζῷον，一方面是一个存在者，一个"生命"，就如这个词所显现的那样。但是 ζῷον 写下来的这个词，跟它所意味的存在者没有关系。② συνώνυμον（同名同义），univocum（不要跟语法概念"同义词"[synonym]搞混），同一个词并且有同一个意义：当我们用 ζῷον 这个词既指一个动物也指一个人的时候。③ παρώνυμον（衍生词），从其他词衍生出来的，就如 γραμματικός（语法家）是从 γραμματική（语法）而来，表示一个衍生的意义。亚里士多德只是展示出基本概念的意义的差别，他这样做不是任意的，而是根据方法：他从词的普通意义迈向了哲学意义。

第五卷第一章论述了 ἀρχή 的不同意义。这个概念自身还没有被自然哲学使用。当然，人们不明确地已经在追问 ἀρχή 了。

9.（关于 S.34f.）

这不是说，首先要认识到这些原则。它们毋宁离普通的理解很远。πάντα γὰρ τὰ αἴτια ἀρχαί（《形而上学》Δ 1, 1013a17），所有的原因都具有原则的形式结构。原因回来朝向 ἀρχή。ἀρχή 的一般意义：τὸ πρῶτον εἶναι ὅθεν ἢ ἔστιν ἢ γίγνεται ἢ γιγνώσκεταί τι（参 1013a18f.），对于存在、生成、认识某物的首要的东西。这些原则对于反思而言是最终的，一切存在、生成和认识都导向它们。《形而上学》Δ 17，插入部分：ἀρχή 是 πέρας τι（1022a12），一个界限，一个界限概念。在《形而上学》Δ 2 中，亚里士多德处理了 αἰτίαι 自身，并列举了以上四种原因。（跟《物理学》B3, 194b16f. 几乎在词语上是对应的。）

10.（关于 S.35ff.）

古代哲学的主题是 φύσις（自然）。大部分题目都是 Περὶ φύσεως（论自然）。例如，柏拉图的《斐多》96a8：ἱστορία（知识）περὶ φύσεως。亚里士多德有时称古代哲学家为 φυσιολόγοι（参 986b14），那些要说明 φύσις 的 λόγος 的哲学家，那些以概念探讨确定 φύσις 的人。这跟更早的神谱和宇宙谱系的世界思考不同。在那些思考中讲述了世界的产生的故事：宇宙所经过的世代阶段。相反，生理学家追问存在者的存在，而不必自己理解了它。

φύσις：那从自身产生自身并且从自身而来现成在手的存在者，并恰恰是恒常的，先于任何人或者诸神干涉。存在者的理念就其自身而言总是已经现成的了。跟世界的神话解释相反，自然哲学的揭示是看一个就其自身直接存在的存在者。φύσις：总是跟生成对立的持存。然而自然也总是作为生成被把握。两个概念都没有触及核心。重点在于"从其自身总是已经存在"。存在的这个概念在哲学传统中作为自明的被认可。亚里士多德也称古代哲学为 φιλοσοφήσαντες περὶ τῆς ἀληθείας（对真理进行哲学思考）（983b2f.）。这意味着不是致力于逻辑学或者认识论，将真理现象自身作为论题。相反，它在希腊意义上是无蔽之在，存在者自身的被揭示。它的考察是在存在者领域，为了揭示它们的存在。

亚里士多德以这样的说明开始他的历史概述：在四个所谓的原因和视角中，ὕλη 首先进入哲学的视野。古代的哲学家作为主导线索追问的是质料因。他们问，存在者从哪里来，并且将"从哪里来"理解为 ἀρχή, ἐν ὕλης εἴδει（983b7f.）。他们问：存在者由什么构成的？他们相信，随着存在者由什么构成这个问题，关于存在者是什么的问题也会给出的回答。

在哲学的开端，什么原因必须首先进入视野？"原因"是那种为所有存在者奠基的存在者。某种对存在和存在者的理解在这里已经是主导性的了。什么存在者具有那种作为原因而能产生作用的特征？只要对古代的思想者来说，那种一直存在的存在被当作本真的存在，就有了这样的问题：在变化和更替中持恒的是什么，它必定是那满足原因的理念的东西。在这个提问中，原因概念，存在概念仍然是晦暗的。追寻的目光朝向一个存在者，它在每个存在者中都被遭遇。它是由什么构成的？世界整体被理解为从某种东西制作出来的。在一个被制作物中作为持存的现成之物保持着的，例如，在一个雕像中，是青铜。

泰勒斯：那种作为一切变化和存在的事物的基础，作为持久的东西，总是已经现成在手的承载者，是 ὕδωρ，"湿"。第一因是 ὕλη，"质料"。阿那克西美尼：ἀήρ，"气息"。赫拉克利特：πῦρ，"火"。恩培多克勒：γῆ，土。但是他将以上四种元素联合起来。阿那克西曼德：他提出的问题又向前推进了。当存在者在恒常的变化中被把握的时候，但是有一个不变的东西作为基础，那么这个不变的东西必定是无限的，这样变化才能无限。ἀπειρία（无限定）就是这个基础原则，它作为所有存在者的基础。在这个意义上，ὁμοιομερῆ，"有相同部分的元素"就是无界限的。σύγκρισις 和 διάκρισις（聚合和分离）。这些理论看起来非常原始。决定性的是对本原的追问，以及研究的进步。为了以正确的方式发现存在者的真正的原因，必须首先揭示和把握存在者的基本规定。

11（关于 S.38f.）

确实有一种现成的质料、一个原因，引起变化；但是展示出一种双重性：在宇宙整体中展示出 τὸ εὖ ἔχειν，变化不是随意的，生成是有序的，世界是 κόσμος。κόσμος 通过 τάξις（秩序）被规定。这种恰当的方式公开出，在世界的发生和存在中，有顺序和秩序关联的特定指向。方向需要规定，秩序关联需要一个指导。二者都只有在沉思、思考中才是可能的。由此必定有一种沉思作为基础，一个感知，理性，νοῦς。εὖ（好的）和 καλῶς（美的）的事实迫使在存在者中看到意义。那在首先的两个原因之上揭示出一个意义的人，就像是疯子里的清醒的人（参 984b17f.）。因为他将事实看作 εὖ 和 καλῶς，如其自身给出的那样，而非设置一个随意的原因。阿那克萨戈拉揭示出了这个 νοῦς。由此揭示出另外一个原因，但是古代思想者直到亚里士多德没有把握这个原因的原因特征。他们确实超出了前两个原因，但是他们忽略了理性和感性的原因特征，而将 νοῦς 把握为推动力；这就重新回到了两种原因。甚至阿那克萨戈拉自己也不能用他的本原解释世界，而令 νοῦς 功能随意，就像是 deus ex machina（机械解围之神）。只要在导言中对首要的原因的思考已经给出了四个元素，那么 causa efficiens（动力因）也是一个多重的原因。因为世界不仅仅是 καλῶς（美好的），而且也是 αἰσχρόν（丑恶的）由于 ἀταξία（无序）伴随着 τάξις（秩序），甚至超出后者，人们必须为之寻找一个原因。φιλία（友爱）和 νεῖκος（争吵）作为原因，应该解释元素的相互吸引和对抗及其混合。但是这样原因自身仍然是晦暗的，没有在概念上被把握。人们根本上还保持在两个首要原因上。

12.（关于 S.39）

留基波和德谟克利特。他们的原因有更高的普遍性。"充实"和"虚空"是原因，τὸ πλῆρες 和 τὸ κενόν，稠密和稀疏，ὄν 和 μὴ ὄν（存在和非存在），也就是说，甚至非存在都存在！这个论题他们还不明白，柏拉图是第一个明白的。他们还根据 ὕλη 把握宇宙。他们说：世界是通过这二者构建的。德谟克利特在其概念证明中展示了高度科学的世界解释。世界的多样性在三个方向上发生变化：ρυσμός，διαθιγή 和 τροπή（参 985b15f.），（次序）"关系""接触""翻转"。由此通过这三个基本概念把握充实和虚空：σχῆμα，"构型"，事物根据它在其关系中被安放；τάξις，"秩序"，它们彼此接触的方式；θέσις，"位置"，它们转变的方式（985b16f.）。亚里士多德描绘为"差异"，διαφοραί（参 985b13）。阐明世界的方式是朝向空间上的区别的。因此人们大多把德谟克利特解释为唯物主义者。但是那错过了他的积极意义：恰恰不是像以前的元素那样的物质，而是他预先描画出了柏拉图和现代的自然科学的基本概念。

亚里士多德说，这些思想者没有思考运动。他们都在处理保持恒常的东西，造成运动的东西。只有亚里士多德把运动自身当成了问题。

13.（关于 S.40）

第四种原因迄今还未浮现：τί，"本质基础"。它是最难被看到的。不过它已经在巴门尼德那里被看到，然后被所谓的毕达哥拉斯学派和柏拉图看到。随着本质基础被问的，不是从何而来，或动力，或目的，而是什么规定存在者自身作为如其所是的存在者。

14.（关于 S.41）

数学的原则所是的东西，在这里也被设定为存在者自身的原则。他们相信在宇宙中可以看到，在数字中有许多跟存在和生成的东西的类似者。数字关系在于和谐。世界整体由数字构成。数自身的关系和数字描绘比我们所知的更紧密。数字通过 ὄγκοι（微粒）被描绘：

自然数的排列顺序，1，2，3… 总是体现为三角形。数字 10 和数字 4 之间的特别关系。4 是神圣的数字；1+2+3+4=10。希腊人从不单纯地思考算术，而是完全以空间的描绘和架构的方式思考。关于这个框架架构，人们将空间把握为数字。数字变成 λόγος，"概念"，数字使得存在者的可把握性和可定义性可能。

15.（关于 S.42）

比如，他们说过，双（Doppelheit）是世界的本原。由于双首先在数字 2 上展示出来，他们就把双和二等同，而也把诸如 4 和 6 等作为双来把握。因此他们在采用概念方面还不熟练。

16.（关于 S.43f.）

在一种突出的看中从每个个别事例中所看出来的东

西，是理念。ἰδέα 是 ① παρά，"毗邻"感性知觉，② λέγεται κατά，可感知物根据理念被言说。一个勇敢的人的勇敢不同于勇敢自身的存在样式。但是勇敢是什么，是勇敢的人自身被定义的根据。

$$\left.\begin{array}{l}παρά \\ \\ κατά\end{array}\right\} μέθεξις, "分"$$

通过分有理念，可感事物就在其如此存在中被规定了。多种多样的可感事物不仅仅有共同的名称，而且它们也是同一的。这种本质的同一性在理念中表现出来。毕达哥拉斯学派代替 μέθεξις（分有）而使用了 μίμησις，"模仿"。但是柏拉图和毕达哥拉斯学派从来没有说，什么是模仿和分有，他们将这种关系的研究留给了其他人。这个问题直到今天都没有解决。今天每个柏拉图主义者都还区分理想的和现实的，但是两者的关系仍然是没有明确的。这个关系问题没有必须解决，必定使得哲学疑虑。是否整个进路都是过于仓促了？

柏拉图关于存在和存在者的学说的概要并未就此完成。在 αἰσθητά 和 ἰδέα 之间，柏拉图设定了 μεταξύ（居间者）（987b16），数，数学因素。数对于它们所处其间的东西有一种特别的关系。它们就像理念一样是 ἀΐδια，"永恒的"，并且是 ἀκίνητα，"在所有运动之外"。它们和 αἰσθητά（可感物）一样是多，而理念每一个都是单一的：它们的最高的规定性是 ἕν（一）。普罗提诺使得一的理念成为新的问题的出发点。

毕达哥拉斯学派将可感者描述为 ἄπειρον，"无定者"，它通过数获得其规定性、其存在。柏拉图在可感物中看到了大和小这种双；μέγα-μικρόν（参 987b20），"大—小"。数通过大—小分有一的理念而被规定。柏拉图跟毕达哥拉斯学派一样认为，ἕν 不是一个可感的存在者；他进一步把数拉进来解释存在者。

柏拉图 σκέψις ἐν τοῖς λόγοις（参 987b31f.）"在关于存在者的陈述内部进行研究"。他所看向的是在每个陈述中，比如关于一个勇敢的人的陈述中，当下真正所指的东西。亚里士多德将之等同于 διαλεκτική，"辩证法"。

柏拉图教导了两种原因：①理念，或者数，② μέγα-μικρόν，无限定者，具有 ὕλη 特征的东西，存在者由此被构建。（理念—本质基础）。柏拉图还给者两种原因分配了善和恶：善是 ἕν，恶是 ὕλη。

17.（关于 S.46）

亚里士多德在柏拉图那里看到了一个基本缺陷（《形而上学》A9,992b18ff.），在将人们理解为存在的东西当成问题之前，不可能以恰当的方式研究存在者的原因。亚里士多德揭示出了存在以多种方式被述说。这对于他定义哲学自身是决定性的。亚里士多德知道存在的四种不同意义。他在《形而上学》E2,1026a33 罗列了出来：

1. ὂν τῶν κατηγοριῶν，"范畴的存在"；

2. ὂν κατὰ συμβεβηκός，那种存在者所指的存在，它可以在一个存在者的本质规定性中出现，并且总是已经出现了；

3. ὂν ὡς ἀληθές，"真理意义上的存在"；

4. ὂν δυνάμει καὶ ἐνεργείᾳ，"在可能性和现实性意义上的存在"。

18.（关于 S.47）

为什么恰恰是这四种原因被设定为基本意义？哪种存在者在一定程度上为此做了范例？原因和根据的基础是什么？为什么有为什么，一个根据？每门科学都预设了，它是被奠基的，并且要求设定一个根据。希腊人没有提出这个问题。

理念是超出一切变化，从而是一门知识的唯一可能的对象，它具有确定的存在，唯有它能够被科学地把握。

柏拉图让理念和存在者之间的关系保持为晦暗的。即使是 μέθεξις 也是某个东西，从而必须被标划为一个存在者，一个存在。这是柏拉图主义的一个基本困难。个别和本质之间的关系问题在今天的现象学中也是一个迫切的问题。

对巴门尼德而言重要的是确定世界整体。他将 ἕν 把握为纯粹范畴。由此他在范畴领域前进了一步（亚里士多德，《物理学》，A3, 186a4ff.）。跟泰勒斯等人的"一"本质不同的是，巴门尼德的"一"是纯粹的同一性。

四因问题有多重困难：①证明四因是否是全部原因，为什么。②证明哪种存在领域对各个原因而言是源始地相应的，每个原因各在哪个存在领域，这个原因又在多大程度上可以被转渡到另外的领域。这样，空间就是几何学对象的 ὕλη。③存在者自身的普遍领域的系统研究。④对存在一般的问题，存在对每个存在者到底意味着什么。⑤不同的存在领域中存在如何能够被把握的问题。更加原则性的问题：追求根据的意义。诸如根据这样的东西取决于什么？人们可能在这里想到一个循环问题。从形式论证上来说，确实如此。但是问题是，是否证明是推理，还是指示出一个纯粹的被给予的、但其被给予性对我们恰恰是遮蔽着的东西，这种意义上的证明样式。

19.（关于 S.47f.）

在近现代哲学中根据问题以充足理由律而为人所知（莱布尼茨，《单子论》，见前 S.47，第 2）。直到莱布尼茨根据问题一直是不清楚的，根据和原因是不分开的。无论是在希腊人那里，还是在经院哲学那里。[①] 笛卡尔受到的影响，是完全经院哲学式的：Nulla res existit de qua non possit quaeri quaenam sit causa cur existat（存在的东西没有什么不能问其存在的原因的）。[②] 没有任何存在者外在于这个问题。甚至上帝自身的存在也被把握为 ens realissimum（最真实的存在）（见前，S.161，第 9），也隶属于原因问题。当然，他不需要另外的存在者，因为这是实体的意义。但是，无限性自身就是认识的原因和根据，它不需要其他原因而存在。在一个无限的本质的理念中，被另外的东西导致本质地被排除了。在最完满的存在者的概念中，存在的概念必然被一起思考了。否则，无限者就缺乏什么东西，就不是无限的了。Causa sui（原因自身）的问题在思辨神学中。

莱布尼茨，《单子论》（1714）：我们的理性认识以两个原则为基础：①矛盾律，由于这个原则，我们把矛盾的东西刻画为假的。②充足理由律：没有什么事实是真的和存在的，没有陈述是正确的，如果没有充足理由说明它为何这样而非别样，虽然这些根据在大部分情况下不能为人所知（第 31，32，见前，S.47f.）。沃尔夫更加敏锐地说明：*principium dicitur id, quod in se*

[①] 经院哲学问题，参 F. Suarez, *Disputationes metaphysicae*（见前 S.23），论点 12, 1–3 部分。

[②] Descartes,（见上 S.161，第 10），*Secundae Responsiones. Axiomata sive Communes notiones I*, S.164.

continet causam alterius。① 三个原则：1. principium fiendi（生成原则），2. principium essendi（存在原则）（参沃尔夫，§874, S.648），3.principium cognoscendi（认识原则）（§876，S.649）。① ratio actualitais alterius（另外的现实性的原因）（参 §874, S.648），actualitas=ἐνέργεια，"现实性"。② ratio possibilitatis alterius（另外的可能性的原因）（参 §874，S.648），δύναμις，"可能性"概念重现。

亚里士多德根据统一的原则划分规定了 ἀρχή（本原）。康德对充足理由律的表述非常不同。在莱布尼茨那里是一个本体论原则：某物存在的根据。在康德那里命题不是跟存在者关联，而是跟对一个真理的信念的动机有关：根据＝持以为真的根据；它能够证实，一个事先给予的真理能够被作为真接受；确定性原则。② 每个真命题都要求一个根据，在它的支撑下，真理作为真理被确认。③ 进一步的结果原则，形式逻辑："如果充分的根据是真的，那么其结果也是真的〔……〕，如果结果是错误的，那么充分的根据也是错误的。"④ A ratione ad rationatum; a negatione rationati ad negationem rationis valet consequentia.⑤

---

① Wolff（见前 S.48, 第7），§866，S.645：所用的词不是 causam，而是 rationem。

② *Kritik der reinen Vernunft*, A820ff. B848ff.

③ Kant, "Eine neue Beleuchtung der ersten Prinzipien der metaphysischen Erkenntnis"，In: *Kleinere Schriften zur Logik und Metaphysik*. 2nd ed., Erste Abt.: *Die Schriften von 1755—1765*. Leipzig, 1905; Zweiter Abschn.: *Über das Prinzip des bestimmenden, gewöhnlich zureichend genannten Grundes*, S. 12ff.

④ *Handschriftlicher Nachlaß*, Bd.III: *Logik. Kant's ges. Schriften*. Ed. Königl. Preuß. Akad. d. Wiss. III. Abt., Band XVI. Berlin and Leipzig, 1924, §364, S. 718.

⑤ 见前，注6，第3218，S.717。

在黑格尔那里，这个问题变成有基本意义的，因为在那里，原因和根据又被同一起来。

20.（关于 S.51）

简短的、导言式的系统的指向：首先被给出的是存在者。存在者被看到，而没有理解和把握存在。素朴的思考不会超出存在者范围。但是只要存在者作为存在者被把握，其中就有对存在的理解。哲学的任务就是弄清楚对存在的这种盲目的理解，并将之带向概念。

第一步：从存在者到存在以及它们的概念。理解（认识）在哲学思考之看中也随之而来。首先随着对 λόγος 的增长的揭示，赢获存在的 λόγος（概念）的可能性也增加了。λόγος：所有陈述都是一个将什么"称呼"为什么。哲学的陈述：就存在者的存在而称呼存在者。随着 λόγος 问题，每个存在者作为存在者一直是的东西，即其存在的问题也被提出来。

这决定性的一步是在巴门尼德哲学中做出来的。

21.（关于 S.52）

关于 1：希腊人将大地想成盘子状的。但是阿那克西曼德发现，这个盘子下面还有一个天，所以是漂浮着的。关于 2：基本论题是：水 = 湿。问题是，这是否是在生理学和天文学上被理解的。或者人们注意到了不同的聚集状态，这就是天文学的解释；或者生理学的：所有种子都是活的；湿作为生命的原则。后一个原则似乎同第三个论题一致。即使水被当作存在者，人们也不能因此得出唯物主义的结论，因为在这里，物质和精神尚未分开:万物有生论。如果人们将两个原则的统一体看作被分开的,那这个说法就是误解。

在设定原则的同时,泰勒斯追问跟变化对立的恒常之物;追问恒常性和持存。对此,必须首先确定恒常之物和变化之物之间的区别。

22.(关于 S.53f.)

阿那克西曼德(生于公元前611年)在米利都自然哲学家中是真正的哲学思考者。阿那克西曼德将 ἀρχή(本原)设定为 ἄπειρον(无定者)。对此决定性的思考是:存在者恒常在变化和对立之中运动。必定有一个存在者作为基础,使得这种变化可能,并且在一定意义上是不可穷尽的,它在空间和时间延展中保障了新的对立。因此,它必定在一切对立之前存在,并且不能是某种确定的存在者,像水那样(泰勒斯)。这个 ἀρχή 必定①在对立双方的意义上不是确定的;它必须是不确定的。②但是它必须超出任何一个对立方,并且是不可穷尽的。亚里士多德在《物理学》Γ4(203b18ff.)称,设定 ἄπειρον 的根据是:"只有当一切变化由之而出的东西是不确定的无限,才能保证生成和消亡自身不会消失。"

阿那克西曼德这样思考存在者整体:在已知世界周围,各个方向上都同时有无数其他世界。ἄπειρον 包围着所有这些无数的世界。他还将这些世界描画为 θεοί(诸神),但是这个词没有任何宗教意义:不是崇拜的对象。θεός 只是最高的和真正的存在者。素朴的宇宙论。但是,阿那克西曼德试图用 ἄπειρον 渗透过所有的确定的存在者,这展示了他的哲学直觉。恰恰是他让它是无限定的,才展示了他的哲学理解。亚里士多德对阿那克西曼德有特别高的评价;例如,在《形而上学》Λ2,亚里士多德在 ἄπειρον,无定者,这个观念中同时看到了潜能的观念。只有可能的东西,才能是现实的。但是阿那克西曼德还没有潜能概念就前行着了。

23.(关于 S.55)

对立也为米利都哲学所知。但是它还没有被作为对立性自身拿出来当成问题。对立不仅仅是区别,而且是一种完全确定的区别:区别的双方彼此有一种关系,一个相反的努力。日和夜,冷和热,它们不是随意的区别,就像是石头和三角形,太阳和树木的区别一样。对立的发现意味着把握了一种新的区分样式,由此更深入地渗透进了存在自身的结构中。所有被考虑的对立都是指向人的此在的。所有在世界中的都是对立。这比说世界中的一切都是变化的和有所不同的,说出了更多。

1. 巴门尼德:强调对立者中消极的方面。所有对立的存在者都没有存在。有存在的东西,只有一,它先于对立存在。

2. 赫拉克利特:强调对立者中的关联。一个不是另一个,但它也是另一个。相互反对者恰恰是存在者。对立者是真的世界,构成了存在者的存在。

24.(关于 S.57f.)

赫拉克利特。传统上赫拉克利特跟米利都学派被紧密联系起来,这样巴门尼德似乎已经知道了赫拉克利特。K. 莱恩哈特提出，巴门尼德没有反对赫拉克利特，而是相反（见前，S.57，注6）。莱恩哈特的论述内容上很丰富，即使在哲学上不是很有说服力。无论如何我们都从赫拉克利特开始，以便减小理解的难度。

赫拉克利特被称为 ὁ σκοτεινός，"晦涩者"。他的哲学在斯多亚学派那里被重新塑造为一种自然哲学。影响了斐洛和诺斯替学派。赫拉克利特的残篇源自教父时代，因此在很多方面是被重新解释了的。亚里士多德对他的刻画已经是误导性的了，说他跟泰勒斯（水）和阿那克西曼德（气）相区别，设定了火。赫拉克利特哲学不是米利都学派意义上的自然哲学，不是一种宇宙论理论，似乎他要从火出发来解释世界现在的架构。火具有象征意义：πάντα ῥεῖ（一切皆流），这只是赫拉克利特的一个方面。不是说一切只是过渡，变化，而是说：在变化中持续，在 μεταβάλλειν（变化）中的 μέτρον（尺度）。他所指向的目的就是在变化中的同一者。基本原则不是火，而是变化。基本原则不是火，而是 λόγος，"世界理智"。λόγος 第一次变成了哲学的原则，即使是意义不明确的。

25.（关于 S.58f.）

1. 对立性和统一性问题。

2. λόγος 作为存在者的原则。

3. 发现和规定灵魂、精神。

Περὶ φύσεως（论自然）：这个题目是否出自赫拉克利特自己，并不确定。里面只有残篇（H. 狄尔斯，见前，S.58，注2；126个没有关联的残篇）。

残篇 108："我听了很多话语，但是没有一个认识到，在所有事物之外还有一个理性。"至此为止的世界解释还是关于存在者的。存在超出一切存在者，不再是一个存在者。第一次楔入了超越观念：存在超越一切存在者。残篇 67："神是白天和黑夜，冬天和夏天，战争与和平，多余与饥馑；它就像火一样变化……"神是一切对立的统一，但是作为这个对立者的统一性，它自身是变化的。只要这个一存在，它就是它的对立者。赫拉克利特用的是比喻的方式，因为概念的解释是不够的。往火里扔不同的香料，气味也不同，因此火总是不同的。残篇 78：世界理智作为神圣的跟人的理智划分开来。"人的存在样式（ἦθος）没有洞察力，而神的却有。"人也有 λόγος，但他看不到对立者的全部以及它们的统一。人不能理解整体自身。残篇 102："在神那里，一切都是美、善和正义的；人却将一些当作正义的，另一些当作不正义的。"人的沉思是单方面的。残篇 56：这个本原不是任何存在者："人任由自己将关于可见事物的认识当作最好的，就像智慧的荷马那样……"统一性具有不可感的性质；本原不是内在于可经验的、随处可见的存在者的东西。

赫拉克利特如何描述对立性的特征？世界自身的对立性整体被把握为问题的基础。残篇 61："海水是最纯净的，也是最肮脏的，对鱼而言是维持生命的东西，而对人而言是致命的。"总是根据使用而发生改变，但又保持同一。残篇 62 表达了同一个观点，不仅是对世界显像之变化的描绘，而且预设了对对立者的一种沉思。残篇 111："疾病使得健康令人愉悦……"对立者不是彼此脱离的，而是同对立的对方有一种内在的关联。如果对立性构成了存在，那么对立的存在者显然必定是和谐的：残篇 88，残篇 54："不可见的和谐高于可见的和谐。"不是眼见的东西使得存在者被看到以及存在被理解。残篇 51：人们"不理解，'一'如何以相互对立的方式保持自身"。还有一个形象的比喻，"对立地达到统一，就像弓和七弦琴一样"。弓恰恰是由于其两端有相反的方向，而通过弓弦连成一体，从而成为弓的。残篇 103：对立的终点彼此汇合，就像在圆中一样：ξυνὸν γὰρ ἀρχὴ καὶ πέρας（始点和终点是共同的）。残篇 90："一切跟火之间发生交换，以及火跟一切发生交换，就像用金子换货物，并从货物换金子一样。"残篇 30："这个世界的状况不是任何神或任何人创造的；它过去是，现在是，将来也是永恒的活火，根据一定尺度燃烧，根据一定尺度熄灭。"μέτρον，"尺度"，规则，是本质性的，而非表面的东西。这个规则是世界自身的法则，理性。

　　火是一个永恒变化的标志。存在者的真实本质是曾是、当下是和将来是。塞克斯都·恩披里柯：根据赫拉克利特，时间的本质似乎是某种有形体的东西，即火（Adversus mathematicos，参前，S.59，注 4）。恒常的变化，自我对立而又是一，无非就是时间自身。只要时间现在是，它就总是尚未是和不再是。

26.（关于 S.59）

　　跟 λόγος 的关联又是怎样的呢？残篇 50："不是你知觉到我，而是 λόγος，当你说，认识到一切是一是聪慧的。"本质性的是，λόγος 自己说：ἓν πάντα（一切是一）。一，持存，同时是一切，相反者。其洞见是，一切通过一切来统治（残篇 41）。

　　λόγος 首先意味着"话语""词语"，它具有基本的功能 δηλοῦν，"揭露"。话语使得公开。λόγος：① λεγόμενον，"在词语中揭露出来的东西",存在者自身。② λέγειν,"揭露"自身。赫拉克利特在两重意义上使用了 λόγος 一词,并且没有分开这两个意义。③ ὑποκείμενον:λόγος 揭露那使得存在者成为存在者的东西,它的概念,根据,那为它奠基的东西(康德):λόγος= 作为"根据"的 ratio。Ratio 也是理性;④ νοῦς,作为"理性"的 ratio。⑤尤其在数学中,λόγος 将存在者作为一个如此的存在者。λόγος 根据一个存在者跟另外的存在者的关系将一个存在者揭露出来:λόγος= "关系","关联",就像一个三角形的各个边的关系。在亚里士多德那里,①和②被进一步限定:ὁρισμός,"概念""定义"。

哪里有 λόγος,哪里才有无蔽,ἀλήθεια。哪里 λόγος 缺失,就有 λανθάνει(遮蔽)。残篇 2:赫拉克利特对 λόγος 的本质刻画:"必须追随普遍的 λόγος。但虽然 λόγος 对一切是共同的,大部分人却这样生活着,就像他们有自己的 λόγος。" λόγος 是揭露者,展示如其自身的存在者的东西。在 λόγος 中展示出来的东西对一切都是有约束力的。残篇 114:"如果人们要带着 νοῦς 说存在者,人们必须用 λόγος 来武装自己,就像一个城邦用法律武装自己,并且所有人的法律都是从现实的东西受到滋养。"纯粹的 λόγος 自身的绝对的事实性跟人的立场相反。残篇 29:"大部分人无疑就像牲畜一样。"赫拉克利特是将自己从公共生活中拉回来的为人所知的第一个哲学家。

27.(关于 S.60)

残篇 115:"灵魂自身具有 λόγος,并且这种 λόγος 是自我增长的。"残篇 116:"所有人都被赋予了认识自己和理解的能力。"

将认识回溯到认识者自身。灵魂自身在这里第一次处于哲学研究的领域。当然,"你不能测量出灵魂的界限"(残篇45)。——存在相对于存在者作为超越者被把握。λόγος要求对每个孤立的意见进行绝对的联结。

黑格尔特别强调赫拉克利特。他所设定的本原不是一个特别的存在者,而是辩证法自身,对立之中的统一,相反者的运动和扬弃。即便是黑格尔也把赫拉克利特放在巴门尼德后面,把他视为第一次真正的哲学沉思。赫拉克利特必然的进步在于,从将存在作为第一个直接的思想,到将生成作为第二个。(见前,S.60,注9)

28.(关于S.65f.)

即使不是所有的存在者都被看到,存在也能被把握。这个存在自身被牢牢把握在理性中,不能被分裂开。因为存在是对所有存在者而言普遍的东西,超出于存在者的区别存在。只要存在者被存在所规定,那么这个存在者就是整体的。存在者的统一性和整体性超出了所有对立。存在者和存在在这里被处理为诸如缺席和在场性这样的表达:希腊人对存在也是这样把握的。参考时间规定存在者:只有当下、现在自身是独一无二的。统一性、整体性、当下是巴门尼德(存在的)三个规定性。

28a.(关于S.69f.)

时间现象对于巴门尼德而言不纯粹是现在,而是一个存在者。很久以前时间被等同于天空,太阳这些估算时间的东西。柏拉图:时间是天球。由此我们大概就理解了,为什么巴门尼德说:"存在是一个浑圆的球体"(残篇 8,V.43)。

时间在巴门尼德那里不是作为基础被强调和理解。他用时间特征最敏锐地帮助规定存在:它不是曾经是,也不是将来是,而是现在和恒常是。从消极方面再次展示出同样的结果:存在是不可打碎、没有等级、不运动的。由此,巴门尼德前面的话:存在和对存在的思考是同一的,可以更敏锐地得到表达(残篇 8,V34ff.):"理解和由此而来的被理解者是同一的;因为你不能有理解而没有存在者,因为理解和思想是在存在者中被说出的。"每个理解都是对存在者的理解。因此,理解自身就是一个存在。由于存在只有一个,是唯一的,所以理解和存在是同一的。每个理解都是"关于……的理解",这个现象只有现象学才认识到了。生命和此在的源始结构。存在者就其结构而言本质上是跟另外的存在者关联着的,不仅仅是把握,而且意愿、希望、提问等都是如此。生命和此在的一切行为都本质地关联到存在者。柏拉图相对于智者再次赢获了一个更加敏锐的 λόγος 概念。他说,λόγος 是 λόγος τινός,"关于……的陈述"。巴门尼德:理解自身就是一个存在。

跟一个浑圆的球比较,从中心出发在各个方向上球的厚度都是一样的。球作为存在的象征被引用,这不是偶然的。在对存在的分析中,时间进入视野,那种对时间的素朴理解朝向太阳的周转,朝向天球。

29.(关于 S.70)

巴门尼德教谕诗第二部分与此有什么关联呢?第二部分甚至更加残破。对哲学理解来说,只有残篇 19 是重要的:δόξα(意见)相对于 ἀλήθεια(真理)。"因此，它根据假象产生……"假象的世界变化、生长和消亡，人试图将这种变化固定下来，用它的一个单独的阶段来称呼它。但是名称什么也没说，因为它所意味的东西已经不再存在也将不再存在。因此不能依赖于词语。必须转回去把握事情自身，而唯一可以把握的东西是持续的东西，存在。

对存在的思考的这种力量以及语言表达的这种确定性以前从未达到过。作为结果确定了的是，存在是统一性、唯一性、整体性、固定性、不变的当下。所有这些规定都具有积极的意义。

（对巴门尼德的补充：理解的存在根据被把握的存在者来解释：后来全部哲学都是如此。归于世界的存在特征被反射到生命、精神等的存在特征上。）

接下来的存在学说只是就结果而言的消极扩展。埃利亚的芝诺：他试图展示巴门尼德的反对者，如果巴门尼德的陈述的相反者有效，那么就会出现矛盾和荒谬的状况。

30.（关于 S.72f.）

关于 1。（狄尔斯，19A24，见前 S.72，注 7）关于空间大小有两个可能的假设：①空间的元素是非空间的。那么，怎样从非空间的累加中产生诸如空间和空间形状的东西？所以这个假设是错误的。②一个空间形状的元素自身是空间性的，用希腊人的话来说：它们自身每个都是在空间中有一个位置的。一切存在之物都在空间中，空间自身如果存在的话，也必须在空间中。其结果又是不可能的：无限前进的空间，一个包着另外一个。

同时它也是不可认识的了,因为对希腊思想而言,认识总是限定。两个假设都导向荒谬。那么,存在者整体,空间就不是通过多来规定的了。所以,存在是一,没有区分的,整体的。

关于2。(狄尔斯,19B1,见前 S.72,注8)大小关系也是一样的情况。结果或者是没有大小,或者有无限大小。从纯粹的无不会有数。但是如果数从统一性、大小、点产生,那么在两个点之间总是会有另一个点,直至无限。由此,数可以被划分为无穷,由此在科学上是不确定的,而在认识上不能确定的东西,就不存在。

关于3。就运动而言有两个可能的假设:或者它被分解为不运动的元素,最后的静止的点,或者是分解为自己还有运动和变化的元素。第一种情况下,不能看出怎样从静止、地点的聚集产生出运动这样的东西。同每个现在相应的是运动者所位于的一个这里。它们的聚合产生不了运动。在第二种情况下,在每个要穿越的从……到……的过程中的延展还有一个延展,在每个要达到的地点之前有无限的延展。运动的物体根本不能向前进,慢和快起不到任何作用,从而最慢的不能被最快的超越。

31.(关于 S.74ff.)

4. χρόνος,"时间":一半的时间能等于全部的时间。给出三条虚线:

    a. ···

    b. ···>

    c.   <···

当运动图展示为这样：

   a. ···

   b. ···

   c. ···

那么相对于 b，对于 c 而言的时间等于 a，因为在三条虚线对齐之前，b 必须穿过全部的 c；同时它必须穿过一半的 a。

$$\frac{t^c=\dfrac{t^a}{2}, \quad t^c=t^a}{t^c=\dfrac{t^a}{2}}$$

这是连续性问题。巴门尼德将存在在其统一性中表述为 συνεχές（连续），人在其空间—时间点中是不能区分的。在不同长度的两条线段的所有点之间，有明确的对等。

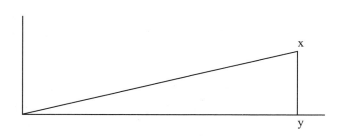

关于两个线段的连续性，无限的分割不造成区别。或者，在一个圆形的圆周上有无限多个没有弧度的点。由此怎样产生出圆形的？那被分割的部分怎样能够变成一个整体的？这样，连续性，整体是不能由部分凑在一起形成的。

这些论证首先跟各种现象联系在一起：轨道、空间、时间。但是基本事实涉及它们的基础，即连续性。问题不在于时间（至少根据这个时间概念），而是连续性。因此有必要将连续性看作某种首要的源始的东西来把握。它包含了巴门尼德归于存在的那些特征。这个问题在 19 世纪又重新出现了（B. Bolzano; G. Cantor; B. Russell; H. Weyl: 见前，S.75f.）。

连续性现象早于数学领域存在。连续性先于任何可能的无限的计算。存在根本地不同于存在者。当连续性超出任何有限的和无限的规定的时候，那么存在也超越于存在者。存在的任何规定，只要是真实的，都是超越的。

还有一个困难：巴门尼德跟时间关联赢获了存在的特征。但是现在表明，时间自身就像空间一样，都回到连续性。如果时间回到连续性，如何能够就时间来解释存在？但是这里的时间一直是在流俗的（对希腊人而言也是理论的）时间理解意义上被使用；也是在亚里士多德的时间意义上被使用。当我们说，巴门尼德根据时间赢获了他的存在特征，那么这里所指的是一种更加源始的时间理解。不是我们所意指的现在的点的前后相继意义上的时间。

在所有的这些论述中，困难不是作为时间的时间，或者作为空间的空间，而是连续性特征。这样目光就从连续性现象移开；所以芝诺超出了巴门尼德。

32.（关于 S.76f.）

萨摩斯的麦里梭。他也处于同一个问题之中。不过他从巴门尼德脱离开，因为他想通过具体的科学来完善存在概念。麦里梭的大量残篇在辛普里丘的《亚里士多德的〈物理学〉注释》（H. 狄尔斯编辑，见前 §6b, S.15f.）中流传下来。尤其重要的是残篇 7 和 8：存在概念（即统一性）跟存在者的特征联系起来，诸如稠密和稀疏、空虚和充实。对存在而言不能有任何界限，由此存在不像限定在自身中的球体，而是作为无限的同质体，没有任何空隙。残篇7："空虚是无。"存在不能动，它不能躲到任何地方去。如果它躲开的话，就是躲进空虚里面去。但是不存在空虚。所以存在不可能有运动。一个事物如果不是空虚的，那就必须是充实的。但是如果它是充实的，那么它就不会运动。由此就和他同时代的自然哲学建立的联系，这种自然哲学已经和米利都的自然哲学没有关系了。在存在论上，这里确实发现了某种积极的东西，但是就对存在者的揭示而言是失败的。

古代的以及一般而言现代的导向，将存在作为恒常性，需要进行修正。

残篇8：多是欺骗性的和虚假的；如果有多，那么就排除了变化。"如果有多存在，也就是说如果多样性和变化被称为存在，那么这种多和变化必定像'一'一样存在。"如果成功地、科学地把握了变化和运动，那么它们必然就像一那样被把握。就像笛卡尔所说，所有的方面都引回到一个统一的分母。一个事物的所有特征都是偶然的规定性，都导向存在者的量化样式。Extensio（广延）是规定存在的特征。[①] 如果所有存在者都可以被还原为量化的延展样式，那么，如果统一性（并且不仅仅是形式的统一性）没有被确定，在其存在中的存在者就不可被把握。问题是，各个不同阶段怎样被关联起来。这个问题直到今天都没有被解决。

---

① Descartes, *Principia Philosophiae*. Tome VIII. Paris 1905, II, 1 , 4.

33.（关于 S.78ff.）

第一次向着赢获存在进发，却同时返回到存在者。新的自然哲学（恩培多克勒、阿那克萨戈拉、留基波、德谟克利特）把握住巴门尼德的问题并试图规定存在者，将它作为科学认识的可能对象。问题是，那给出感知经验的存在者是否没有展示出跟存在相关联的结构。经验世界的真正方式不是 αἴσθησις（感觉），而是 λόγος。这样巴门尼德的论题被坚持下来，同时朝向 σῴζειν τὰ φαινόμενα（拯救现象）（柏拉图）。所谓的非存在者的权利被返还。同时方法论地思考那使得现象可以通达的理解。恩培多克勒：更加敏锐地看到了感知的特别性。残篇 4："个别的感觉有其特别的权利……用每个感觉精确思考每个个别事物……"每个 αἴσθησις 都有其自己的明证性，根据这种明证性来确定知识诉求。

人们不能先在地设定一个理想的知识。存在者必须随着每种知识形式同时被限定，这种存在者通过这种知识形式得以通达。阿那克萨戈拉，残篇 21："由于感觉的虚弱，我们不能在它们的帮助下就其自身、在其无蔽中赢获存在者。"亚里士多德，*De generatione et corruptione*（《论生成与毁灭》），在导言中，他就元素的揭示思考了早期哲学（A8,324b25ff.）。

现在有对充足理由律的更加敏锐的理解。留基波，残篇 2："没有什么东西是偶然产生的，而是一切都来自确定的根据，并由于必然性。"把握存在者的道路，即问是否变化和改变能够在存在中"被奠基"，是否有一个恒常之物在改变中被替换了。αἰτιολογία（见前 S.79, 注 8）：人们要在 λόγος 中赢获 αἴτιον。德谟克利特说，他准备好了为了一个 αἰτιολογία（原因论）之故放弃整个波斯王国。

最切近地被给予的存在者必须比以往更加透彻地被把握。它不能作为空洞的假象被拒斥，而是要在其结构中去把握。变化自身更详细的规定。变化和改变不等同于存在（或者只是形式地跟它有区别），而是有某种东西作为它们的根据：στοιχεῖα，"元素"（首先是在柏拉图《泰阿泰德》201e1）。变化不是漂浮在存在之侧的东西，而是在混合和分离意义上被规定为恒常的东西。它不生成也不消灭。否则人总是受到完全的虚无的威胁。恩培多克勒，残篇8："我要告诉你另外的东西。任何事物都没有生成，在致命的死亡中也没有消亡；只有混合；消亡只是一般理解中的一个习惯的名称。"生成被称为 φύσις。变化不是宇宙生成论意义上被理解的生长，而是一切都是永远如此，只是总是在交换它们的可能性。阿那克萨戈拉，残篇17："希腊人对生成和消亡的不正确的语言使用。从现成的存在者混合并分离。"变化不是对立于存在的，而是作为一个现成之物的根据。亚里士多德："如果没有 ὑποκείμενον（基底），那么运动是不可能的。"（参《物理学》A7，190a34ff.）混合和分离是内在于存在整体中的最后的结构所展示出来的因素，所以 τάξις，σχῆμα, θέσις（顺序，形状，位置）就是在存在的结构中唯一的规定存在的因素。这些元素是基本的规定性，它们使得存在者在其恒常性中被保存得以可能。

但是引人注意的是，ὑποκείμενον 这个观念没有就这些现象自身被讨论。为什么这个问题没有浮现？这跟运动概念的不清晰是分不开的。运动只是混合和分离，并被还原为 ἀεὶ ὄν。恩培多克勒排除了在生长意义上的 φύσις 概念。不过，在他那里有

ριζώματα 这个表达（残篇6），各个"根"。在阿那克萨戈拉那里是 σπέρματα（残篇4），"种子"，用来代替 στοιχεῖα（元素）。充足理由律的导向几乎滑落回到前巴门尼德哲学的水平：元素——水，土，火，气。

阿那克萨戈拉："一切出自一切。"（参残篇6）传统上对他的学说的看法是错误的，他们认为阿那克萨戈拉的世界结构出自相同部分的最终元素，就像德谟克利特的原子或者四元素。这些"相同部分的"元素是质，而非质料（最小的东西）；这些质自我调整（参笛卡尔，见前，S.241，注1）。每个单独的东西都只是整体的一种特定的聚合，是一直贯穿的混合关系的一个状态，πανσπερμία：元素的聚合和分开。事物总是现成的和可能的性质的体现。名称不是任意的；它们在其意义中跟存在者自身关联着，因为它不是别的，而就是在恒常之物基础上的变化。宇宙生成（恩培多克勒，残篇26，见前S.80，注19）：世界的四个状态：① σφαῖρος，所有对立者的均匀的调和，② κόσμος，一切都通过法则被束缚，但还是混合在一起的，③ νεῖκος，"斗争"，④回到 σφαῖρος。我们处于第二阶段。

德谟克利特和留基波。运动的整体就其前提被询问。前提是一个秩序整体，在其内部运动得以可能。κένον，"虚空"，一个游戏空间，物体无论何时都可以躲进里面。那么，虚空自身必须是存在的。这是空间的一个积极的规定和维度。κενόν 具有自己的 φύσις。残篇156："存在者比起非存在者并没有处于较高的等级。"柏拉图的论点：甚至非存在者，虚空也是存在的。德谟克利特还没有提出这是如何可能的问题。他试图为非存在构筑积极的存在条件，就像康德寻求自然的条件。① 这个问题是，为了自然能够存在，什么必须存在。在巴门尼德那里，存在整体被看到，但是它是在其自同性中的无差别的存在。德谟克利特寻求内在的结构说明，他看到了运动的建构元素。

34.（关于 S.82）

即使对于他（德谟克利特），λόγος，νοῦς，"概念"也比 αἴσθησις 具有优先性。这不是没有道理的。某物被认识只有通过跟它类似的东西。认识只是相似者跟相似者的同化。巴门尼德已经认为：被认识的存在跟认识的存在是同一的。在自然的存在意义上的存在反射到认识的存在结构上。恩培多克勒，残篇 109："我们认识某物，只有当我们物理地是相同样式的。"理解着的主体必须自身已经和被理解者一样。（残篇 106）。在德谟克利特那里，这种认识学说被发展为 εἴδωλα（影像）理论：影像从事物脱离出来，又漫游进灵魂。德谟克利特只能将认识表征为原子的移动，ἐπιρυσμίη（流射）（残篇 7,8,9,10）。残篇 7："我们对真实的东西一无所知，而总是意见的流入。"残篇 8："我们在灵魂中只有从事物脱落下来的影像。"要被认识的存在者的概念被反射到认识的存在上。除了对认识的纯粹自然的解释，λόγος 的特别的功能也被把握了。但是没有成功地在它的存在中抓住它。

这个冲突在柏拉图和亚里士多德那里延续着，即使在他们能够更敏锐地把握灵魂和精神的地方。他们没有成功地将生命

---

① *Kritik der reinen Vernunft*, B165.

或灵魂的存在样式跟自然或世界的存在样式划分开。笛卡尔也是这样。即使是在康德那里，主体、意识的概念也没有在存在论上被规定。黑格尔同样，他也将精神把握为实体，当然是在非常广泛的意义上。这也跟希腊存在论的主导地位有关。

246

35.（关于 S.86）

关于世界的存在的学说被让渡到总是变化的人上。感觉内容跟思想内容没有关系（普罗泰戈拉，残篇7，见前，S.86，注4）："甚至感知到的线也不是几何学家理论地谈论和意指的东西。"感知到的线基本上是一个平面；而几何学家所指的是另外的东西。事实上，没有绝对的度数，也没有几何学上准确的弧线。甚至在一个点上跟圆接触的切线也不能通过感性知觉来确定。真实和存在着的东西总是只是根据一种确定的把握方式被思考的东西。这些样式没有一种有优先性。

沉思语言表达和意义的法则。普罗泰戈拉将句子划分为四种（或七种）形式：εὐχωλή，"请求"；ἐρώτησις，"问题"；ἀπόκρισις，"回答"；ἐντολή，"命令"。柏拉图和亚里士多德研究了不同的句子形式，并且根据其结构研究了陈述句（比较狭义的 λόγος）。普罗泰戈拉应该也是第一个区分了性别的（阳性，阴性，中性）。残篇4：对诸神和宗教的立场："关于诸神我没有任何知识，既没有他们存在的知识，也没有他们不存在的知识，以及他们是什么样的知识。因为有许多东西阻碍着，使得对诸神的认识变得不可能，既因诸神的不可被感知，也由于人生的短促。"参考苏格拉底及其审判。

36.（关于 S.87f.）

高尔吉亚：Περὶ τοῦ μὴ ὄντος ἢ Περὶ φύσεως（论非存在或论自然），据称他的著作的题目。根据一些人的看法，是夸张的辩证法的例子；根据另外的人的看法，是严肃的哲学思考。后者无疑是正确的。亚里士多德写了一部著作反对高尔吉亚（参前，S.87，注2）。所以高尔吉亚并不是无意义地饶舌。塞古斯都·恩披里克（Adversus mathematicos, 见前，S.87，注3）流传下高尔吉亚的三篇论文：1. 无物存在，οὐδὲν ἔστιν。 2. 即使有物存在，它也是不可被认识的。 3. 即使某物存在并且可以认识，它也不能被传达给另外的人。它是 ἀνερμήνευτον，"不可被解释的"。1. 否定存在，2. 否定可以认识，3. 否定可以交流。

关于1。 从结果进行论证。（参芝诺和麦里梭）。"如果是"，εἰ γὰρ ἔστι（不是如果某物是），那么"或者是存在者或者是非存在者，或者既是存在者又是非存在者"。但是既非存在者，也非非存在者，也不是既是存在者也是非存在者。①非存在不存在：τὸ μὲν μὴ ὂν οὐκ ἔστι。如果非存在者是，它就同时既是又不是。由于它被思考为非存在者，那么它不是。因为它是非存在者，所以它又是。某物同时既是又不是，这是完全荒谬的。所以，非存在不是。或者另外一个证明：如果非存在是，那么存在者不是。因为二者彼此对立。因此，既非存在者不是，也非非存在者是。②存在者不是：如果存在者是，那么它必须或者是永久的，或者是生成的或者是二者。如果它是永久的，那么它没有开端。但是这样它就是无限的了。如果它是无限的，那么它不在任何地方。因为如果它在任何地方，就要有它所在的一个地方，存在者就被另外一个它所不是的存在者包裹。因为包裹者比被包裹者大。这个不可能的结果表明，存在者不是永久的。同样表明，存在者不能被生成，并且也不能二者同时是。

关于 2。如果存在者是可以认识的，那么所有被认识者都必定是。思想也是被认识的。被思想的一切必定存在。这不是真实的。如果存在者可以被认识，非存在者必定不可被认识，也不能被思想。因此第二个论题也从结果被证明了。

关于 3。如果某物被交流，那它必须是在 λόγος 中被交流。λόγος 不同于 ὑποκείμενον（基底），如，我不能通过陈述来交流颜色，因为人不能听到颜色。λόγος 却必须是被听的。进一步来说，不同的主体怎样可以意指同一个东西？被把握的是多和不同的东西。多个不同的主体没有把握一个对象的统一性。

这些论题背后的辩证法给黑格尔很深的印象。他在高尔吉亚那里看到了一个特别深刻的思想者。

逻辑的基础开始了。高尔吉亚明确地着手存在问题。λόγος 跟在它里面提到的事情的关系问题。柏拉图理念学说的开端。λόγος 在词语整体性意义上是一个现成之物，但是它的确跟一般有一种关系，虽然这种关系还是被遮盖着的，人们只把词语看作词语构型和语言表达。这个外在的问题在某些方面被柏拉图和亚里士多德克服了。

37.（关于 S.91）

苏格拉底就如智者一样是批判性的。但是他没有区分单个句子的价值和内容，而是区分了那可以并首先必须被理解的东西和不被理解的东西。相对于一切皆知，他强调无知；方法的审慎相对于一般理解的仓促。他的问题是，知识的意思到底是什么？批判地、积极地思考无知和真实的知识。思考切近的东西、自明的东西，恰恰在此之际他强调其问题性。他没有用先在的理论来思考认识，没有将理论插进巴门尼德或赫拉克利特的存在学说中。他思考知识自身，并探求我们追求知识的时候所意图的东西，那属于一个真实的知识的基础的东西。

直到苏格拉底，都是将世界的起源思考为一个被制作的东西。甚至对苏格拉底而言，制作都是沉思的基础。但他没有问产品及其存在的可能性，而是问制作活动，比如一个鞋匠的活动。ποίησις（制作），τέχνη（技艺）。问题：一个工匠首先必须理解什么？关于他真正要做什么的理解领先于他关于实施活动的每个步骤的理解。苏格拉底固定不变的问题是 τί ἔστιν（是什么）；后来的问题是 εἶδος（理念），关于我要做的东西"外观"如何。这个 τί（什么）是在生产中实际要变成的东西的根据。在一个被制作物的现实性之前，其可能性都先行存在。可能性在先。对应每个现实性而言，其可能性是其本质，它的 τί。从一个存在者的可能性出发，规定可以达到的范围。这个什么必须首先被认识和理解。从对本质的认识，制作作为活动赢获了其透彻性。

苏格拉底在沉思人的活动的时候，看到了伦理行为。所有的行为只有当不是盲目的，而是活生生地看到了人行为的为何之故的时候，才是真正的行为。能够行为（Handelnkönnen）是 ἀρετή（简单地说，就是"德性"），它有一个更加广泛的含义："才能"（Eignung），就如一把刀用于切割。对……的有用性（Verwendbarkeit）。因此，人的此在也有不同的才能，有待构建。沉思人的此在的可能性。ἀρετή 首先通过沉思人的存在的可能性被规定。"沉思"：φρόνησις。"德性"是知识，ἀρετή 是

φρόνησις。德性不作为人的属性通过事后的思考而产生。只有当 ἀρετή 在 φρόνησις 中被实现了，ἀρετή 才是 ἀρετή。

38.（关于 S.91ff.）

苏格拉底不想传授确定的知识，也不想规定确定的道德原理（道德系统）。他的思考不是朝向确定的内容，而只是要促使人去理解他自身。对于这种新知识的直觉被苏格拉底种下了。对当时的科学的动摇是通过对一种新知识的彻底要求达到的；为一门为知识和认识奠基的新知识做准备。真正的方法论思考对科学的进步有根本的意义。真正的科学运动就在于开辟问题、方法的新的可能性，途径是追问先行给予的事情以及对它的必要的把握和规定的根据。

亚里士多德："有两件事必须正确地归功于苏格拉底：1. ἐπακτικὸς λόγος, 2. ὁρίζεσθαι τὸ καθόλου。①这两件事跟科学的原则相关。"（参《形而上学》M4,1078b27ff.）关于 1. ἐπαγωγή，"导向"某物，后世常翻译为"归纳"，这是错误的。也许正好相反：导向 τί，本质，而这恰恰不是一种归纳的、对现存特征的经验上的收集。而是对什么自身的一种首要的把握。不是 αἴσθησις（感觉），而是 λόγος。所把握的恰恰是先于归纳的东西。所有归纳的对自然客体的采集都是一件设定了自然的观念。苏格拉底在没有洞见到这种先天的认识的可能性的条件的情况下，首次做了这件事。苏格拉底经常实际地实施这种对本

---

① 苏格拉底的这两项工作通常被译为"归纳法"和"普遍定义"。不过海德格尔对这两个概念的理解显然不同。—— 译注

质的把握，在对话中，他把人从偶然的属性带离，并向他展示，他已经在不知道的情况下提到了本质，即使他所说的指涉偶然的属性。关于2.需要限定这个本质。分析本质的构成元素。①本质，②概念。在每个经验的陈述中总是已经同时提到了这两者。每一个陈述都已经——不知不觉地——带着对本质的理解。方法只能去将已经在个别人中存在的本质开放出来，解脱出来。苏格拉底对此而有被描绘为助产术（μαιευτική）的活动。经验的思考只能促使本质被看到。由此同时达到了科学的基本要求（柏拉图）：λόγον διδόναι（给出逻各斯）。λόγος在这里是作为"根据"，那首要地"称呼"一个存在者的东西。

"苏格拉底从自然哲学转向了伦理学。"这个描述是狭隘的。知识自身是他要从偶然性中撕裂出来的，其方式是突出那对每个被奠基的科学都必需的前提。

苏格拉底不能被描绘为一个理论家、伦理学家、先知，或者宗教人格。不能将他形式化。问题不是构建苏格拉底的所谓的历史的人格，而是他对柏拉图和亚里士多德的影响。

39.（关于 S.96ff.）

人们经常用理念学说来刻画柏拉图哲学，这不是偶然的。在亚里士多德那里以及在柏拉图学园中就已经这样说："那些教导和处理理念的人"（《形而上学》，A8,990a34f.）。理念论似乎是给出了某种完全新颖的东西，而实际上只是对同一个问题的表达：存在自身问题。ιδεα 是对苏格拉底式的问题：τὶ ἐστιν 的回答。但是这个问题不是针对一个存在者提出的，而是针对存在者的普遍性。什么是存在者，在理念中被通达。εἶδος, ἰδέα 词根是

ϝιδ，"看"；εἶδος 是被看到的东西，在看中展示出来的东西。问题是，存在者作为存在者看起来是怎样的？如果我不就存在者的固定属性，而是将存在者作为存在者来思考，那么存在者自身作为什么展示出来呢？存在问题根本上要采取苏格拉底的问题，τὶ ἐστιν。苏格拉底的研究的方法论特征。由此对柏拉图研究的特征而给出了路径：不是将"理念论"作为某种新的东西，而是从以前的哲学出来，说明柏拉图的更加彻底的立场。

不应神秘地思考存在者的根据、存在，而是要科学地指示出来。一个如此普遍的问题预设了关于整体的一个相应的经验的指向：关于存在者全体的指向和当时科学地认识存在者自身的方法和方向的全部。

存在所指的是什么，对这个问题的理解是基础。如果存在被标划为 εἶδος，存在问题就指向了看、理解、认识；在直觉、直观广义上的看。εἶδος 所说的不只是外观，还是架构（Gestalt）。架构不是全体的各个部分的拼凑，而是各部分的联结和可联结性（Zusammenfügung und Zusammenfügbarkeit der Teile）的法则。架构不是总和和结果，而是一个个别的"这一个"被构型的法则和在先的东西。它是原则、表征、规则、标准。理念的概念有多重规定性。理念对于每个个别构型而言总是已经在此的，是在先的和恒常的。它是保持不变的东西，对于希腊人而言，它是严格的和唯一意义上的可知的东西。我只能知道那总是是的东西。秩序的这种基本建构在经验中到处展示出来：天空、天球等等。甚至在医学中，健康总是同一个，而医学问题都朝向它。健康不是一个偶然的状态，而是理念。几何学家处理的是存在者的关系，而不依赖于经验。几何学的法则对空间事物有效，但是不是从空间可感事物中获得的。

理念是 ὄντως ὄν，"真正的存在者"，它如此存在着，如同它能够是的那样。存在者的存在在这里必然被作为一个存在者，必然是在这个提问的基础上。但是存在不是在这里或在那里在天空之下的东西，而是在一个"超出天空的地方"，ὑπερουράνιος τόπος（参《斐德罗》，247c3），它不属于通过经验可以通达的存在者领域，而是超越的。存在跟所有存在者都不同。在这个 κρίνειν 区分基础上，存在属于批判科学、哲学的任务。

存在跟存在者区分开来。理念自身是一个存在者，但是是完全不同的存在样式的存在者。理念就如同存在的意义一样。因为理念跟所有的存在者都不同，在理念和存在者之间有一个"分离"，χωρισμός。在两者之间有一个位置上的完全的不同。当然，所有的存在者作为存在者都"分有"理念，μετέχει : μέθεξις（分有）。在分离的两者之间——它们其中一个分有另外一个——有一个之间，μεταξύ。

所谓的柏拉图主义作为哲学和世界观都是通过这个草图被描述的：存在者整体被划分到两个世界，它们总是被描绘为对立者：变化—持恒，个别——般，偶然的—有法则的，时间性的—永恒的，可以在感性知觉中被把握—可以在概念认识中被把握。在这些对立中，世界，存在者整体被分开，这样两个世界被给出，其中第二个总是真正的积极的那个，在它的基础上另外一个才是可以认识的。

40.（关于 S.99ff.）

1. *存在问题的基础和范围*

所追问的是存在者的存在。存在者必须通过经验被给予。

这种先行被给予性看起来是怎样的？在提问中已经有对存在的一个理解了。因为我所问的所有的东西，都已经事先知道了，虽然是晦暗地知道。因此有双重的东西：存在者的先行被给予性和存在的先行被理解。当柏拉图问存在问题的时候，他看到了存在者的什么范围呢？

首先是自然物、生物，但也有由我们制作的东西、工具等。随着这些东西，自然也一同被给予了，不仅仅就像是在前科学的经验中那样，而且已经以某种方式被科学地理解了；尤其是在柏拉图时代，医学已经将有机的自然作为对象了。除了自然知识，还有数学知识（几何学和算术学）：空间关系、数量关系。人也是存在者，人理论地和劳动地活动，也作为政治家、伦理道德行为者。存在者的这种整体，活动的人，自然，在 πόλις（城邦）的具体性中被给予，在 πόλις 中，个别人和其他人是在一起的。这就是柏拉图所看到的存在者的范围。这种存在者必须在其存在中并作为存在才能被规定。作为存在者只有当它以某种方式在存在的意义上被理解的时候，它才能被经验。人跟这种存在者打交道，跟自己打交道，并非盲目地被提供给存在者的，不是跟其他存在者一样出现的，而是，存在者对他作为存在者被给予：他理解存在。只有由此，在人那里这样一个问题才是活生生的：就其概念而言，存在是什么。柏拉图在 Πολιτεία（《理想国》）中给出了存在者全体的一个轮廓，以及理解存在者的相应方式的不同范围。

《理想国》第 6 卷，507b ff.（见前 S.99 ff.）：柏拉图一开始就指出，有许多美的东西、许多善的东西，并且每种东西都是多个，πολλὰ ἕκαστα。同时又有 αὐτὸ καλόν 和 αὐτὸ ἀγαθόν，"美自身"

和"善自身"。多根据一个理念设定，κατ' ἰδέαν μίαν。理念给出了 ὅ ἔστιν，每种情况下复多的个别事物之所是。τὰ μὲν ὁρᾶσθαι，"一个是被看到的"，τὰ δὲ νοεῖσθαι，"另一个却是被 νοῦς 把握到的"，被理解的。柏拉图为把握多有意使用了看的把握方式，但他也提到了 ἀκοή（听）和另外的 αἰσθήσεις，感性知觉的方式。多通过 αἴσθησις 被知觉，ὅ ἔστιν 则在 νόησις 中被把握。αἴσθησις 和 νόησις：这两者的区别在整个接下来的哲学史中都会碰到。①看意义上的 αἴσθησις 对其他的经验方式有一种优越（看的优先）。即使是不在 αἴσθησις 中而是在 νόησις 中被通达的东西，也在一定意义上被作为看到的东西：直观作为对存在和所有存在者的原则的把握。

ὄψις（视觉）为什么被突出出来？因为只有有那种就像光的东西，某物才是可以被看到的。这种使得可感知的东西能够被看到的光，是"太阳"，ὁ ἥλιος。它是 αἴτιος ὄψεως，"看的原因"。由此 ὄψις 有 ἡλιοειδές（太阳的外观），它有太阳的存在样式，眼睛是"像太阳一样的"（歌德）。只有这样，比如说颜色才是可见的。对存在者的存在的看和把握也需要光，通过这种光，存在自身被照亮，这种光是 ἀγαθόν，"善"的理念。跟 αἴσθησις 那里的光相对应的是 νόησις 那里的最高的理念，ἀγαθόν。因此，在对理念的把握和对可感事物的把握之间有一个关系。存在者必须通过 ἀλήθεια 和 ὄν 被照亮。只有存在理解，存在者在其存在中才是可以通达的。根据柏拉图，这种存在理解只有在有善的理念的前提下才是可能的。因此，就像 αἴσθησις 必须像太阳一样的，νόησις 也必须跟善关联，ἀγαθοειδές（跟善一样的理念）。这种

---

① 参 Kant, *Kritik der reinen Vernunft,* Einleitung, A2, B2.

ἀγαθόν 是 ἐπέκεινα τῆς οὐσίας，"超出于存在"。

现在问题是，如果相应于这个轮廓去理解存在者自身的说明，以及对存在的说明。存在者的多可以被把握为 ὁρατόν（可见者）。只要存在在 νόησις（思想）中是可以通达的，那么它就是 νοητόν（可知者）。在这两个领域内部，柏拉图都进行了划分，这种划分给出了 ὁρατόν 和 νοητόν 内部的说明。与此相应，两边的把握方式也被说明。

在 ὁρατόν 内部：① εἰκόνες，② ᾧ τοῦτο ἔοικεν，跟这些影像"类似"的东西，影像由此而被映照出来。①事物投射的影子。在一个人的影子中我看到了他，但不是他本人，而是他的一个影像，φαντάσματα（词根是 φαίνω，φῶς），尤其是 ἐν τοῖς ὕδασι，在"水"中的倒影和在光滑物体的表面上反射出来的影子。②存在者自身，它能够反射和投射影子。关于①，影像具有最低等级的存在。它们给出的 ὁρατον 不再是就其自身的。关于②，ζῷα（动物），φυτευτά（植物）和所有被工具制造出来的东西——设备、用具。这些事物是 μιμηθέντα，被影子和反射"模仿的"。

在 νοητόν（可理知的事物）中：上面的这些存在者作为被模仿的东西，现在也能变成对于在它里面的存在而言的"影像"，εἰκών。柏拉图指出了几何学：三角形、圆形、角等也变成了对象。在几何学思考中我们所指的不是被画出来的圆形，而是圆自身。跟感性地看到的形状相应的是在 διανοεῖσθαι（思想）中被把握的形状：εἶδος ὁρατόν（可见的外形）–εἶδος νοητόν（可知的理念）。几何学对象通过这样被把握：数学家从它们预设的基本概念出发来把握。在这个前提中有什么，几何学家不再考虑。现在如果这些前提变成了思考的对象，追问 ἀνυπόθετον（没有假设的东西），那么就要来的一切的开端和基础：εἴδη，严格意义上的"理念"。数学是 εἰκόσι χρωμένη，"使用影像"的，所以不关涉哲学家在 λόγος 中所思考的存在者。

四种把握方式：ὁρατόν（可见者）是 δόξα 的对象（"意见 [Meinung]"是一个非常不通的翻译，因为翻译中必须有看）。影像在 εἰκασία（猜测）中被通达，这是对影像的把握。感性知觉自身称为 πίστις，"信念"。在个别事物的多中，每个个别事物都在好的相信中被接受，但对其存在没有十足的确定，因为它们随时都会变化。νοητόν 通过 νόησις，"理解"，被把握，具体来说，①推论性的，διάνοια，它作为存在者的存在展示出来，②非推论性的，直接被把握的：比较狭义的 νόησις，或者 λόγος。数学思考运用了前提，由此不能达到存在的根据：διάνοια。哲学的 νόησις 却不再使用前提，回到 ἀνυπόθετον，到达一切前提的根据，也不再使用影像。就像 δόξα 从太阳获得其光，νόησις（广义上的）通过 ἀγαθόν 获得光。

存在者这样就在其如何存在（Sosein）和存在中被揭示。四种理解方式，同时也是四种真理形式，在一个统一的层级顺序中，真理的层级。根据相应的光源和被把握的存在者，根据奠基的样式和确定性，而有了真理的层级。柏拉图还没有清晰地阐释这些层级。他用一个 μῦθος 来帮助说明：

            μῦθος（神话）

ἥλιος（太阳）　　　　ἀγαθόν（善）

δόξα（意见）　　　　νόησις（思想）

εἰκασία（想象）　　　διάνοια（推理）

πίστις（信念）　　　　νόησις-λόγος（思想—逻各斯）

41.（关于 S.102ff.）

Πολιτεία（《理想国》）第 6 卷开头的洞穴比喻（514aff.）。它一开始就是要就人自身的存在方式被理解：我们处在天空下，同时也是在一个洞穴里。人在一个地下洞穴一样的处所生活，有一条路向上通向光。洞穴里的居住者从小就在这里，被困缚着，身体不能转动，背部对着洞穴的出口。在他们后面很远的地方有一个光源，在他们和光源之间是一条路，沿着这条路上建了一道墙，就像变戏法的人在表演的时候围出一个空地一样。各种各样的雕像，σκευαστά 沿着这道墙通过。这些雕像往被困缚的人看到的墙上投射出影子。这些被困缚的人就像我们一样。"现在你相信吗，这些囚徒关于自己和关于其他人以及其他的东西所看到的都是墙上的影子？"（515a5ff.）甚至是被拿着通过的那些东西，他们也不能看到，而只能看到影子。当他们能够相互 διαλέγεσθαι（交谈）的时候，他们就把墙上的东西作为存在者自身，因为他们自出生起就不能认识别的。假如在洞穴中有来自他们背后的东西发出的回声，他们就把回声跟墙上的影子联系起来。如果这种束缚被解除，这种无知被治愈，一个囚徒可以转过身，那所有的一切都给他带来痛苦，他会由于光的照射而不能看到之前他看到的影子。他会把这个东西自身看作无。如果有人告诉他，他现在离事物自身更近了，那他就会完全地进入困惑之中。影子被当作更加真实的东西。如果有人强迫他看光，他会转向他能看的东西，将影子作为更清晰和更可以把握的东西。如果有人将他拉出去到太阳光下，他就更加痛苦。他会需要一个很长的适应过程。他会更容易在夜间看：星光和月光。最后他才能看实物自身，并将影子和真正的存在者区分开来，最终会看到太阳自身，将它视为四季流转的规定者。如果这个人突然被带回到洞穴中的老地方，会怎样呢？他会对洞穴中的其他人显得可笑。走出洞穴似乎是最具败坏性的了；眼睛被毁了。洞穴中的人尽力杀死那又要走出洞穴的人。

260 　　洞穴和囚徒相应于我们日常所处的感性知觉的地方。跟洞穴中的光相应的是太阳，从洞穴中走出相应于灵魂 εἰς τὸν νοητὸν τόπον（进入理智之地）的路途（517b4f.），在这里可理知的东西被看到。最后可以看到的东西，是善的理念，μόγις ὁρᾶσθαι（517c1），"鲜能被看到"。它揭示自身为太阳和一切其他存在者的原因。眼睛会以两种方式被弄瞎：从光明移向黑暗，和从黑暗进入光明。两种方式都会毁掉看的可能性。对于灵魂而言，需要一个转向，这通过从困缚中解脱而比喻地描绘出来。这样灵魂自由地在其存在中看存在者：存在者中最光明的东西，即存在。存在不能在 δόξα 中被通达，这种看是被毁坏了的。

《斐多》99dff.：不要 ἐν ἔργοις，"在被制作的东西中"寻求存在者的存在，而是 ἐν λόγοις，"在概念性的说明中"去把握。存在者被作为论题，就如它在 λόγος 中，在关于存在者的"陈述"中所展示出来的那样。A 是 B。λόγος 不能被理解为"概念"，而是作为完全的"陈述"。苏格拉底已经不将 λόγος 当作纯粹的概念。存在者就如它在理解中所揭示出来的，而非在 αἴσθησις 中所揭示出来的那样存在。

洞穴是我们的存在的画面，只要我们生活在一个空间性的周围世界中。

问题：怎样理解真理的不同阶段的关系？那最切近地展示出来的东西被接受为存在者。此在总是在一个洞穴中，被存在者环绕。这个洞穴中必然有一个光。某些东西可以被此在看到，即使是模糊不清的，或者仅仅是影子。为了把握存在者，必须要有存在理解。但是囚徒不能看到光，对此也一无所知。他们生活在一个存在理解中，对此却不知道，也看不到存在自身。真理，被揭示状态的第一个阶段，要求①一个世界被预先给予，②一个存在理解，③存在者被经验的特定方式，在这里是在影子的运动中把握它们，④一个 διαλέγεσθαι，关于存在者、关于被遭遇的东西的"交谈"，⑤此在自身，世界预先被给予它，它对自身已经是被揭示出来的：囚徒看到作为影子的自己和其他人。随着此在，不仅周围世界被给予，而且此在对自己也被揭示出来。

42.（关于 S.106）

ἀγαθόν（善）是一切存在者的本原，也是关于存在者的一切真理的本原。后来它被改造了。人们又将善自身理解为一个存在者。这在柏拉图那里就有肇端。奥古斯丁和中世纪的上帝概念也是这样，黑格尔的绝对精神概念也是同样。[①] 存在超出自身而指向了 ἀγαθόν。无论 ἀγαθόν 和存在自身的关系如何总是需要去理解，无论这种关系是多么晦暗，柏拉图的问题总是朝向超出存在者而达到存在。

只有在他的晚期（《智者》《巴门尼德》《斐勒布》）柏拉图才自己理解了这一点，并认识到了它同所有之前的哲学的区别，它们总是问存在者。无论是什么样的存在者，总是面临一个问题，

---

① *Enzyklopädie der philosophischen Wissenschaften*, §553ff.

存在到底意味着什么。这就是《智者》(242cff.)中的问题：回顾之前的哲学，非常类似于亚里士多德的回顾。在他的和以前的哲学问题之间有明显的区别：看起来，之前的哲学家都给我们讲了一个关于存在者的故事（μῦθον）(242c8)。相反，柏拉图要给出 λόγος。古代的人给出了一个关于存在者产生的故事，说它是三重的，它的对立双方会斗争和友爱。"他们所说的这一切是否是真的，很难决定；但是对所有古人都加以谴责，是太轻率了。"(243a2ff.) "虽然他们每个人都说出了自己对存在者的阐释，却没有考虑，我们是否能够理解。"(243a6ff.) 柏拉图说明，在他的年轻时代他相信自己理解了古人的话，并知道了存在的意思。但现在所有那些都变得有问题了：存在者是什么，非存在意思是什么？"当你说存在的时候，你所意味的是什么？"(244a5f.)

43.（关于 S.107）

2. 理念问题的核心

存在者通过 νόησις 被通达，它最高被规定为 ἀγαθόν。νόησις–λόγος, ἰδέα–ἀγαθόν 之间的关系。理解在自身中已经跟存在关联着了。问题是：这个关系是如何以及在哪里给出了的？根据柏拉图，这个关系的位置是灵魂。灵魂是此在的基本规定性。在灵魂中，根据其结构，有着跟存在的一个本质性的关系。灵魂对存在有所作为，这是灵魂的本质定义。《斐德罗》249e4f.："人的灵魂从其本质而来已经看到了存在者。"人的此在已经理解了存在。当存在最终通过 ἀγαθόν 被规定了，这意味着，此在同善有内在的关系。ἀνάμνησις："回忆"已经看到和理解了的存在者，对存在的理解领先于所有对存在者的具体经验。这是后来关于存在和本质对存在者的先天性的表述。怎样就这一特征对灵魂自身进行规定：灵魂能够对存在有所作为？柏拉图在某种意义上还是素朴地提出了这个问题，他在《斐德罗》中用一个神话进行了回答。这是后来的在其跟存在的关系、非我对我的关系中的意识问题。在所有这些问题中，都有存在和此在、存在和生命的内在关系。这个关系同柏拉图的存在论、辩证法的基本问题一起被思考了（见前，注44）。

44.（关于 S.107）

3. 柏拉图存在论的基本问题：辩证法

本质总是一个，相对于其可能的实现的多样性。但是理念有一种多样性。每个理念都是一个，并且通过 ἑτερότης，"相异"区分开自身和他者。ἑτερότης 在某种意义上是"改变"。从一个理念到另一个理念有一个变化，κίνησις，"运动"，μεταβολή（变化）。统一性自身跟相异性不同。在差异基础上诸理念处于关联中。问题：诸理念的多是如何可能的，因为多恰恰是这样一种存在样式的特征：它跟理念的存在样式是不同的？问题，诸理念如何在其多和交织中存在以及如何能够存在？同时，诸理念是如何被把握的？苏格拉底在对话中试图通过 διαλέγεσθαι 将别人引导向 τί，通过"对话的意义"。苏格拉底在这里所做的，柏拉图根本地在方法论上把握为：διαλέγεσθαι 变成方法论上的辩证法，将诸理念及其关系突出出来。这个 λόγος 也有 ἐπαγωγή 的基本结构。这个探究一旦进入理念领域，就保留在了那里。"哲学家使用了并仅仅使用理念。"在通过 λόγος 展示诸理念的过程中，

264　他贯通了它们的关系。只有通过诸理念，他才能获得它们的关系，"在诸理念中，才能达到它们的总体性，κοινωνία（共通）"（参《理想国》，511c1f.）。由此哲学第一次展示出自己的领域。今天人们尤其已经遗忘了这一点。人们相信，通过自然科学的设施，就可以看到理念、类等。但是这里所需要的是一个跟自然科学的方法完全不同的方法。柏拉图在后期对话《智者》中最详尽地，在《巴门尼德》中最深入地处理了这个问题。在《斐勒布》中，跟 ἀγαθόν 关联起来。《政治家》采取了中间立场。

要把柏拉图的"辩证法"跟所有现代的模糊观念区别开来。存在自身应当被展示。λέγειν 的基本规定性被保留。在柏拉图那里，λόγος 和逻辑就已经无非是存在论。逻辑学和存在论的双重性在黑格尔的《逻辑学》中返回，但是以完全不同的样式。

45.（关于 S.109）

澄清《泰阿泰德》中的这两个大的问题域。这篇对话是在更敏锐地把握辩证法问题的途中。对话的主题看上去似乎是解决一个特别的问题——知识问题。但它不是认识论，而是科学的理念问题跟存在自身的问题密切关联着。

46.（关于 S.111f.）

泰阿泰德又一次出现在《智者》中，这并非偶然：几何学知识和理念的 νόησις 的关系。

265　143d8ff.：苏格拉底以对塞奥多洛的称赞开始：许多年轻人都寻求跟他交往。苏格拉底自己也在找寻善于做科学工作的年轻人。泰阿泰德从体育场出来到这里了。苏格拉底迷恋他。苏格拉底解释为什么他在对话中紧抓住泰阿泰德：泰阿泰德非常有天赋，但就像苏格拉底一样并不漂亮。苏格拉底要在他身上看到他自己的样子。

苏格拉底问泰阿泰德，他在做什么，他跟塞奥多洛学什么。数学，天文学，谐音学。（在《泰阿泰德》中，柏拉图悄悄地批评了自己以前向理念和 ἀγαθόν 推进的方法。）苏格拉底说，他自己对这个领域似乎也很熟悉，但是他有一个困难，这个困难不是关于这些学科的一个事质内容，而是就学习自身的。学习不是对所学的东西变得更加理解吗？也就是说，是否 σοφία，"理解"是使得认知成为认知的东西？ ἐπιστήμη=σοφία？是否对一个事物的最终理解跟对它的认识联系着？知识和理解的关系？对知识自身的问题。最广义的知识：不仅仅是理论，而且还有熟悉，如对一种手艺的精通。

塞奥多洛把苏格拉底和他的问题都交给泰阿泰德；他自己不能习惯新的方法。这是引人注目的。泰阿泰德首先回答什么是知识：列举不同的知识种类，几何学，制鞋术，以及所有的 τέχναι（技艺）。苏格拉底：问了你一个东西，你给出了许多。苏格拉底问了 ἕν（一）（146d3）。ἰδέα 总是一，相对于具体的样式、形式和路径的多。苏格拉底没有问知识所能关涉的东西，而是知识自身，知识是什么。黏土：做陶罐的人所处理的东西，制作砖头的人所处理的东西。这个解释很可笑。因为我们相信，这样解释的时候，别人早已经知道和理解了什么是黏土。关于知识的问题在问的时候不能带着知识所关联的对象和事质内容。这是柏拉图追随苏格拉底的典范所用的 διαλέγεσθαι 的方式。泰阿泰德对方法不确定，要撤出对话。苏格拉底制止了他，指出，他自己也不确定,并也想通过辩证法达到真理。这种被如此描述的接生术方法恰恰在这篇对话以及接下来的对话中被柏拉图放弃了。

47.(关于 S.113)

对存在者的知识和把握不是为其自身之故而成为主题的,而是期待说明什么能在 αἴσθησις 和 δόξα 中被把握。在说明生成和非存在时,存在自身也必须被弄清。因为知识、感知、意见不是自为的东西,而是这样出现的:知识是关于什么的知识,知觉是关于什么的知觉,意见是关于什么的意见。只要知识成为论题,存在者也一起成为论题。思考是关于被意识的存在者的。在知识现象中,包含了同存在者自身的本质关系。我所知道的东西就其自身对我打开了,存在者被揭示出来了。

48.(关于 S.115ff.)

在开始的时候柏拉图所说的就不是知识,而是关于存在、生成、非存在。泰阿泰德现在要寻求知识的定义。"在我看来,那些知道什么的人,总是以感知的方式来跟他所知道的东西打交道。"(151e1f.)知识 = 感知。这个命题回溯到普罗泰戈拉:homo mensura(人是万物的尺度)(152a1ff.)。那存在的东西,是展示出自身的东西。那展示自身的是存在者。把握存在者就是以感知的方式让—展示—自身。但事实是,对一个人展示为这样的,对另一个人就是另外的样子。同一阵风,一个人感觉冷,另一个人不冷;一个人非常冷,另一个人有点冷:风自身是怎样的?伴随着对存在者的自同性问题,φαίνεσθαι 问题又加倍了。

它能否自身相同而对不同的感知展示为不同的？这个存在者的真正的存在是什么？是它的自同性还是他异性、它的生成？关于存在和生成的关系问题：是持存意义上的存在构成了存在，还是生成和变化被当成真正的存在者？与较早的对话相反，柏拉图在这里至少假设地试图坚持，真正的存在者在生成的基础上存在，静止者本真地是不存在的。问题不是 αἴσθησις，而是变化者意义上的存在者。因为生成是从存在到非存在的过渡，这里面就有关于 μὴ ὄν 的问题：在多大程度上非存在根本上也是存在？"什么是认识"的问题不应该被解释掉。它是建立在存在问题上的：

论题 1. 认识是 αἴσθησις。感知是对什么的感知。这个结构今天被表达为一个行为的意向性结构。这些活动就其结构而言总是指向什么东西。不是首先有个灵魂在那里，它借助于感知而指向某个东西，而是感知自身就是关于什么的。哲学的两个基本方向：这些活动可以①就其意向结构被思考；②在客观主义、自然主义意义上思考：在一个心理主体中的过程，它跟一个外在的物理主体并行；这是心理学和自然主义哲学思考的方式。在柏拉图那里，①和②合流了。

1. αἴσθησις 总是指向存在者：感知的意向性特征。属于每个感知的意义的是：要理解被感知者为被感知的存在者，即使这个感知是一个假象。在感知的意义中，被感知者真实地作为存在者被指涉，即使是错误的。感知总是跟在场者关联着。

2. 然而柏拉图试图表明的感知的基础的方式却指向他处。作为证明，被感知者只有通过心理事物遭受物理事物而产生。自然科学从生成原因来解释。柏拉图：被感知物不能自己在眼睛里，但也不是外在于眼睛的现成之物。因为如果被感知物自身在某处固定存在，那么它就不会对每个感知者是不同的。它必定是产生自一个感知者和一个存在者之间的相遇。152d2ff.: 不存在一个一、自在的存在者，你也不能将某物说成某物，处于某种状态，因为不再作为什么保留下来，而总是只在感知的瞬间产生。普罗泰戈拉的命题以一个普遍的论题为基础：没有停驻之物，一切都在运动。如果我们在感知中所遭遇的东西自身是白的，那么它对于每个其他人就都是白的。为了能够产生确定的事实，必然有变化，被感知者自身必然通过变化而被确定。被感知者被回溯到 κίνησις。

ἀστράγαλοι 的例子（参 154c1ff.）。

49.（关于 S.117f.）

在这些命题中有关系问题，并且是尚未阐明的：差别意义上的是相异（Anderssein），发生意义上的变为相异（Anderswerden）。大概关系属于存在的意义，这个论题对这个阶段的柏拉图哲学来说还是闻所未闻的，只有到了《智者》它才在一定限度内被把握。存在者总是只有相对于感知者，才展示为它所是的样子。被感知者自身只有通过运动才是可能的。其中两个因素是必须的：施动和受动。只有从施动者和受动者的关系才产生出什么东西。这两者都不是自为的，而是只有在同受动者的关系中，施动者是其所是，反之亦然。这个命题是说：没有什么就其自身是一和自同的，而是通过运动被规定为它所是的东西，无论是施动者还是受动者。因此，我们必须将"是"（ist）和"存在"（Sein）这个表达根除掉。它仅仅出自习惯和不理解。我们不能在语言中使用那样一个表示现成持存物的表达。一切都在运动，唯有运动才标识出存在。

180cff.：在这里讨论的积极内容体现出来。157d-180c 是柏拉图跟他同时代的哲学的一个冲突。柏拉图表明，他们试图否定普罗泰戈拉，但是如果不回到运动现象，是不够的。

50.（关于 S.120）

被感知者的一般特征：被感知者是不确定的。只有成功地在其 λόγος 中被确定，它才被确定。康德：显像的多样性是不确定的，而只有知性判断具有确定性。① 显示出存在和 λόγος 之间的关系，和 διαλέγεσθαι 对存在自身的展现的关系。

51.（关于 S.122f.）

感知中本质性的事物就在感知者中，所以必须要对感知者进行规定。否则就会很可怕：有多种感知并列存在，就像一些人在一个木马里面一样。毋宁说所有感知都欲求同一个理念，这个理念是通过器官看到的。ἰδέα 在这里是广义的。感知不是通过感觉器官的总和而被规定的。我们所感知到的东西，属于我们自己。感知者是我们自己，而我们自己是自同的，在被感知者的变动中保持着。通过这种自同，器官才获得其意义。在前面的讨论中谈到了眼睛和外在事物之间的作用关系。这个思考现在被放弃了。在感知的现象持存中，没有什么被给予：我在感知之际不知道以太震荡。①我感知用的器官是属于身体的。

---

① Kritik der reinen Vernunft, A20, B34.

②我通过一个器官感知的东西，不能通过另一个器官来感知。（参184e8f.）如果我将所听和所看到的放一起而做出什么东西，这是通过什么发生的呢？我们通过什么将时钟看成是一个整体呢？两种规定性如何统一在一起呢？首先给予我的是完整的对象，然后我才能从中分解出个别元素。还不清楚的是，我如何识别出这两者呢？我怎么能够说：看到的和听到的。"和"是我没有感知到的。已经被给予的是，被看到的和被听到的东西是：它们都存在。如果有两个事物，我们可以说，每一个相对于另一个都是一个他者。同样，每一个就其自身而言都是自同者。两者是二，每个是一。185b7：διὰ τίνος? 我通过什么把握到这一点的？没有任何感觉感知到它们，而它们又随着自然感知被把握到了：相同，不同，等等。某物是咸的，我通过舌头确定这一点。但是某物存在并且是不同的，我通过什么来确定？显然没有一种能够跟感觉器官相比的能力。而灵魂似乎看到了这些规定性，并且不使用器官。

什么在被感知者中已经被给予了？在分析的过程中，我们发现了存在和灵魂的关系问题。灵魂预先看到了存在，并且理解了诸如相同、所有的数量关系这样的规定性。存在是这样一种规定性，它大多在感知中伴随着被给予的东西。灵魂自身就其意义而言，是趋向于存在以及所有其他规定性的，也趋向于诸如"丑的""美的""善的""恶的"。ἀγαθον 现在是其他特征中的一个。灵魂自身参与到对它的揭示中。灵魂能够在被感知者内部让自身跟过去的、现在的和将来的东西相应。我不能听到过去的东西，但是我可以理解，比如被期待的东西作为将来的东西。时间的规定性也趋向这些性质。灵魂用以把握相似的东西的活动，是 ἀναλογίζεσθαι（推理）：λόγος 把握相似者。ψυχή（灵魂）思考这些规定性，对它们进行比较，它在相互关系中看它们，把一个跟另一个区分开来。κρίνειν，灵魂"区分"。灵魂能够将存在因素从存在者中提取出来。柏拉图称被感知到的存在的这种特征为 ἀναλογίσματα（186c2f.），它属于每个（人的）感知。当然这只是开始阶段。186c 提出了决定性的问题：作为被揭示的东西，存在者对于那种不能把握存在的人是否可以达到？不可能。不可能。那根本不能获得真理的人，也不能获得知识。感知自身不能把握存在者以及存在。如果它不能把握存在，那么它也不能揭示类似。αἴσθησις 不是 ἐπιστήμη。当然这只是一个消极的结果，但对柏拉图之前的对话而言是积极的，因为现在存在者内部的区别变得清晰了。

在被感知者中不仅仅有纯粹的被感觉到的东西，还有诸如相异、相同这样一些规定性，我们不是感觉或知觉到它们。

只有当在感知中不仅仅有感觉的时候，感知才能是真的。只有可以达到真理之处，才能赢得知识。感知不可能是知识：消极的成果。但是有积极的问题：感觉与在一个完全的感知的统一性中进行把握之间的关系是什么？存在理解只有在灵魂自身在看的地方发生，就如我们将听到的，在 λόγος 一起产生作用的地方。纳托普：柏拉图由此似乎跟康德走得很近。通过知性、范畴学说来规范感知（参前，S.124，注 6，S.162f.,317）。柏拉图似乎最先揭示出了存在者上面的范畴规定性（纳托普，S.76）。存在者的存在规定性要回到 λόγος，这是正确的。但是这不是康德意义上的认识解释。

感性直观和范畴直观的区别（胡塞尔，《逻辑研究》，II，第

VI 研究，参前，S.123，注 5；当然也不是没有倾向跟康德建立联系。)"这黑板是黑色的"：这个陈述在对象上没有完全得到充实；"这"和"是"是我不能在黑板上感知到的。这些是不能感性地被展示出来的意义；非感性的，范畴的。我已经将一个特定的意义，属性的意义归于被给予的东西，黑色。在一个纯知觉中，感性的和范畴的直观（把握为事物并在其存在中）都参与了进去。柏拉图在《泰阿泰德》中遭遇了这个现象，却没有把握它。范畴的揭示而非感性的东西的揭示。

52.（关于 S.124f.）

对存在规定性的把握被刻画为 δοξάζειν，关于什么的"看法或者意见"，把某物看作某物。这是对以前的立场的放弃。以前柏拉图将 δόξα 跟 νόησις 尖锐对立起来：δόξα 是指向非存在的。在这里，在 δόξα 中必然有某种积极的东西。什么是 δόξα 自身？如果它是知识，那么它必然是 δόξα ἀληθής，因为真理属于知识。

但是这个提问并未将 δόξα ἀληθής（真意见）当成对象，而是将错误的 δόξα 当成对象。这不是偶然的。①历史条件决定。安提斯梯尼说，οὐκ ἔστιν ἀντιλέγειν（不存在矛盾），"不可能说什么错误的东西"：οὐκ ἔστιν ψευδῆ λέγειν（参前，S.124，注 3）。对此的考虑使得柏拉图将错误的意见作为主题。②实质的原因：错误一般被认为是非存在，而真被看作存在。错误的意见跟非存在联系在一起。问题：跟非存在可能有什么样的关系？非存在必须在一定意义上存在！对非存在的存在的追问，对存在自身的追问。《泰阿泰德》第二部分又一次最终指向了存在问题。柏拉图必然在这个时候就有了《智者》中的对问题的解决方案。

对话第一部分的积极成果。这一点相对于纳托普被强调，纳托普将所有这些都看作附属的，而只有对他人的矛盾的批评。纳托普以一种确定的认识论概念为主导来解释《泰阿泰德》。柏拉图在 αἴσθησις（感觉）之外指出了 λόγος，批判的认识概念相对于教条的认识概念。后者在 δόξα 中体现出来。对象和存在者作为通过思想被设定的。这样就有两个部分：①批判的认识概念，②对教条的反驳（见前，S.124，注 6）。恰恰相反，第二部分恰恰追求积极的结论。将 δόξα 解释为教条的表象是纳托普做的，他太字面地看待柏拉图的例子了。

① 187b–189b：δοξάζειν ψευδῆ（错误的看法）是不可能的。柏拉图首先碰到了对手。② 189b–190e：错误的意见意思是意味着另外东西，跟其他的东西混淆了：ἑτεροδοξεῖν。相异现象。相异意味着不像那个事物。这里有一个消极因素：又一次是非存在问题。③ 190e–200：δόξα 作为 σύναψις αἰσθήσεως καὶ διανοίας，"被感知的东西跟一个被意指的东西的结合"。

53.（关于 S.126）

人们能够看到什么并且什么也没看到吗？如果人看到了一，人确实看到了什么，因为统一性也是某物。谁如果对什么东西有看法，他必然对一个东西，即存在者有看法。如果他对非存在者有看法，他就没有对什么有看法。如果他没对什么有看法，就是没有看法，因为看法总是对什么的看法。没有错误的意见。这里所展示的是意向性现象。对希腊人而言，先天地就排除了能够有错误的看法。这个结果当然只是为了更加尖锐地确定这个问题而被强调出来的：这样 δόξα 现象是否就被触及了？只要还保留在这个替代问题里,就不能碰触到它。

54.(关于 S.126f.)

必须展示出,在 δοξάζειν(看法)中有 λόγος,而 λόγος 是将某物把握为某物。λόγος 被把握为对存在者进行言说的特定方式:作为这样和那样的属性。这种 λόγος 概念仍然是晦暗的。安提斯梯尼:人们总是只能陈述自同者,如这匹马是马,而非这匹马是黑色的(见前,S.127,注 2)。

δόξα=λόγος。这种规定性在柏拉图思想中是新的,是在《智者》中确立起来的。在希腊哲学中,亚里士多德第一个在"陈述"的意义上赢获了 λόγος 的一个更加敏锐的概念。在现象学上这样把握陈述:陈述是将某物展示为某物。为了一个这样的 λόγος 是可能的,必须首先给出某物。这种先行给予的某物在陈述中被规定为作为这个规定着的某物。λόγος 的结构通过"作为"来标划。需要揭示这个"作为"现象。柏拉图尚未看到它。即使在亚里士多德那里,它仍没有被概念地把握。问题:在一个陈述中,这一对(先行被给予者和规定者)如何能够被联系到一起?这问题对于希腊人是困难的,因为这是一个纯粹理论地、非现象学地赢获的关于 λόγος 的判断(安提斯梯尼立足于巴门尼德):如果"是"具有一个意义,那么我只能说:这块黑板是黑板,而不能说,这块黑板是黑色的。安提斯梯尼将 λόγος 把握为等同,并且是先行被给予者同它自己的等同(见前,S.127,注 2)。所以在《泰阿泰德》中总是讨论 ἕτερον,"异",以及它的定义。

现在关于错误的 δόξα:一个陈述是错误的,当某个先行被给予之物被说成是它所不是的某物,比如,黑板是红色的。某物作为一个非存在者被道说。如果坚持希腊的 λόγος 理论，那么必然可能将存在者等同于某个非存在者。这是不可能的，所以不可能有错误的意见。陈述就是等同。这个论题总是已经作为基础了。一个错误的看，错一看：在此之际某个东西先行被给予，并且它被说成是某个它所不是的东西。如果我将某个遭遇到的东西说成是什么，这意味着，我所碰到的某物被说成是某个我认识的东西。在此之际陈述会是错误的。这个希腊论题失败了。不过，柏拉图的结果并非纯然消极——他的洞识：陈述不只是等同问题，而是两个事物在彼此的关系中被陈述。

55.（关于 S.127f.）

相异：一个不同于另一个。另一个跟这个不同，但也不是无，就像人们迄今所认为的那样。相异不能被作为无，而要作为现实的他者来设定。ἐναντίωσις：对立的矛盾；ἀντίθεσις：这个矛盾不是设定无对立于某物，而是一个对立于另一个。ἑτερότης（相异）被规定为 ἀντίθεσις，跟智者相反，智者所说的是 ἐναντίωσις。而在亚里士多德那里所用的术语恰好相反。

这些现象直到今天都没有弄清。我们没有权利对柏拉图不加理会。

56.（关于 S.128f.）

第二个论题，ἐπιστήμη=δόξα ἀληθής（知识 = 真意见），在错误意见的导言部分被讨论。首先要表明，一个错误的意见是不可能的。然后把这个现象作为 ἀλλοδοξία，"误认"来讨论，被等同于 ἑτεροδοξεῖν（异见）。189c 开始这个讨论。问题是，是否在错误的意见中存在着，我们将一个设定为另一个，ἕτερον ἀντὶ ἑτέρου（参 189c2f.），"某物被当作另外的某物"。柏拉图没有说过"作为"（als），而是用"当作"（für）。这种设定一个以代替另一个是不可能的，因为这就将完全相互排斥的东西等同起来。问题：通过什么样的行为我能够道说和规定某个先行给予的东西？它比 αἴσθησις 更多地在感知中存在，它跟灵魂有关，并且现在更切近地被规定。这种 διανοεῖσθαι 无非就是 λόγος。"这种贯通的言说就是灵魂关于它所看到的东西对自己实施。"（参 189e4ff.）这种言说恰恰是灵魂对自己的话语，它在此之际保持缄默。灵魂让存在者如其自身明确地在其规定性中存在。灵魂对自己的话语，是关于它所看到的东西的。δόξα＝"被实施的话语"，λόγος εἰρημένος（参 190a5）。苏格拉底：如果 δόξα 是这样一种贯通的言说，我说，那么 ἕτερον ἕτερον εἶναι："一个就是另一个"（190a8）。但是我能这样说吗？公牛是马？不可能！事实上我不这样说。所以，ἕτερον ἕτερον εἶναι 是不可能的。不可能将两者作为不同的在 λόγος 中述说。另一方面，如果我仅仅说一个，我就不能将它作为另一个来言说，不能述说错误的东西。ἑτεροδοξεῖν 是不可能的。寻求对 λόγος 进行更准确的定义。现在在柏拉图那里积极的现象显示出来，他却没有严肃对待它。

57.（关于 S.131f.）

现在这个区别在 192a 进一步得到阐明：被感知到的东西和仅仅被表象的东西的区别。在看错中，苏格拉底以某种方式对我浮现出来。我知道很多东西，但我现在并没有亲眼看到它们，并且或许我从未亲眼看到过它们。那么，如果我没有实际地感觉,如何可能知道什么东西?保存,回忆。在我们灵魂中有一个带着印象的蜡板——这个意象德谟克利特已经给出了,这些印象总是随着蜡板的质地而或长或短地被保存。由于这块蜡板我能看到和知道那些我没有实际看到的某物。苏格拉底在蜡板上留下印象,X 跟苏格拉底一起出现。可能性(192dff.):①我能认识你们两个,塞奥多洛和泰阿泰德,却没有感知到任何一个,两个人都是仅仅保存在我的灵魂的蜡板中的。②我认识其中一人,却完全不认识另外一人。我没有感知到两人。即使这样我也不会将我认识的那个人看作我完全不认识的那个人。③我不认识两人中的任何一个,也没有感知到任何一个。在这里错认也是不可能的。④我认识两人,他们都可能在我眼前出现。当我在远处不清晰地看到二人的时候,我要费力去确认,这两人是谁。这种要认识,要证实,是这样实施的:我试图分派我灵魂中相应的图像给 X 和 Y。如果我分派给了 X 相应的图像,那么我就认识了它。但是我可能将两个图像搞混了,这样我就把相关的两个看错了。为了这种看错可能,必须两者都被给予了,同时者两者的"图像",$σημεῖον$ 也被给予了,这样才能搞混。错误的意见不是在风中摇摆的,而是只有在 $αἴσθησις$ 和 $διάνοια$ 基础上才是可能的。为使看错可能,必须有感知和回忆。

但是即使是这个定义也失败了:当感知没有任何意义的时候,我们也会看错。比如说,我们也会弄错数字。

安提斯梯尼:$λόγος$ 是同义反复。柏拉图:$ἀλλοδοξία$ 跟 $ταὐτόν$ 相反。$σύναψις\ αἰσθήσεως\ καὶ\ διανοίας$。"作为"现象在柏拉图和亚里士多德那里还是晦暗的。在柏拉图那里,首先是 $ἀντί$,"在位置上":我有两个东西,但不是同时具有两者,而是将一个换成了另外一个。而在真正的 λόγος 中，两者同时统一地被给予。

58.（关于 S.133）

知识是真意见，这个定义没有被坚持。真的和正确的意见，比如，在法庭上，是对事实的正确信念，虽然法官没有亲临现场；尽管如此，他还能做出正确判断。虽然这样，还是不能说，这个正确信念是知识。我必须有可能就事实对所知的东西进行证明和考验。什么是正确意见和知识之间的区别？

59.（关于 S.135）

名称不是真正意义上的认识。定义 λόγος 中的一个元素，这是不可能的。因为 λόγος 的本质是一个元素和其他元素的交织。由此，一个 λόγος 只有这样才是可能的：存在者在自身中是交织的，从其自身提取出某种交织起来的东西。而 στοιχεῖα 却不是交织的，而是最后的部分，所以是不可被认识的，仅仅是可感知的，在一种完全广义上在纯粹观看中是可以通达的。文字的元素是字母。字母的组合是 συλλαβεῖν，"音节"，συλλαβαί（203a3）。这里所处理的是形式的结构：元素和它们的组合。

如存在者所是的那样对它有看法，这确实是可能的，就连对元素也可以有看法，但不是认识。因为只有这样才是可以认识的：某种组合的东西，并且在组合的基础上能够被分解（参《智者》）。只有从存在概念的这个新框架出发，才能理解柏拉图如何能够说，某物是自身，是一。诸如"这个""那个""它自身"

这些规定性，是属于每个存在者的特征，περιτρέχοντα（到处跑的东西）(202a5)，它们是存在的形式的规定性。对比灵魂和鸽舍：鸽子没有固定的处所，能够规定每个东西的，是περιτρέχοντα。结果是，在 λόγος 中只有在组合中可以被规定的东西才是可知的，即它是根据另外的东西而被把握的。

60.（关于 S.137）

一个整体的各个部分跟总体的关系完全不同于跟一个总和的各个部分的关系。需要进行区分：总和和整体两者都有总体的形式特征。总体产生自部分或跟部分有关。总体的样式：①总和，compositum（复合）。各个部分是几块。几块的和 = 总和。②整体，totum。跟整体相对应的部分特征，被把握为元素。柏拉图表明，一个整体相对于总体而言有自己的架构和自己的 εἶδος。这不是通过几块就达到的，而是在此之前就存在（203e）。"总和" πᾶν 和 ὅλον，"整体"之间的区别。柏拉图的术语尚不确定。词语整体在自身中是一个，不能分解为元素，否则这个词就丧失了。结果：这样 εἶδος 的质朴性甚至也无法通达，只有通过 αἴσθησις 来把握了。但是柏拉图试图表明，εἶδος 如何从其孤立中脱离。问题，存在者的存在规定是否只有自为地被感知，还是在 λόγος 中被规定？辩证法问题作为把握理念之间的关系的纯粹的存在论问题。在坚持元素是不可被认识的这个论题的前提下，柏拉图对这个论题进行了调整。在学习中，我们从元素出发：它们事实上是可以通达的。元素实际上是可以认识的。整体也具有统一特征。柏拉图的讨论停止在这两个命题中。

61.（关于 S.137）

在 206d，λόγος 被规定为被说出来的"陈述"。灵魂自为地思考的东西，缄默地向自己说出的东西，可以通过 φωνή，"宣告"，"说出"词语而向他人显示。这种在被说出的命题意义上的 λόγος 被柏拉图称为"影像"，εἴδωλον。

λόγος 的第二个定义：206e：λέγων（说话者）只有在回答"这是什么"的时候才说话。重新拾起苏格拉底式的定义。不过，λόγος 跟 ἕτερον 有关系。这个指示出某物是什么的 λόγος 具有这样的特征，它贯通一个存在者的个别规定性，而朝向整体。

λόγος 的第三个定义：208c：陈述，在陈述中一个存在者的区分被如此突出出来，以至于这个存在者径直从其他存在者区别开。

在这里苏格拉底放弃了讨论知识是什么的问题。这个问题保持开放。但是成果并不是消极的。辩证法问题被准备好了。

62.（关于 S.138）

第一个定义表明：对存在者的把握没有 λόγος 是不可能的。λόγος 自身被讨论。在探讨第二个定义的时候 λόγος 被刻画为：σύν（和……一起），ἄλλο（另外的），ἕτερον（相异）。第三个定义：σύν 是交织。存在者自身具有 συλλαβαί（音节）的结构。存在的结构和语言的结构：（对希腊人而言）存在者和说出的话语的紧密关联。存在者的结构在关于存在者的话语中重新反映出来。

这个特别的差异现象第一次浮现。参亚里士多德：εἰδοποιὸς διαφορά（种的差别）（《论题篇》Z6,143b7f.）。这个区别将种变成了一个属，differentia specifica，它是第一次构建了属的差别。

柏拉图的处理方式只能清楚地区分人们知道的东西和不知道的东西。苏格拉底：助产术。这个结论很清楚地表明，讨论马上会重新进行，柏拉图已经有了《智者》中的解决方案。

对两个主要问题而言，由此赢获了什么？灵魂跟存在有一种首要的关系。灵魂基本的活动是 λόγος。λόγος-ὄν（逻各斯—存在）。这种关系属于灵魂自身。存在者自身跟另外的存在者是联系着的。ὄν 同时是 ἕτερον。问题：λόγος 同 ἕν（一）有一种关联，这是如何可能的？自从巴门尼德 ὄν 作为 ἕν 被看待，ὄν 作为一个如何能够本质地是另一个？存在是一个包含在自身之内的整体。巴门尼德的构造性概念 ὄν 必须根据现象被调整。必须怎样把握存在才能使得自身是一个 ὄν 的 λόγος 跟另外的 ὄν 建立关系，在存在的结构中跟他者的关联性又是如何可能的？只有当存在被另外地把握，才有 διαλέγεσθαι 的可能性：突出存在自身的一般特征。在《泰阿泰德》中，柏拉图就称"相同""这一个""他异性"等为每个存在者的特征。跟在《理想国》中的立场相反，存在在自身中是多重的。ὄν 自身被规定为相同、相异、这个、那个、个别。理念有一种多重性。怎样能够在关系中把握基本规定性呢？

柏拉图的《智者》：对存在概念的调整在于，柏拉图说，存在是 δύναμις κοινωνίας τῶν γενῶν，"最高的规定性的联结的可能性"，它是属于存在的。

在存在的源始的规定性中，有这样一种 κοινωνία，"联结"。柏拉图通过五种基本的规定性展示了这一点。属于存在的有"相同"，ταὐτόν；"相异"，ἕτερον；"运动"，κίνησις（ἔρως [爱欲]，

ψυχή [灵魂], λόγος 都属于它);"静止", στάσις (见前 S.138)。每个相同作为的存在,并且作为相同的他者。共同在场的可能性: παρουσία。在存在自身中,已经共同在场着相同、相异、运动、στάσις。(存在也共同属于这五种规定性!)这样,λόγος 自身就有可能跟 ἕτερον, μὴ ὄν 联系着。所以,λόγος 不是同语反复,辩证法在存在论上是可能的。当然这里面还存在着多种困难。

63.(关于 S.140f.)

这里只触及一个问题。在《理想国》中所有理念的总体在 ἀγαθόν 这个最高的理念那里达到顶点。而这一点在这个辩证法草图中消失了。问题:在对存在的阐明中,ἀγαθόν 如何能够起到基础作用?甚至在柏拉图后期的对话《蒂迈欧》和亚里士多德那里也是如此。一个可能的解决方式:认识是灵魂的一个 κίνησις,一个行为。每个行为都跟一个要实现的东西相关。存在者是那种东西,为了它之故我才去认识。存在被标划为,为了它之故我认识:存在跟一个为其之故的目的的相关性。将它看作存在者以及作为 ἀγαθόν 是素朴的。只要认识被把握为行为,那么存在必然被标划为 ἀγαθόν。这个目的被把握为比存在更高的东西。它不再是存在自身的特征,而是跟认识相关。ἀγαθόν 不是一个纯粹的存在论规定性。

64.(关于 S.141)

存在和价值的关系。价值自身是虚构的。设定价值是对希腊问题的误解。价值的"有效性"是现代的发明（洛采[①]）。这个概念必须还原到 ὄν。只要对 ὄν 的分析还保留在论题中，那么就必须避免走向 ἀγαθόν。将存在说成 ἀγαθόν 是对存在的误解。并非偶然地，后来在柏拉图那里 ἀγαθόν 问题的最初的功能消失了。但是柏拉图没有坚持纯粹的存在论问题，而是重新将它和自然的存在联系在一起，并且通过创造（通过一个造物神）来就存在者的存在来解释存在者。从《智者》的高度坠落。亚里士多德试图确定存在论问题的高度。

65.（关于 S.142）

所说的并非柏拉图哲学的体系。但这并非缺点。一切都还是敞开的、在路上、开始、晦暗的。恰恰这样才是生产性的，持续向前的。没有体系，而只是对事情的真实的工作。所以这样的哲学也不会过时。科学研究的意义不是传播完成了的真理，而是提出真正的问题。

亚里士多德的哲学也具有这种特征。他的哲学传统上更多地被看作学说理论大厦。亚里士多德试图积极地捡起柏拉图哲学的动力。三个基础问题：

1. 存在的形式定义及其事质内容的区别问题。每个存在者都是相同和相异。但问题是，是否每个存在者都运动以及静止。数学中的存在者就不通过 κίνησις（运动）来规定，也不通过 στάσις（静止）来规定。

2. 辩证法框架自身和存在的关系问题还没有解决。存在仍

---

① 参 H. Lotze, Logik, Leipzig 1843, S.7.

然是主动性的理念，存在的其他的范畴规定性跟它相关。

3. 是否可能这样解决存在问题：存在是以一种意义被把握，还是存在概念是多义的？

66.（关于 S.143）

对立：泰勒斯—柏拉图：存在作为存在者被把握，现在：已经达到了区分，并且 λόγος 作为存在者的把握方式被达到。对立于巴门尼德，柏拉图已经看到了 ἕτερον（相异）。存在是"共同存在的可能性"，δύναμις κοινωνίας，（《智者》）。

κατηγορεῖν：强调意义上的"陈述"。范畴是突出的 λόγος 形式。λόγος 作为"陈述"同时通过真理被规定。δύναμις，"可能性"：在跟存在的关系中它意味着什么？ σύν。导向亚里士多德的存在问题的不同视角从 λόγος 被突出出来。

67.（关于 S.146f.）

黑格尔在早期就已经非常多地思考了亚里士多德，这是他的哲学的动力。施莱尔马赫：激励了亚里士多德著作的出版。特伦德伦堡和博尼茨：对亚里士多德的历史学研究。布伦塔诺：亚里士多德哲学的系统效果开始。此外，它被新康德主义所阻碍。康德本质性地被看作认识论思想家，他讨论的是唯心论和实在论的关系问题。人们将亚里士多德标划为实在论者，即他的立场是落后的、素朴的。但是在古代哲学中，既没有唯心论也没有实在论。亚里士多德在中世纪的绝对权威：philosophus dicit（那个哲学家说）。现在中世纪被看作是黑暗的。而亚里士多德被看作是药剂师。马堡是反对亚里士多德的重镇，然而很多重要的研究工作也从这里开始。然后人们对亚里士多德更加开放。人们重新认识到，亚里士多德同柏拉图比起同托马斯·阿奎那以及 19 世纪的实在论有更密切的关系。

68.（关于 S.149f.）

1. 存在问题。《形而上学》Γ。存在论的双重概念成为存在论问题，必须处理这种摇摆的状态。将存在者理解为存在者，真正地把握存在者，这可能意味着，将那种最合适地满足存在观念的存在者突出出来。追问真正存在的东西，另外的存在者所源出的源始的存在者。在此之际，不需要很清楚存在观念。或者，追问存在者的存在自身，不仅仅追问真正的存在者，而且也就其存在追问衍生的存在者。即使是这个问题也不需要概览整个视域。亚里士多德还没有超越这种双重概念。哲学对他而言是①πρώτη φιλοσοφία（第一哲学），②关于真正的存在者、神圣者的科学，其他存在者跟它都有着一定的关联：神学。

《形而上学》Γ1：在这里哲学作为存在的科学的真正概念被强调。"有一种科学，它就存在者的存在——只要这个存在者存在——思考作为存在者的存在者，这样的一个科学是可能的。"它使得存在"以及共同属于存在自身的那些规定性"成为论题。（1003a21）关于存在的科学的观念在这里一劳永逸地在形式上固定下来。跟其他科学的划分：它跟它们都不一致。另外的科学以存在者为主题，切出一个存在者领域进行思考。这门科学也不是对存在者的总和、所有存在者的考察。其他的科学没有一个在整体中看那关于存在要说的东西。所有其他的科学都是从存在者的普遍领域分出一个领域，研究属于这个存在领域的东西，在这个领域中被共同给出的东西。几何学所处理的是一个确定的存在者，空间。问题是存在。只要它是科学的，它就是对本原的追问，而本原构成作为存在的存在。所有那些关于存在的说明，必然地跟那些以某种方式是 φύσις 的东西联系在一起。存在和它的本原还有特征也是某种东西。困难是：存在不是无，但也不是一个存在者，由此是"某种类似于就其自身存在的东西"。φύσις 不是"自然"，而是在形式的意义中"那种从其自身而来存在的东西"，就其自身存在。这种存在科学，人们不能根据其领域将它放在任何存在者区域中，但它所处理的也不是无。从一个卓越的存在者在存在者层次上解释存在者，不同于对作为存在者的存在者的存在论说明。

"即使是古代人的提问所指向的是元素，他们也未曾言明地指向了作为存在者的存在者的基本规定性，那么，这些元素就必然作为一般存在者的规定性，而不仅仅被思考为只属于存在者的一个领域。"（1003a28ff.）存在科学的任务：把握作为存在者的存在者的第一原因，τὰς πρώτας αἰτίας τοῦ ὄντος（参 1003a31）。这门科学是关于第一原因的科学。而第一原因是本原，它自身是能力等，所以它们存在。科学所处理的是最终的本原，但不是存在者的本原，而是存在的本原。只要人们将原因看作是存在者的原因，那么这就是充满矛盾的理解。所以存在被还原为存在者；即使是在亚里士多德那里也是如此，尤其在经院哲学那里。

69.（关于 S.151）

关于 1. 在什么意义上存在对科学而言是一般对象是可能

的。存在论的中心问题。超出柏拉图,对存在论观念的完全的革命。似乎这是一个教条的回答,但是这只是对《形而上学》B的问题的回答:什么是(以及能够是)基础科学的对象?存在者的最高的种是否能够构成存在的本原,也就是说,柏拉图的存在论的进路是否可以根据对存在自身的解释被坚持(995b16ff.,b28ff.)?柏拉图:基本规定性,γένη,所有其他存在者由此产生。鸽舍的例子。γένη 是 διὰ πασῶν(《泰阿泰德》197d8),规定所有的存在者的。它们自身互相关联,处于 κοινωνία(共通)中。对亚里士多德的批判的追问:是否 γένη 同时能够表述存在的本原?更尖锐地说,是否存在具有种的特征?存在、相同、统一性能够具有种的特征吗?

70.(关于 S.151f.)

在《形而上学》B3,998b14—28 提出了问题:"如果种,γένη 最大程度地具有基本规定性的特征,那么哪些种是作为本原起作用的呢?那些最高的还是最低的(最外在的,它们之下再没有种)?如果总是最普遍的(总体的)规定性更加具有基本规定性的特征,那么显然种里面最普遍的是基本的规定性。因为它就所有的和每一个被述说。在存在者中,有多少种,就有多少基本规定性。所以,ὄν,'存在',以及一就成了这样的基本规定性。它们构成了存在,οὐσία 的基本结构。"这种基本规定性总是未曾言明地一起被提及了。

"但是无论是存在还是一都不可能构成存在者的一个种。"(998b22)这是亚里士多德消极的描述:存在不能具有种的特征。消极的证明:"因为必然地,每个种的区别既必定存在,也必定是一个（差异）。但是，种的属不可能被所属的区分述谓，并且，没有属的话也没有种。由此，存在或者一如果具有种的特征，那么既没有差异可能存在，也不可能是一；而如果就如事实所是的那样，存在和一不是种，那么它们也可不能是基本规定性，假设每个本原都具有种的特征的话。"（998b23ff.）

需要证明的命题：作为存在者的存在者的基本规定性，存在自身，不可能是种。存在不是种。这个证明间接地从这样的 ὑπόθεσις（假设）的不可能性引出：如果结果是不可能的，那么论题也是靠不住的。解释对这个命题的证明的典型例子：homo animal rationale（人是理性动物）。"Animal"具有种的方法论意义特征。它是一般的规定，"动物"，它在这里通过"理性"——一个在"animal"中还没有的新的特征——被规定。将"animal"这个种区分开的事质性的规定性，是"ratio"。"ratio"是差异，它将划分带进种里面。它造成了一个属，εἰδοποιός：我属于"homo"的种类。"ratio"不属于"animal"这个种的观念。"ratio"也不能述说"homo"这个种类；ratio 不仅可能作为人的存在种类，它也属于神的存在。差异不属于种。为了我们的证明，我们用 ὄν（存在）来代替"animal"。如果存在是种，那么那将种区分为一定的属的差异，就不具有"它们是"的规定性。差异自身还不能带有存在的特征。这样就既没有差异，也没有属。如果存在被设定为种，那么差异和属就必然是已经在种自身里面的那些规定性。这跟种类的意义相矛盾。那么就剩下两个可能性：①或者存在是种，但是没有属跟它对应，因为属不能存在。而根据可能性不包含任何属的种，不是种。②或者差异和属存在，那么存在就不能被理解为种。也就是说，ὄν 不是 γένος。但这个证明只是消极的。一切存在者的基本规定性的普遍特征就变成有问题的了。这就是亚里士多德反对柏拉图的动力。在什么意义上存在是，存在的范畴是存在者的本原？对这个问题的回答和对第一个进路的消极解决的补充在《形而上学》Γ2。

71.（关于 S.153ff.）

所有的意义都跟健康相关，只是以不同的方式。存在的不同意义通过跟一个基本意义的关系得到调整。这个 ἕν（一）构成了存在的意义的多样性的统一。所有的意义都以某种方式同时意味着"健康"。"类比意义"，κατ' ἀναλογίαν。这个 ἕν 也意味着 μία ἀρχή（参 1003b6），一个"唯一的首要的本原"，从它而来，不同的存在着的对象作为存在着的被把握。存在的意义的相互关系问题现在才呈现出来。

亚里士多德在"存在"的表达中使用的 πολλαχῶς（多重）有三层意思：1. 存在的多重性（参《形而上学》E2, 1026a33ff.）：根据四个基本意义来说明存在 ① 范畴的 ὄν，② ὄν κατὰ συμβεβηκός（偶性的存在），③ ὂν ὡς ἀληθές（作为真的存在），④ ὂν δυνάμει καὶ ἐνεργείᾳ（潜能上的和现实上的存在）。ὂν κατὰ συμβεβηκός，需要翻译为："共同被给予的意义上的存在"。这个 πολλαχῶς，"多重性"的一个种类。

2.《形而上学》Z1, 1028a10ff.：Τὸ ὂν λέγεται πολλαχῶς: ① τί ἐστιν, ② ποιόν, ③ ποσόν, ④ πρός τι（存在以多重方式被述说：①是什么，②性质，③数量，④关系）。这第二个多重性是意义 1.① 内部的多重性。范畴的 ὄν 重新分解为一种新的 πολλαχῶς。

在《形而上学》Γ 中，亚里士多德既未提到 1，也未提到 2，而是把这两者堆在一起。这种 πολλαχῶς 的双重性迄今被忽视了；尤其是在 W. 耶格尔那里。问题是强调，πολλαχῶς 的这两种样式如何相互关联。另外的 3 个被包括在范畴的 πολλαχῶς 中了。

健康的例子：就像是"健康的"的不同意义都同身体状况的健康联系着，存在的意义也跟一个基本意义联系着。我们说存在者存在，① ὅτι οὐσίαι（引用见前，S.153f.），"因为它就自身而言是现成存在的"，②因为它是 πάθη οὐσίας，"一个现成事物的状态"，③ ὁδὸς εἰς οὐσίαν 某物"通向现成之物的道路"，④ φθορά，从现成的存在"消失"，⑤ ποιότης，因为某物是"性质"，⑥ ἀπόφασις，非存在。 从①到⑥都跟 οὐσία 联系着。所有这些存在意义都是 πρός ἕν。这个基础意义是 οὐσία。① οὐσίαι，"现成之物"的复数。单数的 οὐσία 表示"一般的现成存在"，复数表示"现成之物"，它具有现成存在的样式。② οὐσία，"一个现成之物"。③ τί，"什么"，本质。如果所有的基本意义都回溯到 ἕν，那么就是说，朝向现成存在意义上的 οὐσία。Γ2,1003b17："所有其他的存在意义都依赖于它，并且通过这个基本意义所有其他存在意义都被述说。"如果我不联系身体的健康状态意义上的"健康"，那么我就不理解"健康的"这个表达。但是这个基本意义不是种。现成状态，存在的基本意义的变式跟种和属的变式不同。这种样式通过"类比含义"固定下来。亚里士多德没有解释其精确的结构，到今天它还是晦暗的。

现在只要跟基本意义的关系强调出来，那么也赢获了科学的专题对象的统一的范围：存在自身。所有的存在结构必然要回到这个基本意义。这是通过 αἴσθησις（感觉）被通达的。就像在几何学中，所有个别对象和关系都设定了空间，并且回到空间，同样,这里都回到存在。空间已经在一个基本的把握中被理解了。同样存在在一个初步的 αἴσθησις 中被通达,不是在一个感性知觉中,而是通过纯粹的、对对象自身的直接把握。亚里士多德只是提出了这个原则性的要求。

存在论的这个结构在跟数学和 φυσική,自然意义上的存在者的存在论的划分中进一步被说明,因为这个基础科学是以存在自身为对象。存在论的对象领域的一般性跟数学和物理学的一般性有什么关系？这个问题在《形而上学》K4ff. 得到更深入的表述。这里所解决的是跟《形而上学》B 和 E 同样的问题。W. 耶格尔已经表明,至少第 1-8 章必须归于亚里士多德[①];而事实上 8-12 章也是亚里士多德所著。

关于存在的问题必须跟任何关于确定的存在者的问题分开来提。为此目的首先指向那些具有一个特定的存在者作为对象的科学：数学和物理学。《形而上学》K3,1061a26ff.。就如数学家在他通过一种特别的视角所获得的事物领域进行研究,对存在自身的探讨也是这样。ἀφαίρεσις = "抽象"。数学家思考的是感性的东西,但是他在思考的时候放弃了一切,而只有"多少"保留下来：纯粹的延展在其多少和连续性中。他根据一维、二维和三维来思考广延,不过仅仅看数量和连续性,而不看其他方面。抽象的意义：积极地在其广延和连续性中揭开纯粹空间。在这种确定的纯粹空间领域内,数学家才有了不同的问题。一个统一的领域被给出：几何学。以这种方式,纯粹空间自身被明确出来：那属于纯粹空间的东西。物理学则相反,他是关于

---

① Jaeger, *Studien*, S.63-88; 以及 *Aristoteles*, S.217ff.

被推动的自然的科学，所考虑的是所有根据运动的对象性的关联。它也有存在者，但不是就其存在而思考存在者。这种视角对哲学而言是主导的。

在《形而上学》K3,1061b7，亚里士多德跟柏拉图相对达到了对哲学的积极定义。辩证法和诡辩术只涉及那种恰恰在存在者中被共同给予的东西，人们偶然遭遇的属性。它们所处理的不是就其存在而言的存在者，只有哲学才思考存在。由此亚里士多德将他的存在者跟柏拉图的存在划清了界限。柏拉图的 διαλέγεσθαι 缺乏对存在自身的真正的看。柏拉图在辩证法框架中也有 κίνησις（运动）和 στάσις（静止）。而在亚里士多德那里，κίνησις 和 στάσις 不属于纯粹的存在。由此亚里士多德为后世搭建起了一个纯粹的存在科学的理念。这个划界出现在《形而上学》Γ2,1004b17。因为辩证法和诡辩术在某种程度上穿着跟哲学一样的服装，但是它们从根本上不是哲学。诡辩术只是看起来如此。辩证法家的确严肃积极地对待他们的工作，他们处理 κοινόν，但是他们缺乏存在观念的指向。辩证法通过可能性的种类进行区分：它只有有限的可能性，只能摸索。哲学则给出理解。智者通过对科学研究的决定的种类进行区分：他们是不严肃的，而是要为自己赢得大众。

这样哲学处理作为存在的存在。这个指向在 λόγος 中被实施，在存在者中，如其在陈述中作为存在者和如此的存在者而被言说的那样。

72.（关于 S.156ff.）

在亚里士多德那里 λόγος 才第一次真正地有生机。

λόγος="陈述"。"陈述"=κατηγορεῖν，由亚里士多德根据 κατηγορία 赢获了它的术语的意义。在哲学中，κατηγορίαι 是研究的主题，这是怎么发生的？λόγος= 将某物"表达"为某物。 295 这个结构被亚里士多德更加敏锐地看到了。λέγειν τι κατά τινος，考虑到另外的东西；这个 κατά 跟在 κατηγορία 中的是一样的。现在我们已经把这个结构倒转过来了：

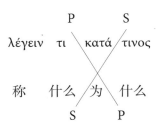

怎样能够从 λόγος 中赢获范畴这样的东西，什么是范畴？对赢获这些范畴而言，什么是亚里士多德的主导原则？这个问题到今天还争吵不休。康德和黑格尔提出，亚里士多德只是随便拾取了这几个范畴。

亚里士多德知道哪些范畴？很难确定，因为在不同的文本中这是不同的。10 个，8 个，3 个（《范畴篇》:《工具论》的第一步，《范畴篇》4,1b26f. 参上 S.158，注 16）。关于那在任何方面都不通过组合才能被规定的东西，这意味着① οὐσία，② ποσόν，③ πιόν，④ πρός τι，⑤ πού，⑥ ποτέ，⑦ κεῖθαι，⑧ ἔχειν，⑨ ποιεῖν，⑩ πάσχειν。关于①"现成存在"到⑦"姿态"。我可以直接将现成存在归于一个存在者。ποσόν：对 2 尺长、3 尺长等的范畴规定。πρός τι：一半，一倍，更大。πού：在市场上。ἔχειν：穿鞋的，武装好的。πάσχειν：被切开，被烧。新的范畴都具有跟第一个范畴关联的基本规定性。

范畴的概念是不确定的。紧接着康德，范畴被认为是对思想内容进行规范的思想形式。作为主观的思想形式；对客观内容进行追问。在康德那里，范畴源初地却跟这种意义上的思想形式无关。根据其意义，范畴意味着存在的方式。值得注意的是，范畴的名称是从陈述，从 λόγος 被选出来的。希腊人的存在问题都在 λόγος 问题中提出：存在的规定性从 λόγος 而来被标明。对存在的追问指向 λόγος。存在者自身的展示：这就跟主体的思想形式没关系，而是跟作为存在者的存在者就其自身的规定性有关。范畴不是主观的，虽然范畴的范围有一个特别的界限，只要被理解的存在者被我们标划为现成之物：αἰσθητά。所以普罗提诺指责亚里士多德没有追问 νοητά. 当然普罗提诺自己也没有走得非常远。关于所有的东西，存在已经预先被说出来了(《形而上学》K2，1060b4)。存在是最普遍的谓词。诸范畴的关系怎样被确定，怎样赢获它们？

亚里士多德范畴概念的纲要：

1.《形而上学》Θ10,1051a34f.：诸范畴描述了 τὸ ὄν [...] κατὰ τὰ σχήματα τῶν κατηγοριῶν (根据诸范畴的样式的 [……] 存在)。τόδε ὄν 意思是："这一个"，或者"性质"，或者"数量"(参《形而上学》Z4,1030b11)。κατηγορίαι 是存在者的规定性，就如在陈述中所展示的那样。范畴也是命题的特征，但不是首先是命题的特征，而只是因为它们是存在者自身的规定性。

2. 参《范畴篇》4,1b25：范畴是根据其内容不允许有"任何复合"的东西。它们根据其意义内容是简单的、不可还原的，但跟其他的东西有本质关联。它们是这样的一些规定性，不再能够超出这些说它们是什么。在它们的基础上，能够进行陈述。"石头是硬的"：我必须对属性有理解。"树木立在路边"：对位置的理解，虽然也许当下没有意识到。"这块石头太大了"：数量。如果没有对这些存在的规定性有在先的理解，我会对它们视而不见。

3.《形而上学》Δ 7,1017a22ff.："存在自身以如此多的方式被述说和理解，就像诸范畴所给出的样式一样多。"有多少陈述的可能性，就有多少种存在的意义。在这里清楚的是，诸范畴的多重性跟可能的陈述的多重性相应。λόγος 在这里必须被把握为 λέγειν τι κατά τινος（"把某物说成某物"）。"作为什么"的可能的不同的基本样式给出了可能的诸范畴。

4.《前分析篇》A 37,49a6ff.："某物（这个）归属于另外一个（一个跟另一个的共同现成存在）并且在跟另一个的关系中揭示这一个（这一个作为一个这样的），其多样性跟范畴所区分出来的多样性一样多。"这里清楚的是，在 λόγος 中所展示出来的存在者如何在其结构中被把握：石头和硬的共同现成存在是石头根据其属性被展示的前提。范畴的存在者层次的因素在这里很清楚。

5.《形而上学》Γ 2,1003b9：诸范畴是那种 πρὸς τὴν οὐσίαν，"联系"第一个范畴而能够被述说的，而第一个范畴"就自身是现成的"。所有的范畴就其意义而言是跟 οὐσία 联系着的：属性总是关于什么的属性，等等。在每个范畴中都有跟一个现成之物的关系，这个现实之物根据一个确定的方面被确定。ὑποκείμενον（οὐσία）ἐμφαίνεται："在每个范畴中，那基底之物显现出来"（参《形而上学》Z 1,1028a26ff.）。在 9 个范畴（除去

οὐσία）中，都和 οὐσία 自身有关系。诸范畴的统一性就建立在这上面。

6. 亚里士多德给诸范畴的有特色的名字：διαιρέσεις，πτώσεις，πρῶτα，κοινά，γένη。διαιρέσεις：在存在者内部就其存在而言的最基本的"区分"。这个表达的意思不是区分的方式，而是区分出来的东西。πτώσεις（参《形而上学》N2,1089a26）："弯曲""弯下"，变式，存在的普遍观念的折射。τὰ πρῶτα：这些规定性已经为所有的存在奠基，它们必定是所有的存在者所是的，如果这个存在者存在的话。κοινά："最普遍的"规定性。"属性"的理念对所有属性而言是最普遍的。γένη 具有同样的意义：每一个个别化的东西都来自这个"主干"。（参《论灵魂》A1,402a23）这一点不清楚。因为存在没有种的特征；所以不强迫；主干不是逻辑意义上的种。

73.（关于 S.159）

2. 在这种共同现成存在的方式中，聚集——一个跟另一个一起的存在方式得到表达。这是柏拉图相对于巴门尼德的基本发现。一个不是一个，而是一个和另外的一个。亚里士多德更敏锐地把握了这一点：跟他者的共在属于每个存在特征。

74.（关于 S.160f.）

所有范畴就其本质而言都是 πρὸς ἕν（关涉到一个）。它们不是通过使用而具有了这个关系，而是在自身中已经具有了这个关联。οὐσία 是首要的范畴，它主宰着所有的范畴；参"健康"的规定性。每个范畴都跟存在相应的这个类比在中世纪被把握为 analogia attributionis（归属类比），明确地指向第一范畴，substantia。经院学者还指出了第二种类比：analogia proportionis（比例类比），"相应的类比"。但是本质的类比还是 analogia attributionis。

所有个别的范畴都跟它的具体个例有相应关系。这个样式跟相关的存在者有一种关系：analogia proportionis。

在 analogia attributionis 那里有一种 identitas termini（术语同一）。这个 terminus 总是同一个。此外有一个 diversitas habitudinis（不同的条件）。此外，在经院哲学那里还有另外一种类比：在 ens infinitum（increatum）（无限者［非被造］）和 ens finitum（creatum）（有限的存在者［被造者］）之间的类比关系。上帝是无限地区别于被造物的。在这两种说法中，有什么共同的存在意义作为基础呢？"上帝存在"和"椅子存在"？没有一种存在者的最高的种能够将两者都包括进来。毋宁说，存在的两种样式都跟类比相关，而这种类比关系最终都还原为 analogia attributionis，因为上帝被把握为那 ens infinitum（无限者），οὐσία 概念的最高的具体性。

普罗提诺：《九章集》VI, 1.1f.：亚里士多德哲学的局限：他没有考虑 νοητόν，而 νοητόν 就像 αἰσθητόν 是通过存在被规定的。它们完全是通过 ἀναλογία（类比）而是 ταὐτόν。

如果上帝是真正的实体，那么另外的存在者仅仅是性质或数量？笛卡尔：res congitans–res extensa（思想物—广延物）。

亚里士多德哲学的存在问题是朝向诸范畴的存在的。

75.（关于 S.162）

存在的意义就如希腊人所理解的那样：在在场状态、当下意义上的存在。只要存在者不是单纯的，而是复合的，在场状态所说的就是聚合，在这个聚合中有共同、统一的当下在场。因此在每个存在者中都有跟他者的一个可能的关系，存在者和这个他者一起在此。存在总是一起在，συγκείμενον。λόγος 的结构作为 σύνθεσις（联结）。回溯到存在者自身的结构。诸范畴是某物和某物共同在场状态的可能形式（种类）。但是也有这样的东西跟存在者一起现成存在：它并不恒常地和必然地属于存在者。如一棵树，它给一个特定的人提供树荫，但是没有这个人，这棵树还是一样的。

76.（关于 S.163）

另外的存在者可能是附属于自在的存在者，ὂν κατὰ συμβεβηκός，"按照随附的存在，随附状态"。随附状态作为可能性属于每个存在者，但不构成存在，不能事先被确定和被说明。自在的存在者能够在 λόγος 中，在 ἐπιστήμη（科学）中被认识，揭示、把握和述说。但是如果我不认识它，它也存在。被揭示的可能性属于存在。真实、被揭示是现成之物的可能性。

77.（关于 S.163f.）

住房子的人的命运不属于 οἰκοδομικὴ ἐπιστήμη（建筑学知识）。数学家不感兴趣直角三角形和非直角三角形的偶然差别，而是考虑三角形自身。Met. E2, 1026b13ff.：境况只是一个名称。

亚里士多德认为，当柏拉图强调，智者所考虑的是 μὴ ὄν 的时候，他是正确的。他们所考虑的是偶然的命运。1026b21：偶然属性看起来就像非常接近于非存在。但它不是无，而是存在在自身中被规定的方式。它的本质由此构成，并在这个基础上某种类似这样的存在样式是可能的。偶性的本质必须被规定。那 ἐξ ἀνάγκης（1026b28），"必然地"在场，并且 αἰεί（1026b30），"恒常的"东西。有那种存在者，恒常，总是和必然是它所是的样子。此外，也有这样的存在者，它虽然不是总是如此，却大多如其所是的那样（有规律）。白天和黑夜的交替就是有规律的。但是我们不能说，它就像 2×2=4 一样。与这两种样式相对，还有偶然的存在样式，它从某处偶然发生，不能确定通过什么发生，因为什么，和持续多久。偶性的基础无非是恒常之物自身。否则就没有偶然的东西。恒常性是偶然性的存在论可能性。否则偶然就没有去向。1026b30f.：恒常是偶然的可能性的基础，偶然在恒常之物和有规律的东西范围内发生。只有从这个范围中撤出，它才跳入眼帘。对希腊人而言，偶性的存在跟本真的存在差别很大。

《形而上学》E2：这种 κατὰ συμβεβηκός（偶然地）的存在接近于非存在，因为它缺乏 ἀεί 的和必然的东西的本质特征。但是只有有恒常之物，才能有偶然之物。因此这种存在样式就本质而言不是偶然的——自立的，是从恒常之物意义上的存在衍生出来的。

在炎夏季节，坏天气和寒冷降临，这就是偶然的和随意的，跟期待和规律相反。一个人的头发是金黄的，这也是随机的，并非必然的。他也可能是黑色的头发。但是人是一个

ζῷον，"动物"却是不可避免的。对于建筑师而言，造成健康是某种偶然的事情，但这确是医生的目标。一个厨师也能够通过供餐使得一个人健康，虽然这有违于他自己本质的目的。偶性不属于一个专门的、具有自己的规则的实现、手工艺以及特定的活动的范围。对于那仅仅偶然的东西，没有规则性的理解，没有 τέχνη。因为偶性不是规定和计算的可能的对象，它外在于 θεωρία，科学的"思考"。由此，偶然的东西的存在样式也不属于存在的科学的主题，因为这种科学是研究真正的存在的。偶性意义上的存在是衍生的。

78.（关于 S.164f.）

第三种样式的存在在某种意义上也是如此：ὡς ἀληθές（作为真）的存在（《形而上学》E4）。当然在这里有不同的证明。真实的概念被更加精确地规定。《形而上学》E4 就文本而言不是统一的，无论是在内容上还是在语言上。耶格尔在这里读出了亚里士多德有双重的真理概念，提出亚里士多德真理概念的发展论（见前 S.165，注 2）。ὂν ὡς ἀληθές 以及 μὴ ὂν ὡς ψευδές（非存在作为假）："揭示意义上的存在"，"遮盖意义上的非存在"。问题：揭示和遮盖在哪里以及以什么方式有其存在？

《形而上学》E4, 1027b19ff.：揭示和遮盖依赖于 σύνθεσις 和 διαίρεσις，"聚集"和"划分"。这两者都属于 λόγος 的统一结构，"陈述"，被描述为真的或者假的。σύνθεσις 和 διαίρεσις 怎样使得真和假的结构可能？揭示在自身中包含着 κατάφασις，把某物"归为"某物，并且是 ἐπὶ τῷ συγκειμένῳ（1027b21），"根据那共同现成的东西"。根据共同现成的东西而有所归属地指示，或者根据无关联，分开而否定地指示。遮盖通过相应的相反者被描画：它是根据无关联而"归属地指示"，或者根据共同现成之物"否定地指示"。κατάφασις 和 ἀπόφασις= 积极的和消极的判断。

79.（关于 S.165）

为了揭示和遮盖作为陈述被实施，在陈述自身中必须有聚合以及分离的结构，这样陈述才能是真的或者假的。我必须将一个直接的预先被给予之物作为现成之物（如，黑板）以及它处于如何如何的状态（如，黑色的）分开，διανοεῖσθαι，在分开过程中 διαίρεσις（分析）。问题：一个这样的统一的陈述是如何可能的，在其中我分开了规定性（"黑板"和"黑色的"），并且是在一个 σύνθεσις（结合）中，且为了一个 σύνθεσις？这些规定性同时能够既是 ἅμα（一起）又是 χωρίς（分离）的，这是如何可能的？陈述的一个统一的行为，在其中某物同时被分开和被聚合，并恰恰是同时如此！这个问题会在《论灵魂》Γ 6ff. 和《形而上学》Z12 被更细致地处理。

我们现在问，揭示和遮盖奠基在何处。它们是 διανοεῖσθαι（思想），λόγος 的实施方式。后者只有这样才可能：有 διάνοια，"理解"，陈述。除非有陈述，否则揭示和遮盖不属于存在。真理和错误奠基于：①存在者作为陈述可能的对象存在，②有 διάνοια。真理和错误是 ἐν διανοίᾳ（在思想中），而不是 ἐν τοῖς πράγμασι，在存在者中，在"事情"自身中。只要诸范畴构成了 πράγματα 存在的结构，那么真理和错误就是存在的另外一种样式，相对于本真的存在。《形而上学》E4,1027b31。

80.（关于 S.166f.）

两种存在样式—偶然的和真—都是依赖性的存在方式。由此这两种样式都回指向一个源始的存在，它们不属于存在的科学以及存在最后的基础奠基。《形而上学》E4,1027b33：偶性和揭示被排除在关于存在的基础思考之外。对于偶然性而言，其根据是 ἀόριστον（1027b34），"不可被确定的"，不是持久的，而对它我能够在每时每刻都是确定的。对于真实：它是思想、判断、规定的状态，不是存在自身如其自在的那样的特征。

这两种存在样式触及存在的其他主干。它们构成了四种方式中不属于基础思考的东西。在《形而上学》K8,1065a24，这个 ἔξω 在另外的意义上被使用：在理解"之外"，即，被等同于那种自在的 πράγματα（事物）。即使完全忽视希腊人没有这个意义上的意识，这也是错误的。这两种存在样式显然不是一个存在或者一个外在于本真存在的存在的自然。ἔξω 意思是非奠基的。真和偶然性都是被奠基的，本质性地建基于本真的存在。由此，《形而上学》K 中的 ἔξω 被跟 χωριστόν（分离）放在一起（1065a24），本真存在的总体特征：独立的恒常性。偶然的东西缺乏恒常性特征，而真缺乏独立性。

81.（关于 S.167f.）

必须强调 ἀρχαί（本原），独立的恒常者的"那些最终的根据"。这种独立的恒常者在基本范畴，οὐσία 中被建立。这个存在成为 ὂν κυρίως，"本真的、卓越的存在"。亚里士多德从这里面分出了真理和偶然性。困难:《形而上学》Θ10：ἀληθὲς ὄν（真的存在）作为 κυριώτατον，"最本真的"存在（参 1051b1）；这似乎跟前面所说的矛盾。这并非矛盾，只需要在对希腊的存在概念的源始解释基础上使之变得可以理解。

συμβεβηκός（偶然）的观念跟范畴的存在怎样关联起来呢？诸范畴隶属于一个基本划分：它们以类比的方式跟 οὐσία（实体）相关。诸范畴是存在者共同现成存在的可能方式；并且在此之际想到真正存在着的存在者，这个存在者是恒常的和有规律的。偶性只是共同现成存在的一个特定样式，在偶性的意义上，它不是真正的存在。这是共同现成存在的极端方式。

κατὰ συμβεβηκός（出于偶然）在双重意义上被使用：①如上所述，是存在样式。②亚里士多德也称作为诸范畴的诸范畴为 συμβεβηκότα：它们似乎是实体的偶然的概念？并非如此。那样就是荒谬的；毋宁是完全形式的：诸范畴就是共同的可能形式。需要区分偶然和形式的意义上的 συμβεβηκός。ὂν κατὰ συμβεβηκός（偶然的存在）的观念是以共同为背景而概念化的。就像诸范畴的存在以 λόγος 为导引（根据另外的一个东西跟它共同被给予而展示某个先行给予的东西），存在的第二个样式（ὂν κατὰ συμβεβηκός）指向 λόγος。希腊的存在者以 λόγος 的引导开始并贯穿其中，尤其是在亚里士多德那里。

真是（Wahrsein）被归于 λόγος。真理是陈述的一种规定性，只有在 διάνοια，λόγος 的基础上才是可能的。λόγος 现在不是根据它所展示的存在者的可能的方式而被思考的，而是根据展示的方式，作为真的或者假的被思考的。《形而上学》Θ10：真理不仅归于 διάνοια，而且也归于 νοεῖν 自身——那种对这样的东西的纯粹的、直接的"把握"：它们的对立者不是错误，而是 ἄγνοια，"无知"。所有直接的、径直的对某物，比如诸范畴的把握，所把握的不是复合的东西，而是某种只能就其自身被把握的东西。其中没有 σύνθεσις（结合）。也就是说，人们不能将它把握为某种它所不是的东西。只能简单的遭遇。这是最源始的理解：在直接的观看中简单地揭示。《形而上学》Z4：λόγος，就某物自身说某物，而不作为另外的某物；它直接指示。只要存在是在场状态，那么对存在者的直接揭示就意味着在其存在和在场状态方面的提高：它在一种本真的意义上在场；前此只有非本真的在场，现在作为现成存在者被带入直接的被把握的在场中。存在者被把握，在一种比无理解和被遮蔽更高的意义上在场。通过揭示，它就被给予了一种更高样式的在场状态。这样，ὂν ὡς ἀληθές 就是比 οὐσία 更高的一种样式。由此，亚里士多德的真理有充分的权利被称为存在的更高样式：真理是本真的存在。某物只有被揭示了，才存在。ὂν ὡς ἀληθές（作为真的存在）作为 κυριώτατον ὄν（最重要的存在）（参《形而上学》Θ10，1051b1）。但是它还不是存在论意义上最源始的存在样式，它以 οὐσία 为前提。ὂν ὡς ἀληθές 跟 οὐσία 的双重关系。παρουσία，"当下在场"，在场状态。

82.（关于 S.179）

δύναμις（潜能）和 ἐνέργεια（现实）是 οὐσία（实体）的现成存在的基本样式。所以它们回溯到诸范畴的本真存在。ἐνέργεια 是存在的最高样式。ἐνέργεια 先于 δύναμις，"现实性"先于"可能性"：理解要从存在是在场存在开始。可能性＝为什么做准备。为此必须有 ἐνέργεια 或者 ἐντελέχεια（实现）。δύναμις 和 ἐνέργεια 也具有类比的意义功能。

存在的这四个基本意义需要一起把握。存在的科学的核心在于诸范畴的存在。亚里士多德：第一科学是神学，它所思考的是最高的存在者自身。这些说法如何协调？存在的科学难道对每个对象领域是无关紧要的吗？耶格尔：在这里亚里士多德似乎不能胜任存在问题。[①] 这是一个外在的理解。毋宁说，存在论的双重概念（存在科学—神学）必然属于一体。关于作为存在者的存在者的科学：由此必然有存在者的问题，在这种存在者上，本真的存在最纯粹地展示出来。唯有在这种存在者上，存在的概念才能够被赢获。如此这样一门学科就是必要的，它考察那被把握为本真的存在者的存在者。这种存在者是第一推动者还是第一重天，就是另外的问题了。这种对本真的存在者的指向不是一门特别的科学，而是存在论地指向了的科学。关于存在真正意味的东西和本真存在的存在者的科学。关于存在和最高的存在者的科学。《形而上学》E1,1026a29ff.："如果有这样的一个存在者，它完全不被推动，但总是在纯粹的 ἐνέργεια 意义上存在，那么这个存在者就是更在先的，对它的科学是第一科学。"这门科学研究作为存在者的存在者。

除此之外，在亚里士多德那里还有迄今没有触及的第三个因素：每个 ὄν（存在）都是一个，ἀγαθόν（善），ἕτερον（相异），μὴ ὄν（非存在）等。"统一性""他异性""相反""非存在"，ἀγαθόν：这个规定性属于每个作为存在者的存在者，存在的"形式的"规定性，"形式的存在论"的对象。即，①关于本真的存在者的存在论，②诸范畴的存在论，③形式的存在论。关于它

[①] Jaeger, Aristoteles, S.223-227; 379.

们的关系，亚里士多德没有留下什么说法。

83.（关于 S.183）

《论灵魂》：

第一卷：说明，批判地回顾以前的哲学

第二卷：对灵魂积极的概念定义

    1-4 章：一般的奠基

    5-6 章：αἴσθησις，感觉

    7-11 章：感觉的形式

    12 章：对 αἴσθησις 的结构的更详细的规定

第三卷：

    1-2 章：实际属于第二卷

    3 章：分析 φαντασία，imaginatio（想象）

    4-6 章：νοῦς，理解，διάνοια（思想）

    9-13 章：对生命的建构的总结性分析，思想和冲动的基本管理；对生命的更低层次的分析的进路

补充论述（见前 S.183）：parva naturalia（自然短篇），关于生物学的一篇小论文：Περὶ αἰσθήσεων καὶ αἰσθητῶν（论感觉和可感物）；论回忆和记忆；论睡梦和清醒；论活着和死去；另外还有：论动物的自我运动：Περὶ ζῴων κινήσεως（论动物的运动）；真正亚里士多德主义的，就如耶格尔所展示的（见前，S.183，注 2）。

84.（关于 S.185ff.）

《论灵魂》B2,413a12ff.:ἄψυχον 相对于ἔμψυχον，"无灵魂

的"和"有灵魂的";后者通过 τὸ ζῆν 被区分出来。生命是动物的存在样式。ζῆν 是存在论的基本概念。灵魂也在这个意义上被把握。动物在这样的地方被发现:当我们说,某物在一个被指向的意义上自我运动,即它感知,它能够自我运动也能够停止,它是年轻的并在老去,它自我营养和生长,等等。与之相反,植物在生长中同等地朝着各个方向伸展。这样的生物的基本规定性通过 θρεπτικόν 的能力被给出(413b5):"能够自我营养",由此它跟周围的存在者交流。还要加上 αἰσθητικόν(417a6),这是自我指向的可能性,即使它只是作为接触和握取什么东西。活着并且跟另外的东西有一定的交往的东西,就有一个世界,就如我们今天所说的。一些生物被固定在一个地方,而另外的一些生物能够向前运动。而且,这是一种跟在那些无生命的东西那里不同的位置变化:κίνησις πορευτική(位移运动)(参432b14),朝向某个对生命而言以某种方式被关心的东西;一种在当下的周围世界中的被指向了的运动。

伴随着 κινεῖν(运动)现象的是 κρίνειν 现象,在形式指向意义上的"区分"。κρίνειν:αἴσθησις(感觉)和 νοῦς(努斯)。κινεῖν 和 κρίνειν 构成了生命。

《论灵魂》Γ9ff.:每个运动都是朝向 ἕνεκά τινος(某个目的)的运动:运动作为欲求所朝向的东西,ὀρεκτόν(433a18),"被欲求者"。问题:这种 ὀρεκτόν,"可欲求的东西"通过什么被通达,欲求的基本样式是怎样的? φεύγειν 和 διώκειν(参 432b28f.),一方面"走向"某物,跟随一个对象,而另一方面又"避开"它。什么是在生命体中形式的推动者自身,ἀρχή κινήσεως(运动的本原)? 亚里士多德展示出,运动的开端不是纯粹地思考一个值得追求的对象。对象不是通过 αἴσθησις 被把握，而是通过 ὄρεξις：“欲求”具有揭示的功能。只有在 ὀρεκτόν 基础上才有反思，κρίνειν，διάνοια。不是一个思考者首先思考着进行寻视，然后朝某物运动，而是 ὄρεξις 就是基本样式。ἀρχή 是 κρίνειν 和 κίνεῖν 的统一，生命运动的原则。动物的 αἴσθησις，人的 νοῦς。动物的 αἴσθησις 不是作为理论的能力，而是构建在追逐和逃跑中的。

《论灵魂》B6:αἴσθησις 的一般结构，是三重的（418a9ff.）：① αἴσθησις ἰδία（特定的感觉），② αἴσθησις κοινή（共同的感觉），③ αἴσθησις κατὰ συμβεβηκός（偶然的感觉）。关于①，"知觉"，跟它的对象关联着。每个感觉都是在其"自己的"领域中是真的。每个知觉都是在其自己的领域中揭示着。另外的现象不是通过这个感觉的性质来规定的，例如，位置变化，它是通过多个感觉而被感知到的。关于②，对特定的一些"知觉是普遍的"的现象。κοινά。关于③，进一步，我们总是看到一定的自我运动的东西，不仅仅是性质，如颜色。我首先看到这是一支粉笔，然后看到它是白色的，是如此形状的。偶然的性质共同被给出，这对希腊人而言不是本质性的意义。白色的可以是粉笔，但也可能是纸张和另外的东西。

人和动物是通过 νοῦς 区别的（433a9ff.），更准确地说，是通过 λόγος 区别的。λόγος 必然属于人这种 ζῷον 的定义：ζῷον λόγον ἔχον，"能够说话的生物"，能够 ἀποφαίνεσθαι（显现）。世界不仅仅是在追求和逃避视域内被认识，而且存在者被作为如此存在着的被言说、规定、理解、把握，并被说明为何如此：人具有将 ὀρεκτόν 作为其行为的理由、展开的动机去理解的可能性（参 433a17ff.）。这种存在者被称为人之此在。κρίνειν 是通过

λόγος，即 νοῦς 被规定的。κινεῖν 和 κρίνειν, ἄμφω（两者）的统一性（433a13），通过 προαίρεσις（选择）被规定（参 406b25）：能够"先行选取"某物作为行动和决定自身的根据的可能性。由此就给了人在 ἐπιθυμία（参 433b6）、纯粹"欲望"，盲目的本能和把握、给出理由的行为之间的对立的可能性。《论灵魂》Γ 10：本能和本真的被决定了的、有理智的行为之间的对立只有对能够理解时间的生命体才是可能的。只要生物被抛弃给了本能，它就跟恰好在那里的、刺激着的东西，τὸ [...] ἡδύ（快乐）（433b9）相关。本能无所顾忌地追求快乐，追求眼下的东西，可支配的东西。但是，由于人具有 αἴσθησις χρόνου（时间感），人就有可能想象 τὸ μέλλον（将来）（433b7f.）作为可能的东西以及他为之做出行为的东西。对将来和当下的行动的双重可能性使得冲突可能。时间在多大程度上使得这样的情况可能，亚里士多德并没有弄得更清楚。根本地把握时间和 λόγος 之间关系是困难的；同样，是否动物能够感知时间，这个问题也是困难的。

85.（关于 S.188）

对描述人的此在而言，这是首要的和普遍的基础。问题：人的特别的存在样式是怎样的？κρίνειν（划分）不局限于 αἴσθησις（感觉）中，而是在 νοῦς 中。由此才有揭示存在者的不同的可能性（《尼各马可伦理学》VI），有五个：① τέχνη（技艺）（第 4 章），② ἐπιστήμη（科学）（第 6 章），③ φρόνησις（明智）（第 5 章），④ σοφία（智慧）（第 7 章），⑤ νοῦς（努斯）（第 8 章）。这五种 ἀληθεύειν（揭示真理），κρίνειν，自我指向的方式内在于生命活动的相应活动中：① τέχνη–ποίησις（技艺—制作），② ἐπιστήμη（科学），跟它没有进一步的活动相应，因为 ἐπιστήμη 是理论，仅仅是思考。③ φρόνησις，πρᾶξις（明智，实践行动），④ σοφία，⑤ νοῦς：它不属于人，而是第一推动者的规定性。

κινεῖν 的方式是双重的：ποίησις，"制作"，和 πρᾶξις，本真意义上的"实践"（《尼各马可伦理学》VI4,1140a2）：有理由的行为，它跟制造什么的区别是，它的 ἔργον 不是外在于行为的，就像一只鸟的巢一样，而是在行为自身的。实践活动的目的是实践活动自身，即实践的本质自身。人的定义：ἄνθρωπος（人）是 πρᾶξις 所属的 ζῷον（动物），λόγος 也属于它。这三种规定性关联在一起：ζωὴ πρακτικὴ τοῦ λόγον ἔχοντος（参《尼各马可伦理学》I7,1098a3f.）是人的本质。人这样的动物，就其存在样式而言，他有实践活动的可能性。在康德那里也出现了这样的人（《纯粹理性批判》；《道德形而上学基础》）：人是那能够说话者，有根据地行动者。

在希腊人那里，实践的最高样式是从对存在以及存在的可能性的把握被规定的。一个这样的生命就不仅仅是 ζωή，而是 βίος，"生存"。这个概念的意义在历史上恰恰被改变了：βίος 是人和其他生物共有的东西。βίος（βίοι）的不同可能性。什么是最高的 βίος，最高的生存可能性，人在最高程度上满足自己的本真的能在、人本真地存在的那种存在样式？所有的实践活动都朝向某个外在于人的东西，它作为这个或那个时间性地被限定的东西而被规定。所有作为都在 καιρός，"实践的瞬间"被实施。一个这样的此在是人的本己可能性：βίος πολιτικός（参《尼各马可伦理学》I5,1095b18），"在社会中生活"。朝向一个时间性地被规定了的、历史地被先行给予的东西，即朝向一个在希腊意义上并非本真的存在。行为根据变化调整,这是它的优越性。

与此相反,最高的存在样式必须朝向 ἀεὶ ὄν,它不是制作的可能的对象,而是只能被思考和研究:θεωρεῖν,对存在自身的"纯粹的研究",它不寻求实践的结果,而只寻求展示如其所是的存在者(参《尼各马可伦理学》X8,1178b3f.)。沉思者最接近存在和存在者,以及 νοῦς 自身。在 θεωρεῖν(参 1178b28)中,人赢获了对最高地授予人的存在样式的最大可能的接近。当然,这种活动对人而言仅仅是暂时可能的,他又重新堕落回来。但是亚里士多德不仅教导这一点,而且就这样生活着。哲学在那时还没有被变成必需的、接近生活的。

86.(关于 S.188)

希腊哲学的衰落。这个研究的高度再也没有达到过。在近代康德再次成了第一个希腊人,虽然仅仅是很短的时间。

已经发生的是,对存在自身的基本问题逐渐从最初阶段松懈下来。在巴门尼德和赫拉克利特那里对存在问题的最先的理解,在苏格拉底和柏拉图那里的方法问题;亚里士多德那里全面强调。

希腊的存在论是一种世界存在论。存在被解释为在场状态和恒常状态。存在从当下被把握,从时间现象来说是素朴的,在其中当下仅仅是时间的一个样式。问题:为何当下具有这样的优先地位?难道过去和将来没有同等的权利?存在难道不是必须从时间性整体来把握吗?着手于存在问题的基本疑难。只有我们在重新着手这个问题的时候,我们才理解了希腊人。这种理解是在反问希腊人中有力的对峙意义上的理解。

布洛克（Bröcker）笔记

1.（关于 §60，S.168f.）

现在我们来到了希腊尤其是亚里士多德存在论内部最困难的现象：ὂν δυνάμει καὶ ἐνεργείᾳ（潜能和现实的存在）。亚里士多德第一个揭示出了存在的这个特征——这是相对于柏拉图存在论的一个根本的进步。当然，亚里士多德的这个概念还不是太清晰，与之相关的那些问题并没有能够在各个方面变得透彻。

我们试图给出这些概念的主要规定性以及它们的起源。亚里士多德在《形而上学》Θ 讨论了 δύναμις 和 ἐνέργεια，关于 δύναμις 他专门在《形而上学》Δ 12 处理了。毫无疑问，这两个概念是在他分析运动现象的时候成熟起来的。他在《物理学》Γ1-3，E，Z 分析了运动，在 Θ 也作了一些分析。

首先我们就前存在论的 δύναμις 概念进行自我定向。δύναμις 作为存在者层次上的概念，只要是 δύναμις 意味着一个存在者而非一个存在样式和结构。在《形而上学》Δ 12（1019a15ff.）中进行了区分：

1. δύναμις 的第一个意义：ἀρχή κινήσεως ἢ μεταβολῆς ἡ ἐν ἑτέρῳ ἢ ᾗ ἕτερον "潜能是一个运动或者变化的始点，作为造成变化者，它在被推动者之外的他者中，或者被推动者是一个他者"。

这种 δύναμις，比如一个人会的一门手艺。这种能够是一种特别的运动的本原，并且这个 δύναμις 恰恰是在一个他者中，即不同于通过运动产生的东西；或者更加谨慎地说，只要它是一个他者。会出现这样的事情：那使用这种能力的人，会在使用时涉及自身。医生只有把自己当作病人，才能用医术治疗自己。

2. 相关地，δύναμις 作为遭受什么的能力，能够受到另外的某个东西的影响，只要这个东西是一个他者。这是对亚里士多德确立为基本概念的第一个规定性的翻转。

3. 强调意义上的能够。当我们说，比如一个赛跑运动员：他能跑，我们的意思是：他善于跑。在强调的意义上，以正确的方式导向终点，或者在一个决断的基础上实施。也就是说，不是任何随意的做法和运动，而是那种杰出的，具有 καλόν 特征的活动。

4. 跟以上第 2 个相反的概念：ἕξις，据此，某物对影响不敏感。对什么的抵抗力意义上的能力。一切消亡和毁灭都是基于事物不具有这个能力，某种抵抗能力、力量的缺失。那种在毁灭中所缺失的，而在自我保持中在生命力中在此的东西，是抵抗力量意义上的 δύναμις。

在这四种定义中你们清楚地看到，能力的这种存在者层次上的概念指向运动现象（最广义上的行为、作为）以及相关的东西：朝向活动所遭遇的东西，那对它进行抵抗或者不抵抗的东西。

相应地亚里士多德规定了从 δύναμις 衍生的那些概念：δυνατόν，"能够做什么"，准确地类比首先四个定义；同一还有ἀδύνατον，"不能"，以及 δύναμις 和 ἀδυναμία。在这里亚里士多德提及一个关于不可能性的概念，我们也使用它：某物是不可能的，其相反者就必然是真的。2×2不得4。在这里，可能性跟真理相关，更准确地说：可能性在这里所表达的是不矛盾性。这个potentia的概念在近代哲学中发挥着极大的作用。不矛盾性原则变成了存在论原则。所有我们所列举的这些概念都跟第一个规定的关联中被述说：即，跟一个在他者中的变化的始点意义上的能力相关。这些概念就其意义结构而言，都有类比意义的特征。

现在产生的问题是：从这种存在者层次上的"能力"意义上的 δύναμις 概念，如何到达存在论上的 δυνάμει ὄν（潜在的存在）以及与其相关的 ἐνεργείᾳ ὄν（现实的存在）概念？存在论意义上的 δύναμις 概念的使用是从运动概念产生的。我们要对此进行分析。当然在这里只能概述其粗略的特征。

2.（关于第四章，S.170）

亚里士多德究竟是怎样在存在论上把握 δύναμις（潜能）和 ἐνέργεια（现实）的呢？可能性和现实性属于存在的基本规定性，在这种规定性之下，它们在后来直到现在的存在论中保留下来？需要看看，这些规定性是如何获得的，它们后来又怎样被扩展了，从而使得对基本范畴 οὐσία 的一个规定成为可能。如果它们这样做了，就证明，它们必须被放回到诸范畴的存在中去。

获得这两个概念的基础是运动现象，所以必须首先思考运动现象，并且将它带入一个基本的存在论视域中。现在的问题是：δύναμις 和 ἐνέργεια 跟运动现象是如何联系在一起的？广义上的运动对于希腊人而言总是已经成为问题了。在前柏拉图哲学中人们已经看到，运动是世界的基本规定。人们看到，世界中的事物产生和消灭。而产生和消灭只有在有运动的时候才是可能的。如此被提出的运动问题是带有存在者特征的问题，然后才研究，运动就其自身是什么。这个问题由亚里士多德第一次明确提出，并在其《物理学》中作出了回答。

3.（关于 §61，S.171f.）

《物理学》Γ1-3：首先亚里士多德给出了在运动现象中共同设定的基本结构的轮廓。在希腊意义中，运动意味着：从某位置向某位置的一般变化。如果我们拿最简单的位移现象为例，一个自我运动就是，一个点改变了位置。它在每一时刻都在某种程度上从一个位置向下一个位置变化。空间运动就是地点变化，从一个位置向下一个位置转变。所以，在运动现象中首先有——如果我们以"位移"φορά为指引的话——顺序因素，ἐφεξῆς（《物理学》Γ1，200b16），"顺序"，"前后相继"，恒常穿过相继的位置。

同时，运动具有另外一个特征：συνεχές（200b18），"连续的"，没有跳跃，连续的过渡。在 συνεχές，连续现象中，在希腊意义上是"保持在一起"，之间没有空隙，亚里士多德认为其中有更加源始的 ἄπειρον 现象（参 200b19），"无限定"，即，不是在某个方向上没有终点，而是在这样的意义上的无限定：在个别的位置之间没有界限。一个连续性是先行给予的，虽然我事实上通过两个点标出了连续性，但是在这两点之间总还有另外的东西，我不能到达一个简单的单一体，而是总是能够进一步划分。由点构成的线和空间就其本质而言都是连续的，不是复合而成，而是首要的地简单素朴的。

进一步属于运动的规定性的是 τόπος（位置）。为了能够运动，一个东西必须在一个"地点"。进一步，它必须有位置，为此而有 κενόν，"虚空"，间隙意义上的空间。为此要有"时间"，χρόνος（参 200b21）。运动在时间中进行。

在运动的这个最普遍的结构框架中，你们已经看到了后来在现代物理学中变成基本概念的东西，这些概念第一次被伽利略通过运动的规定性和被运动物体的规定性确定下来。伽利略在其早年曾大量研究亚里士多德，人们直到今天才认识到其价值。毫无疑问，他描述其物理学基本概念的动力来自亚里士多德。

我们现在要看到，在多大程度上亚里士多德成功地把握了运动现象，这个定义如何是一个本质上哲学—存在论的定义，跟现代物理学的运动定义相反。在现代物理学中，运动只是被定义了，却没有在其本质上被认识。

《物理学》Γ 1–3。作为运动得以可能的领域的本质规定性，亚里士多德将这些现象描述为：συνεχές, ἄπειρον, τόπος, κενόν, χρόνος（连续性，无限，位置，虚空，时间）。现在要怎样规定运动？怎样这样规定它，使得运动的特征跟存在能够联系在一起？需要强调的是：亚里士多德表明，κίνησις 不是 παρὰ τὰ πράγματα 的，即，它不是"跟事物并列"，自身也作为一个存在者而存在。这样理解是积极的：存在者作为存在者的规定性就其自身而言可以经验为在运动中的变式，所以有多少存在者的基本可能性，就有多少运动样式。存在者的基本可能性使得一个运动可能。由于存在样式跟运动特征的紧密联系，亚里士多德得出结论说，只有跟 οὐσία, ποιόν, ποσόν, τόπος（实体）相关才有运动。

跟 οὐσία 相关有从非存在到存在的运动：产生。相反的运动：消亡。跟 ποιόν（性质）相关，增加和减少。跟 ποσόν（数量）相关，改变，变化。最后是跟地点相关的运动：位移，空间运动。因此，运动的样式是指向基本范畴的。运动自身从根本上被理解为这些存在规定性自身的变式。

但是必须怎样把握运动自身呢？对定义的预先认识：ἡ τοῦ δυνάμει ὄντος ἐντελέχεια, ᾗ τοιοῦτον, κίνησίς ἐστιν（201a10f.），首先给出传统的翻译："潜能作为潜能的实现就是运动。"我们希望就亚里士多德赢获这个定义的那些事实对这个定义进行澄清。例子：一个特定的行为，制作一张桌子。先行给予的是一定样式和大小的木料。具有这样的可能性，从这些木料制作出一张桌子。对于制作活动而言必须要有一个先行给予的东西，δυνάμει ὄν，某物在自身中准备好变成桌子：木料。它对于工匠是上手的，进入工匠的支配之下，于是木料就在运动中，即，变成桌子，产生。这种变化意味着什么？变化、生成在这里是指，这块木料在其准备中，根据其成为桌子的准备，现在在场了。它不再是随意地作为一块木头摆放着，而是现在在这里作为这一个特定的为桌子做准备的东西。准备性现在是实际的，在制作中是现实的。木料对成为桌子的准备性的突出的在场状态，亚里士多德称之为运动，即从纯粹木料变成桌子。

只要这种准备性在那里，就有运动发生。当这块木料就这个准备性完成了，那么桌子就存在了，变成了桌子，它是一个完成的 ἔργον（产品）了，就不再有运动了。直到木料作为 ἔργον 完成的一刻，木料都在一定程度上在成为桌子的过程中。所以，木料可以根据其准备性被把握为在成为某个在制作活动中会出现的东西的途中。这种 δυνάμει ὄν（潜在的存在），木料的在成为 ἔργον，桌子的途中—存在（Unterwegs-sein），标划运动为 ἀτελής（未完成的）（参 201a6）。运动的某物必然在成为什么的途中，在此之际它达到"终点"。只要桌子还未完成，木料就还在被加工中。如果桌子完成了，那么运动就停止了，桌子已经形成了。

这种未确定、未完成、尚未—到达—终点，必然属于运动。在成为什么的途中的特征本质地属于运动。当桌子完成了，终点就达到了。在桌子完成的时刻，一个新的在手之物就在此了，它现在静止了。以之为基础以及在其中形成桌子的运动停止了，它不再存在。运动从而是一个特定的木料就其成为桌子的可能性而言的突出的在场状态。亚里士多德在《物理学》Γ 2, 201b24ff. 明确强调，运动中的这种现象，即它是一种 ἀόριστον（不确定的），很难被看到。因为人们倾向于只是固定下两个端点状态，将重点放在端点上。但是本质上决定性的却是，看到"两者之间"，确定从一个到另外一个的过渡。这种过渡在木料中无非是它成为桌子的可能性作为可能性的在场状态。

4.（关于 §62，S.172ff.）

现在问题产生了：亚里士多德用来定义运动的这两个特征，δυνάμει（潜在）和 ἐνεργείᾳ ὄν（现实的存在）怎样具有一种基础的存在论功能呢？我们从对运动的分析中已经看到：将 δύναμις 翻译为"可能性"是误导性的，因为那种尚不是，但能够是的东西也是可能的，它的现实性完全没有问题，虽然尚未存在。相反，在运动的定义中的 δυνάμει 不能在仅仅是可能的东西的意义上被理解，某种纯粹形式的可能的东西，而是一个已经现成的东西的特征。木料是现实的。因此 δύναμις 最好用对……的准备来翻译。对什么的准备属于所有我们使用的东西。每个使用物，工具，质料都有对什么的准备。准备状态是属于一个现成之物的特征。这个特征在这个现成之物的这个方面来标识它：它还没有明确地被使用。如果它被使用，它就进入了一种突出的当下在场，突出的在场状态。在此之前，它对我仅仅是可以支配的。相反，在使用中它更加接近了我。在被使用中，它在一定程度上变成现实的。

"现实性"是对 ἐνέργεια 的翻译，如果它没有通过哲学史更远的传统将它用作别的东西，这个翻译是非常恰当的。现实性和准备性的区别在于：两种情况都是关于一个现成之物的（两种情况下，质料都在那里，只是在两种情况以不同的明确性在此）。这种不同被理解为对象的不同的强迫性。木料的 δύναμις 意味着，它可以就其作为质料的准备性而逼迫而来，当它进入制作过程中的时候，它逼迫而来。两个概念，无论是 δυνάμει ὄν 还是 ἐνεπρείᾳ ὄν，都是在场者根据其在场状态的不同变式。

这些概念现在从被制作的东西也转用到自我运动的东西。我们同样看到这个区分。一个静止的事物——这是亚里士多德第一次敏锐地看到的本质性的东西——跟运动的任何特征都不是分割开的。静止只是运动的极限状态。只有那种有可能运动的事物才静止。静止是运动的极限状态。如果某物运动，这在现象上意味着：它从自身而来在它能是的东西中，比它静止时更加本真地逼迫着。因此，运动是更高样式的逼迫性，即现成之物的在场状态。存在者的这种从自身而来作为运动者的逼迫，亚里士多德在活着的存在者中更显著地发现了。

ζωή 具有存在论的基本规定性：它从自身而来逼迫着，不是偶然的，而是必然的。因为运动属于它的本质，因为 τέλος，"目的"，运动所走向的终点，对于生命物而言是在自身中就存在着的。在操作、制作等中，即在我忙碌其中的东西中，τέλος 是在外在的，作为产品。一张桌子和操作无关。当桌子完成的时候，它就自在地现成存在，就像木匠在制作完之后继续存在。而对于有生命者而言，其运动的 τέλος 在其自身之中，所以不是一个 ἔργον 从运动中产生并在运动之外存在，而是运动自身的一个样式。

对于理解运动概念决定性的事情在于，将 δυνάμει ὄν 和 ἐνεργείᾳ ὄν 描述为现成之物的在场状态的不同样式。运动在关于 φύσις，关于存在者的问题中都起着基础性的作用。

5.（关于 §63, S.175f.）

现在的问题是：亚里士多德在回答运动的本质问题中对于解释存在者整体，即我们称为"自然"的存在者赢获了什么？运动——对于他的理解是一个基础——是永恒的。从来未有没有运动。现在问题是，亚里士多德如何证明这个命题。他展示出运动的永恒性以及运动作为一切存在者的突出特征：①从运动自身的观念出发，②从时间现象出发。在这个证据基础上，亚里士多德走向了关于存在者的最终规定。他说，如果运动是永恒的，那么必定有一个恒常的被推动者。因为只有当有被推动的存在者，才有运动。因此问题就是：如何必须有运动，从而它才能是永恒的，如何必须有被推动者，它能够永恒地运动？

这些问题是关于永恒运动自身的可能性的条件的存在论问题。解释运动的永恒性这一纯粹的存在论倾向将亚里士多德引向一个第一不被推动的推动者，πρῶτον κινοῦν ἀκίνητον（《物理学》Θ 6,258b12）。只要运动表现出一个更高的在场状态的样式，只要运动规定了世界的存在，并且作为这一规定性是永恒的，那么，我们就已经看到在运动和被推动中存在的最高样式，只有从它出发，静止才能变得可以被理解。

只要推动的存在者作为永恒的推动者①是真正的存在者，由此是 τιμιώτατον ὄν（最尊荣的存在者），亚里士多德也将它规定为 θειότατον（参《形而上学》Λ 9,1074b26），"最神圣的"存在。θειότατον 的这个存在论意义却与神和宗教无关。我们由此相应地会看到，当亚里士多德将关于这个最高的存在者的科学描述为"神学"的时候，这跟对人和神的宗教关系的任何解释和说明都没有关系。最重要的是看到，运动问题和神圣者的问题是完全明白无误地、清楚地指向这个纯粹的理论的存在问题的。亚里士多德的运动概念的这个意义和他的明确解释后来被经院学派改变了意义并被构建进了基督教中神和其他存在者的关系的理解中。这种经院学派的转义导致了人们反过来以基督教的意义来解释亚里士多德，这是完全错误的。

6.（关于 §63a, S.176f.）

需要证明，运动是永恒的。产生和消灭恒常展示自身。为

---

① Bröcker 笔记中原文是"被推动的存在者作为永恒的被推动者"，而非"推动的存在者作为永恒的推动者"，大概是错误的。

了这是可能的,必须有运动。每个运动都预先设定了一个存在者,δυνάμει ὄν(潜在的存在),它作为现成之物变成某物,它由作为可能之物的可能之物的更高的在场状态构成。为了运动可能,必须总是已经有某个现成之物,它具有准备性。关于这个作为现成的静止之物的东西,必须问,它来自何种运动,它是如何到达静止的现成存在的状态的?每个运动都是 μεταβολή [...] ἔκ τινος εἴς τι(《物理学》E1,225a1),"从什么变成什么"。从何而来必须已经存在,而它的存在又只有归功于一个运动。因此,运动总是已经被设定的。

亚里士多德在时间现象上有更加敏锐的证明。在变化中某物变成以前它所不是的样子。因此,以前和以后属于变化。如果没有时间,又如何能有以前和以后呢?只有有时间,才有以前和以后。如果没有运动,又怎么能有时间呢?为此我们必须简短地解释亚里士多德的时间概念。

我们发现:①被推动者需要以前和以后。②以前和以后在自身中设定了时间。③时间包含了运动,在运动中被奠基。

时间是 ἀριθμὸς κινήσεως(219b2),"运动被计数的数"。我们听说了,运动存在于一个准备好的东西就其准备状态的明确的在场状态中。当我根据一个存在者的准备状态的在场性来规定被推动的存在者,易言之,计数(位置运动:一个对象通过一段特定的路程),那么我们说,这个对象有可能在这个位置。这个点最初是静止的。当这个点沿着一个线段运动,也就是说,当这个点的准备状态在不同的位置上成为现实的,在场了,当我能够在它的准备状态中在不同的地点看到它,那么我就在这里看到它在场,然后是这里,这里,现在在那里,继而在那里,如此等等。那么我就在计数，我在计数运动。我在位移运动之际在点的准备状态的在场状态中所计数的，是现在。现在构成了时间，由此时间是"运动被计数的数"。

由此清楚的是，对于亚里士多德而言时间的基本现象是 νῦν（218a6）。只有有运动的地方才有时间。因此时间是建基于运动中的。当我们展示出时间是永恒的时候，那么使得时间得以可能的东西——运动，首先必须也是永恒的。

时间在多大程度上是永恒的？时间的基本现象是现在。现在具有双重特征：它既是马上是的东西的开端，也是那即将过去的东西的终点。它同时是 ἀρχὴ ἐσομένου（未来的始点）和 τελευτὴ παρελθόντος（过去的终点）（参 251b21f.）每个现在就其本质而言都是一个即将到来者的 ἀρχή。即便在无尽的远方来思考，现在，我能够想象的最远处的终点，就其本质而言也是一个将来者的 ἀρχή，并如此无穷继续向前。这样我将不能发现一个现在是不伴随将来、不带着将来的。因此，时间向着将来是永恒的。同样，这个证明反过来向着过去也是可能的。现在无尽地流逝进过去，同样是无限的。过去的最远处的现在又总是一个较早的东西的现在。

因此，从现在的本质就可以明白，时间是永恒的。因此运动也是永恒的。如果运动是永恒的，那么那自我运动者也必然是永恒的。对于亚里士多德而言，永恒也意味着：同等地包含在自身中。永恒的自我运动者作为自我运动者不能有超出自身的东西，在它自身中没有的东西。这种运动的理想的形式，在每个阶段都是始点和终点，这就是圆周运动。圆周的每个点就其自身都是始点和终点，同一个同等的运动的始点和终点。

这就是对运动，对自我运动者纯粹从现象自身进行的解释。

7.（关于 §63b, S.177ff.）

现在的问题是：有没有这样的一种运动？事实上有一个这样的运动：πρῶτος οὐρανός 的循环（《形而上学》，Λ7, 1072a23），"第一天"，即最外层的球体，承载恒星和行星的其他众球体都被构建进这个球体中。这个第一层天是规范和衡量其他运动的根据。但是这样对运动的永恒性的分析就达不到终点了。因为根据亚里士多德，一个被推动者和自我运动者也具有一个τέλος，一个"终点"。但是我们现在知道，一个永恒的运动在自身中作为圆周运动是闭合的，不可能有终点，它不会靠近任何东西。因为在这样的靠近之际，它就不再是 ὁμαλής（《物理学》，E4, 228b16），"均衡的"，它会在每个不同阶段越来越接近那个τέλος，因为跟它的τέλος处于不同的关系中。它会朝它的终点而去，在到达τέλος的时候停止。永恒的运动必须有一个τέλος，它永恒地和恒常如一地跟这个τέλος保持同等的距离。

均衡的运动总是跟它保持同等距离的这个τέλος，亚里士多德标划为第一推动者，它就其自身不再被推动。作为自我运动者的τέλος，它的存在样式必须比自我运动者更高。有这样的存在者吗？的确有。这样的存在者在其运动中首先不是趋向于它的目标，而是在自身中，在它的存在的每个时刻都是完成了的，没有任何 ἀτελής（未完成的），这个存在者是纯粹的实现，纯粹的 ἐνέργεια，纯粹、完全的在场状态，这种在场状态从其自身就是不变的、是永恒的。亚里士多德为这种存在者寻找一个具体化的东西，他在纯粹的 θεωρεῖν 中找到了（参《形而上学》

Λ 7,1072b24）。

当我已经看到某个东西时，我说：现在我看到了它。看的行为并不随着看到而结束，而是恰恰才成为真正的看。而另外的运动样式，如听、走等，当我们达到 τέλος 的时候会停止。这些运动之一在到达目标的时候才是现实的。而 νοεῖν 就其本质而言总是在活动中，但是是作为在自身中完成了的活动，并且一旦完成了，就真正存在着。真正的存在者必须具有 νοῦς 的存在样式，必须是 νόησις（思想）。只要 νόησις 指向什么，它所能指向的东西，只能是它自己，所以最高的存在者是 νόησις νοήσεως（思想着的思想）（《形而上学》Λ 7,1074b34），关于自身的纯粹知识。在 νόησις νοήσεως 的这个框架中，亚里士多德没有想到一个精神、个人、神的人格等等，而只是要找到和规定一个这样的存在者，它满足存在的最高意义，而非个人意义上的精神的自我思考。这一点在这里表现得很清楚：亚里士多德没有在这个最高的存在者和世界之间建立关联。他更远没有说，世界如何通过这个最高的存在者被创造。亚里士多德和希腊人完全不知道创世或保存观念。这个存在者和世界之间的关系是未确定的。世界不需要被创造，因为根据亚里士多德，世界是永恒的，没有开端和结束。

因此本真的被推动者和源始的推动者之间的这整个关联是一种纯粹的存在论上的关联，而没有指向一个人格神或者造物神。亚里士多德仅仅进行彻底的哲学上的探求，只是要在存在论上弄清在运动现象自身中存在的东西。在此之际，亚里士多德并未回避任何后果。他最终似乎只有以形象的方式来言说，他说：这个第一推动者在推动 ὡς ἐρώμενον（1072b3），"就像是被爱者一样",并且作为这样的而拉动,但没有说,它如何拉动。但是这个拉动不能理解为柏拉图的 ἔρως(爱欲),而是圆周运动被封闭在自身之后,并且同第一推动者自身有同一的距离。

人们不再能想象这个解释,这不是本质性的,决定性的问题是,存在问题如何必然被挤压到一个真正的存在者上去。到底是否有这样一个存在论,它能够纯粹地建立自身,无须指向一个突出的存在者,无论是将其规定为第一推动者、第一层天,或者别的什么?

在亚里士多德的这个进路中有一个基本的问题,在传统中被神学的、基督教—人类学的重新解释掩盖了。在黑格尔那里有同样的误解。众所周知,他在其《百科全书》的末尾放上了亚里士多德在《形而上学》中所说的关于 νόησις νοήσεως 的话。黑格尔提出,亚里士多德对 νόησις νοήσεως 的描述跟他对精神概念的描述是一样的,黑格尔还把精神概念和上帝概念的三位一体联系起来。

根据其意义,永恒运动要求是圆周运动(在《物理学》Θ 展示出来)。这种运动的基本观念在于,并非事实上我们经验地在世界中发现了这种运动,得出结论,必定有一个推动者,一个更高的存在者,将一切运动推动起来,而是运动自身就其结构而言要求圆周运动意义上的运动,并且亚里士多德在第一重天的运动中看到了这种运动被实际地先行给出了。

这样,亚里士多德就能够通过将不被推动的推动者直接放在跟运动的所有关联之外,来思考运动的 τέλος 的可能性。关于这个 τέλος 以及运动的关系,没有更切近的存在论上的说明,而只是形象地说,τέλος,那永恒的推动者,就像被欲求的事物那样推动。被欲求者如是拉动并保持在运动中，ὡς ὀρεκτόν（参《形而上学》Λ7,1072a26），如同一切存在者所追求的东西。这个最高的存在者在本真的意义上代表了被推动者的存在的观念，它就是第一推动者。根据同永恒运动的关系，它外在于跟世界和人的任何关联，从而在纯粹存在论上排除了一个创世观念，由此也排除了任何形式的对立于世界的神的原则意义上的领导和神恩。νόησις νοήσεως 是这个第一推动者的一个基本特征，并且不能在后世哲学的精神概念意义上来把握，就像后来的哲学所做的那样，用柏拉图的思考来理解这个亚里士多德概念。例如，在奥古斯丁那里：绝对精神自我思考，产生了事物的模型，根据这些模型，绝对精神作为造物主上帝创造了现实的世界。①所有这些亚里士多德都没有说过。

8.（关于 §64，S.179）

由此出发，我们现在准备将存在的第四个规定和范畴的存在的关系确定下来。我们看到，δυνάμει ὄν（潜在的存在）和 ἐνεργείᾳ ὄν（现实的存在）是存在的两个基本样式（甚至纯粹的可能性也被理解为现成存在的样式）。所以它们是现成存在的基本样式，由此也是 οὐσία（实体）的两种基本样式。同时展示出，δύναμις 和 ἐνέργεια 作为 οὐσία 的变式回溯到范畴的本真存在。诸范畴自身在同 οὐσία 的类比关系的基础上锚定在 οὐσία 上。ἐνέργεια 表现了属于 οὐσία 的存在的最高样式。由此亚里士多德

---

① 参 Augustine, *De civitate Dei* XI, 10; *Confessiones* I, 6, 9; *De diversis quaestionibus* 46, 2; *Tractatus in Johannis Evangelium I*, 17.

在《形而上学》Θ1050b3f 说：ἐνέργεια 先于 δύναμις，纯粹中性的现成存在相应可能性；先于这一切的是在场状态。只有当人们理解了，希腊人的存在概念的未曾说出的意义是在场状态，人们才能明白这个似乎矛盾的论题：现实性先于可能性。

编者后记

《古代哲学的基本概念》这门大课是海德格尔1926年夏季学期在马堡大学上的,每周四小时课程。

这门课的主要文本完全建立在海德格尔手写的原始手稿的马堡影印件上。原始手稿是对开本,包含82个标码页,同样形式但没有标页码的若干,更小的开本的标码的纸张一页,还有大量插入的纸条。编号的页码是1–77。手稿第10页缺失。手稿第49页是较小的开本。笔记本中有7页手稿标记12a,19a,19b,50a,59a,关于66页,关于70b。有三页同样的开本页没有编页码。在这本对开笔记本中,在不同的地方塞进了大概65个不同大小的纸条。有5张纸条附注了其归属的手稿页码:关于59a,关于61a,61b,62a,关于76页。

对开本中笔记的各页是用小的德文字体横向写出。文本主体一般写在左面页上,插入的部分在右面页。但在一些页码上主体文本占满整个篇幅,有关键词记录,有图解形式排列的注解。纸条中有13个是两面都写了的。其中有9个纸条的一面所写下的东西跟这门课的内容无关。这些纸条显然是海德格尔出于节省纸张的目的而重复使用已经写了本课思想的那些纸条。所以,这些无法安排的内容只是一些纸张"背面"。有7张背面包含《存在与时间》的一个计划的文本片段。在海德格尔写这门课的笔记的时候，《存在与时间》的第一部分已经完成并且交给出版社付印了。在写了一面的纸条中，有一个文本同样也不能插进现有的课程内容中。它显然是出自《论真理的本质》一文的一段，是在语言上有所偏离的文本。（第6版，法兰克福，1973；在《全集》第九卷《路标》中，法兰克福，1976。）能够辨识出跟课程有关的四个"背面"的内容被放进了附录中，虽然其中三个被海德格尔划掉了。

在手稿中，课程被冠以"关于古代哲学的基本概念的纲要"的题目（见前，第1页）。对手稿的更加细致的研究证实了这个纲要。文本的很大部分都没有表述完整的句子，而是通过遗漏掉谓词，以一种特别的简短样式，直至仅仅备忘出关键词，以帮助口头讲课用。在跟时间相近的大课，如1925/26年冬季学期课程（GA21），以及1927年夏季学期（GA24）相比较的时候可以看出，显然这门课程的笔记更少程度上被精雕细琢，这也许首先出于外在原因。在1926年夏季，海德格尔还在忙于完成《存在与时间》的第二部分，迫切地要完成它。首先在第一部分以及在第二部分的第一节中的一些文本段落说，我们在这里所讲的是针对第一个学期的各个专业的学生的介绍课。柏林文化部的一个法令要求大学哲学专业的讲师讲这样的入门课程，规定讲授一定的知识内容。这也解释了为什么海德格尔在论述一些哲学家的时候，也提供了纯粹的生平信息，虽然是非常简短的。这种纯粹的说明而无更加深入的哲学意义解析是跟海德格尔理解的哲学课程的意义背道而驰的。海德格尔在课程中将这种不快清楚地说了出来："而不在课堂上详尽地讲解古代思想家的生

平和命运，希腊文化，也不列举他们的著作的名称和内容提要，这些对于理解问题没有帮助。"（S.12）

在构建课程文本的时候，有一个打字稿可用，它是拉丁字符的德文书写的手稿文本。这个转录在1976年由哈特穆特·蒂提恩（Hartmut Tietjen）作出的。

还有这样一些课堂笔记：

1. 海尔曼·莫尔辛（Herman Mörchen）所做的整个课程的打字笔记。根据封面页上的一个简短说明，这个誊本是1976年转录的。

2. 在法兰克福城市和大学图书馆中，保留了赫伯特·马尔库斯（Herbert Marcuse）的一个机打的誊本，大概是出自瓦特·布洛克（Walter Bröcker）。

为了编辑这个课程的文本，我首先逐字逐句校对了哈特穆特·蒂提恩的誊本。纠正了明显的转录的错误，并试图解释尚未解码的段落内容。后一个工作有极大的困难，尤其是在那种有大量关键词形式特征的段落，因为在这种地方，很少给出上下文或者解释方案。虽然一再努力，但还是有一些段落被剩下来，它们或者没有足够的确切性，或者一个解释太过模糊或者完全不可描述，就必须被当作实际上不可释读的。如果在解读中还有迟疑，这个地方就在相应的段落中用问号放在方括号中表示。如果手稿的段落因为文本损坏或者实际的不可释读而不再给出，这个地方就用注释标识出来。

在数量有限的文本的不同段落，海德格尔使用了加贝尔斯贝格（Gabelsberger）速记法。以这种方式出现的文本段落的范围从单个词到一个句子的平均长度。这种速记稿的很大一部分都能被盖伊·范·科克霍汶（Guy van Kerckhoven）解读。由于海德格尔在这个手稿中所用的加贝尔斯贝格速记法显然是经过改变的特别版本，就有一些段落有一定程度的概然性或者必须被作为不确定的。后者同样也用问号放在方括号里面表示出来。那些很难解读的速记段落就没有被本版本采用。

在本编辑中，对手稿的文本不免有猜测的成分。因为只有这样才能从经常只是关键词和充斥省略的文本中获得一个可读的手稿。但是只有在那些对插入内容毫无疑问并且对内容倾向没有影响的地方才会进行插入修复。本版没有出现时间助动词如 sein, haben 以及诸如此类的表达形式的插入，以及那些由于电报风格完全没有疑问缺失的动词，也没有补充插入。通过方括号 [ ] 给出的是那些在一个由于插入而分裂的文本段落中重复使用的概念。

在将文本主体（即手稿的文本，不包括附录内容）划分为章、节和小节的时候，首先考虑的是在手稿中出现的大量的指示和指引。内容目录要将课程的思想路线在其主线中展现出来。为了将内容分成段落，手稿也提供了一些线索，但是最终内容是衡量标准。斜体字形式的强调部分出自编者。标点符号根据事实的统一的意义关联被重新设置了。

关于手稿的引用格式：只要引用是第一次出现，原则上采用脚注的方式。在编辑中尽可能以海德格尔的手稿为基础（参，此处是马堡课程 Platon: Sophistes, GA19, I. Schüßler, Frankfurt, 1992, S.661）对重复的引用有不同的处理方式。如果是关于一个较长的文本，它是出自课程所探讨的某个希腊哲学家的同一个作品，那么引用段落就在文本中在括号中给出。在其他重复引用中，被引用的题目就以缩略的形式再次被引。最初的引用内的省略用［……］标出。只要海德格尔的希腊文引用偏离了希腊原始文本，这一段就加上"参"。跟《全集》其他卷相比，这一卷的脚注形式有引人注目的更广的范围，并且在文本中插入的情况比起其他卷也更多。在这里不仅仅翻译大多是缩略的或者极少地给出的引用和二手文献的提示并补充完整，而且试图通过给出相关的引用文本，使得来自希腊思想家的文本的总体引用变得可以理解，即使是一个引用仅仅出自一个唯一的概念，而这种用几个关键词构成段落的情况在手稿中并不少见。这些丰富的引用即使偶尔给人以压倒文本的印象，但对于更准确地追溯海德格尔对文本的选择、侧重和意义是有帮助的。关于一个引用或二手文献是否已经在手稿中出现过，原则上不做特别说明，因为这种说明在手稿中常常是偶然出现，而这种相关的说明对事质的理解并没有帮助。

顾及这些学生的课堂笔记给本课程的编辑摆出了特别的编辑问题。因为课程的手稿在很多段落都只是以关键词的形式拟定的，需要将这些课程笔记插入主体文本中，以便赢获一个尽可能可读的、思想上连续的、内在地协调一致的课程文本。但是两个课程笔记都没有被海德格尔授权。在其誊本中，莫尔辛在扉页上写上了下面的声明："课程笔记有着电报体风格，在记笔记的时候，我有时加上了谓词或其他类似的语言部分，以便作一点小小的澄清，但是仅仅在意义明确地给出的地方这样做了。风格上艰涩之处（不是总很清楚，这些地方是否由于抄写而产生）原则上没有排除掉。缩略的词语被写全了，标点根据意思作了改动。文本中的间隙（记笔记漏掉的句子或者句子的部分），如果能够看出来是漏掉的，也用省略号表示了出来。作为海德格尔课程特有的风格的复习也被保留下来，只要没有被笔记省略。"海尔曼·莫尔辛的笔记绝非一个速记法记录，跟瓦特·布洛克的笔记进行比较，这一点就会清楚。

根据编辑的指导原则，所有的笔记采用都必须对其真实性进行质疑。莫尔辛的笔记就不能就其连贯的真实性获得完全的确定性。这个判断并不意味着贬低这个笔记的质量，但是必须根据编辑的原则，为了获得一个深思熟虑的文本而得出这样的结果。因此，从莫尔辛笔记中吸收的文本段落就没有被放进文本主体中，而是放在了附录中。

莫尔辛笔记中如下文本段落被采用进了附录中：①在海德格尔手稿中完全没有对应的部分的，②在手稿中相应段落只有关键词和简略的说明，③在思想关联的详细和表述方面都远超手稿文本，由此有助于对总体思想本质性地有更好的理解。因此，当手稿和笔记显示出同等程度的详细的时候，手稿的文本是标准。

在选取文本的时候，我注意不对文本剖分过甚，由此即使在笔记的文本部分，都明显保留了思想的关联和特征。为了总体的可理解性原则，不可避免地就跟手稿内容有重复。

对文本的划分和统一标记号码，所根据的是如下原则：①如果笔记中的文本段落跟它前面的一个段落不必承接，而是在所选取的笔记文本行文中有一个打断。不被考虑的段落的长度对新的号码没有影响。这时就会采用新的号码。②这样的情况也会安排新的号码：当在手稿的相应的文本位置或者开始了一个新的段落，或者用诸如（a），（b），（c）做标题的次级段落开始。我的意图是进一步把手稿和摘录的笔记对应起来。

瓦特·布洛克的笔记只跟三次课相关，内容上包含了从§58–§62的第二段。这个笔记比起莫尔辛笔记更加详细，并且在其措辞上明白无误地透露出课程的风格。因此布洛克笔记在由其揭示的文本段落上优先于莫尔辛笔记，而布洛克笔记的全体文本全部都放在了附录里面。

我对笔记仅仅作了非常有限的改变。几个小的改动（如在多处出现的"dies"被换成了正确的拼写"dieses"）似乎是合适的。在莫尔辛笔记中经常使用的分号被替代为更为通行的符号（句点、逗号）。

关于在笔记文本中的引用：跟文本主体平行的笔记文本的部分，应该避免脚注重复。所以在笔记中对希腊文引用的说明都放在了文本中。也有少数情况中，希腊文本没有在文本主体中出现。这种情况下，文本说明的范围原则上不像在文本主体中那样详细，而是提供指引以及跟手稿文本进行比较。对于非希腊文本的引用，仅仅那种对手稿文本的文献说明有所补充的文献说明才在脚注中标注出来。如果仅仅是重复，那么就在文本中用"（见 S._，注 _）"，在手稿文本相应的注释中指示出来。

两个笔记完成了一个重要的功能，即确定手稿文本各部分的次序。无论是很多写在所标记页右面的插入部分，还是很多没有标记出在主体文本中位置的写在纸条上的思想。笔记在许多情况下给出了关于海德格尔思想进行的进程的很有价值的说明。否则对文本次序的决定只能以内容做判断标准。

在手稿的一些纸条和没有标页码的笔记页中有一些笔记，

不能或很难将它们插入课程思想内容中去，虽然课程的思想线索可以通过莫尔辛笔记重新建构出来。在指示出与其相应的主体文本段落之际，这些文本段落被放进了附录中。

《古代哲学的基本概念》课程试图根据希腊主要思想家所构造出来的基本概念，如基础、自然、一——多、元素、逻各斯、真理、理念、知识、科学、范畴、运动、潜能、现实、生命、灵魂，来展示希腊哲学是被存在问题所规定和贯穿的。课程文本分成三个部分：

在"绪论"中海德格尔就提出了哲学立场的合理的基本理解的意向、方法和获得问题。跟其他科学不同，其他的诸科学作为实证科学都是处理存在者的，而海德格尔将哲学的本质属性放在"批判"上，即对存在者和存在做出区分。这个课程要"共同促成，重演"哲学的开端，作为对存在和存在者区分的明确的完成（见前，S.11）。

根据海德格尔，第一部分具有导论的性质（见前，S.135，注4；S.147，注3），是古代哲学的引言（见前，S.205）。海德格尔让亚里士多德《形而上学》A 卷给出的对以前的哲学的认识和解释为课程"引路"。在什么方面亚里士多德的《形而上学》A 卷被作为指示路标，在我们可用的文本中没有进一步说明。对亚里士多德的阐述有特色的是对以前的哲学的解释，以亚里士多德的两个特别的基本概念，即 αἰτία 和 ἀρχή 为引线。对海德格尔的一些解释起到引路作用的，也许是对形式原则（des formalen Prinzips）的采纳，以这样的方式解释哲学史：人们在自我投射的，虽然不是任意选取的先行结构（Vorstruktur）的指引下，可以比哲学史"更好地"理解哲学史。无论如何，海德格尔自己试图用以获得对希腊哲学的理解的通道的指导方针是存在问题和它跟存在者的区分。在海德格尔看来，那后来的科学总体以充足理由律的命题形式建立其上的基础现象，只有当预先对存在自身有充分理解的时候，才能就其自身以及在它跟存在的关系中被充分说明。

第二部分是课程真正的主体部分。这个主体部分又可以分为三个小部分。第一节是对前柏拉图著名思想家的一个总体评价。只有对巴门尼德的教谕诗给了一个详细的文本解释。第二和第三节每个部分分别单独留给一个哲学家，柏拉图和亚里士多德，其长度跟整个第一部分相似。第一节要表明，在希腊思想发展过程中，存在现象如何以日益丰富的概念形式，在其跟存在者的区分中开拓道路并被明确追问的。也是在第二节，柏拉图哲学的核心术语也在跟存在现象的内在关联中被透彻说明。同时，海德格尔表明，在他对《泰阿泰德》以及辩证法的解释中，在柏拉图那里，存在问题以及对非存在和生成的存在的追问赢获了新的视野，这对于将来的存在论是决定性的。第三节讨论的是亚里士多德，希腊存在者的高地。在他这里，存在问题表现为哲学的双重概念：存在者的存在问题和最高的存在者的问题。存在问题成了科学的哲学的明确的对象。进一步划分为四个问题领域，在潜能和现实的存在论化中被彻底化，对新的存在论领域开放，开启了生命和人的此在的存在论。

非常感谢哈特穆特·蒂提恩博士在解码很多困难的文本的时候的巨大的耐心支持，感谢他对手稿副本的一再对照校对，感谢他细心校对我采用的文本次序和从莫尔辛笔记中选取的段落，感谢他提出的无数宝贵意见。感谢他和海尔曼·海德格尔

(Hermann Heidegger)以及冯·海尔曼(Friedrich-Wilhelm von Herrmann),他们辛苦拟定了对相关的解码手稿文本的意见,这项工作直到最后一刻才完成。感谢海尔曼·海德格尔博士调查了更多的笔记。非常有价值的以及对相关文本段落非常重要的布洛克笔记的发现就是对他的辛苦的报偿。感谢他和冯·海尔曼教授对付排手稿的最终审定。我也要感谢冯·海尔曼教授大量的建议。

我必须感谢盖伊·范·科克霍汶博士辛苦地解码大量速记文本。我非常感谢马克·米卡尔斯基(Mark Michalski)先生非常仔细地检查了文献和希腊文引用,也感谢他在校对工作中耐心细致的帮助。

我妻子玛利亚(Maria)花费了很多时间制定课程文本的打字稿,并进行了必要的校正,以及将保存下来的整体文本付印。为此我对她致以衷心的感谢。

弗朗茨-卡尔·布卢斯特
普法芬韦勒,1993年6月

人名索引

（仅部分，常用人名如海德格尔等，不收入此索引）

Bonitz　博尼茨

Bröcker　布洛克

Burnet　伯内特

Diels　狄尔斯

Dühring　杜林

Eudemos　欧德谟

Hippias　希庇亚斯

Hyppolitus　希波利图

Joel　约尔

Maier　迈尔

Mörchen　莫尔辛

Proclus　普罗克鲁斯

Prodicus　普罗底库斯

Reinhardt　莱恩哈特

Sextus Empiricus　塞克斯都·恩披里柯

Simplicius　辛普利丘

Theophrast　泰奥弗拉斯特
Torstrik　托斯特里克
Trendelenburg　特伦德伦堡
Wilamowitz　维拉莫维茨

译后记

《古代哲学的基本概念》(《海德格尔全集》第 22 卷)是海德格尔 1926 年夏季学期在马堡大学上的大课。这是海德格尔为来自不同专业的学生开的通识课程。相比其他海德格尔课程笔记,本卷内容可以说相当简略。他在很多地方仅仅用关键词提示出要在课堂上讲述的内容,却并不详细备注出这些概念的内容和关联。这种风格造成不连贯的表述,对没有参加课程仅仅靠解读文本来理解他思想的读者而言无疑构成了理解上的困难。本卷附录的两个学生课堂笔记在一定程度上可以弥补这个缺憾,读者在阅读本卷的时候,不妨根据索引参考学生笔记内容对正文进行理解。本卷的德文编者弗朗茨－卡尔·布卢斯特(Franz-Karl Blust)认为有几个原因使得海德格尔没有对这个笔记进行精雕细琢。外在的原因是海德格尔刚刚完成《存在与时间》已经出版的部分,在准备这门课的时间他恰好急切地要完成《存在与时间》的第二部分,这使得他把主要精力放在了那本书稿的写作上。另外一个原因是,这门课是柏林文化部要求大学哲学专业讲师给大学生讲的通识课程,对内容有一定的知识要求。所以在这个笔记中,我们可以看到海德格尔不多见地提供了大量的二手文献资料。这种要求并不符合海德格尔素常的教学理念。

本卷虽然有以上形式上的特征,造成了理解的困难,但就内容而言,本卷提示出了海德格尔在《存在与时间》时期甚至之后的重要思想。从这里,我们可以看出,海德格尔对一些重要问题的思考从 20 世纪 20 年代到 30 年代直至后期一直持续着,如自然、本原和原因,柏拉图的《泰阿泰德》中的知识理论,巴门尼德的存在。跟这个时期相比,后期他的一些具体的表述和看法发生了某些转变。20 年代海德格尔曾经跟黑格尔一样,认为这些早期哲学家的思想还是比较粗糙和原始的,还没有真正提出存在问题,也没有真正思考存在。他们为真理所迫,内在地为存在所引导,但所思所言仍然是存在者。但从 30 年代起,海德格尔重新思考阿那克西曼德和巴门尼德等哲学家的思想,他所强调的是却是他们问题的重要性。他指出,是他们在问"存在者是什么?"的时候对存在的跨越,作出了存在论的区分。在 20 世纪 40 年代直至后来,他开始认为,早期思想家思想的质朴却远超晚近的哲学。海德格尔并不造成前后的矛盾或断裂式的"转折",而是一直在深化、在拓展。就如农夫在拓荒中耕耘,也如行路者试探可能的道路。

　　本卷第一部分算是进入正课之前的导言。海德格尔以亚里士多德的《形而上学》第一卷中的哲学史介绍作为切入点。在他看来,西方哲学史由亚里士多德首先建立。虽然亚里士多德对他之前的思想家的解释被批评为"非历史学"的,如他把以前的哲学家未曾使用的一些概念(如"本原"等)用在他们的思想介绍中,但海德格尔认为,亚里士多德从哲学思想的事实出发所作的解释毋宁恰恰是"历史学的"。接下来的第二部分的第一节,海德格尔依次介绍了从泰勒斯到智者和苏格拉底的哲学。值得注意的是，他在这里所关注的阿那克西曼德、巴门尼德和赫拉克利特，在后来的课程和论著中都有更充分的展开。如1942—1943年冬季学期专门的《巴门尼德》课程和1943年夏季学期的《赫拉克利特》课程，以及1946年的《阿那克西曼德之箴言》。在本课程中海德格尔还比较循规蹈矩地介绍和分析他们的基本观念，还跟古典学者一样讨论巴门尼德和赫拉克利特之间谁的年代更早的问题。不过他也触及了他自己哲学中最核心的时间和存在问题，对理解《存在与时间》不失为一个有益的补充。本卷第二部分第二节是柏拉图哲学。海德格尔首先探讨了柏拉图的理念学说。海德格尔称，"柏拉图的理念学说：由此标志出他的哲学。如果人们求助于这个词，似乎事实上某种完全不同的东西出现了。但这只是假象。新的东西只是，以前的哲学的旧的倾向被更彻底地把握了。苏格拉底：问本质，概念，τί ἐστιν，这个和那个存在者'是什么'？柏拉图：存在者自身是什么？问存在者作为存在者本身的本质，问存在！"柏拉图的理念论只有从存在者的存在出发才能得到恰当的理解。海德格尔对柏拉图哲学的分析集中在对《理想国》中的"洞穴"比喻以及《泰阿泰德》中的知识理论的阐释。这也是他后来在1931—1932年冬季学期的《论真理的本质——柏拉图的"洞穴"比喻和〈泰阿泰德〉》（GA34）再次论述的主题。在第三节，海德格尔对亚里士多德的哲学进行了解析。在这里，海德格尔尤其关注了亚里士多德的"作为范畴的存在"和"作为潜能和现实的存在"问题。前者表明，存在以类比的方式被理解，但不是一个"最高的种"。对后者的解释则更加意义深远，不但跟他在《存在与时间》时期关于此在"在—世界—中—存在"的因缘关联问题密切关联，而且他1939年那篇著名的《论 φύσις 的本质和概念。亚里士多德〈物理学〉第二卷第一章》也是对这个时期的思考的继续。

在本卷翻译中，译名一般采用常用的海德格尔术语译名。文本中的希腊文，有一些海德格尔在词语或句子后作了翻译或解释；他未作翻译的，均在每个章节开始出现时由译者译成中文，放在括号里标出。

朱清华

2020年8月15日

著作权合同登记号：陕版出图字25-2018-199

图书在版编目（CIP）数据

古代哲学的基本概念 /（德）马丁·海德格尔著；朱清华译. — 西安：西北大学出版社，2020.12（2023.2重印）
　ISBN 978-7-5604-4667-7

Ⅰ.①古… Ⅱ.①马… ②朱… Ⅲ.①古代哲学–研究 Ⅳ.① B12

中国版本图书馆CIP数据核字（2020）第270628号

古代哲学的基本概念

［德］马丁·海德格尔　著
朱清华　译

出版发行	西北大学出版社
地　　址	西安市太白北路229号
邮　　编	710069
电　　话	029-88302590
经　　销	全国新华书店
印　　装	陕西博文印务有限责任公司
开　　本	889毫米×1194毫米　1/32
印　　张	12
字　　数	250千
版　　次	2020年12月第1版　2023年2月第2次印刷
书　　号	ISBN 978-7-5604-4667-7
定　　价	98.00元

本版图书如有印装质量问题，请拨打电话029-88302966予以调换。

Die Grundbegriffe der Antiken Philosophie
By Martin Heidegger
Copyright© Vittorio Klostermann GmbH,
Frankfurt am Main, 1993. 2nd print run 2004.
Chinese simplified translation copyright © 2020
by Northwest University Press Co., Ltd.
ALL RIGHTS RESERVED

精神译丛（加*者为已出品种）

第一辑

*从莱布尼茨出发的逻辑学的形而上学始基	海德格尔
*德国观念论与当前哲学的困境	海德格尔
*正常与病态	康吉莱姆
*孟德斯鸠：政治与历史	阿尔都塞
*论再生产	阿尔都塞
*斯宾诺莎与政治	巴利巴尔
*词语的肉身：书写的政治	朗西埃
*歧义：政治与哲学	朗西埃
*例外状态	阿甘本
*来临中的共同体	阿甘本

第二辑

*海德格尔——贫困时代的思想家	洛维特
*政治与历史：从马基雅维利到马克思	阿尔都塞
怎么办？	阿尔都塞
*赠予死亡	德里达
*恶的透明性：关于诸多极端现象的随笔	鲍德里亚
*权利的时代	博比奥
*民主的未来	博比奥
帝国与民族：1985—2005年重要作品	查特吉
*政治社会的世系：后殖民民主研究	查特吉
*民族与美学	柄谷行人

第三辑

*哲学史：从托马斯·阿奎那到康德	海德格尔
布莱希特论集	本雅明
*论拉辛	巴尔特
马基雅维利的孤独	阿尔都塞
写给非哲学家的哲学入门	阿尔都塞
*康德的批判哲学	德勒兹
*无知的教师：智力解放五讲	朗西埃
*野蛮的反常：巴鲁赫·斯宾诺莎那里的权力与力量	奈格里
*狄俄尼索斯的劳动：对国家—形式的批判	哈特 奈格里
免疫体：对生命的保护与否定	埃斯波西托

第四辑

*古代哲学的基本概念	海德格尔
黑格尔《精神现象学》的发生与结构（上卷）	伊波利特
卢梭三讲	阿尔都塞
*野兽与主权者（第一卷）	德里达
*野兽与主权者（第二卷）	德里达
黑格尔或斯宾诺莎	马舍雷
第三人称：生命政治与非人哲学	埃斯波西托
二：政治神学机制与思想的位置	埃斯波西托
领导权与社会主义战略：走向激进的民主政治	拉克劳 穆夫
德勒兹：哲学学徒期	哈特

第五辑

基督教的绝对性与宗教史	特洛尔奇
黑格尔《精神现象学》的发生与结构（下卷）	伊波利特
哲学与政治文集（第一卷）	阿尔都塞
疯癫，语言，文学	福柯
与斯宾诺莎同行：斯宾诺莎主义学说及其历史研究	马舍雷
事物的自然：斯宾诺莎《伦理学》第一部分导读	马舍雷
*感性生活：斯宾诺莎《伦理学》第三部分导读	马舍雷
拉帕里斯的真理：语言学、符号学与哲学	佩舍
速度与政治	维利里奥
《狱中札记》新选	葛兰西

第六辑

生命科学史中的意识形态与合理性	康吉莱姆
哲学与政治文集（第二卷）	阿尔都塞
心灵的现实性：斯宾诺莎《伦理学》第二部分导读	马舍雷
人的状况：斯宾诺莎《伦理学》第四部分导读	马舍雷
帕斯卡尔和波-罗亚尔	马兰
非哲学原理	拉吕埃勒
连线大脑里的黑格尔	齐泽克
性与失败的绝对	齐泽克
探究（一）	柄谷行人
探究（二）	柄谷行人